国际文化管理

主编　刘丽梅　吴承忠

中国商务出版社
·北京·

图书在版编目（CIP）数据

国际文化管理．10 / 刘丽梅，吴承忠主编． -- 北京 ：
中国商务出版社，2024. 9. -- ISBN 978-7-5103-5405-2

Ⅰ．G113-53

中国国家版本馆CIP数据核字第2024ZY9589号

国际文化管理（10）

GUOJI WENHUA GUANLI（10）

主编　刘丽梅　吴承忠

出版发行：中国商务出版社有限公司
地　　址：北京市东城区安定门外大街东后巷 28 号　　　邮编：100710
网　　址：http://www.cctpresscom
联系电话：010-64515150（发行部）　　010-64212247（总编室）
　　　　　010-64243016（事业部）　　010-64248236（印制部）
策划编辑：刘文捷
责任编辑：谢　宇
排　　版：德州华朔广告有限公司
印　　刷：北京建宏印刷有限公司
开　　本：787 毫米 × 1092 毫米　1/16
印　　张：15.25
字　　数：273 千字
版　　次：2024 年 9 月第 1 版
印　　次：2024 年 9 月第 1 次印刷
书　　号：ISBN 978-7-5103-5405-2
定　　价：78.00 元

前言 Preface

　　《国际文化管理》是由对外经济贸易大学政府管理学院、对外经济贸易大学文化与休闲产业研究中心主办的一本论文集刊，已连续出版9期，主要内容涵盖国内外文化管理、文化经济、文化政策、文化和旅游融合、文化创意产业发展、文化遗产保护、公共文化服务等领域。

　　本书为《国际文化管理》的第10期，其中部分研究论文来源于由对外经贸大学、内蒙古财经大学、北京联合大学、中国文化管理协会等联合主办的第十届国际文化管理年会，其余论文为全国范围内公开征集、审稿评选得出。

　　本书收录了17篇论文，由刘丽梅、吴承忠主编，涉及文化和旅游产业高质量发展、数字文化产业发展、公共文化服务和文化遗产、文化政策和文化改革等领域。其中，陈能军探讨了版权金融赋能文化产业高质量发展的理论逻辑与实践路径，牟美含等讨论了中国传统文化的创新性发展问题，陈端等分析了文旅业态升级的影响。在数字文化产业发展方面，靳承卓等的论文发现文化企业的数字化转型能够显著促进文化企业知识产权的创造，张睿和李雪飞的论文证实了文化企业的数字化水平能显著提升文化企业的绩效。在公共文化服务和文化遗产研究方面，李国东通过扎实的实证研究分析了精神生活共同富裕下农村公共文化供给的满意度问题，彭建峰和吴承忠从馆际联盟、品牌塑造和民生互动的角度探讨了群众文化活动的品牌模式，刘俊清等论述了数字经济背景下科技赋能非物质文化遗产发展的路径创新。在文化政策和文化改革方面，李雪飞等的论文在实证调研的基础上探讨了党的十八大以来我国文化和旅游领域"放管服"改革的问题诊断及优化路径，李军红等对我国网络游戏产业的政策进行了探讨。

编者

2024年9月

目录 Contents

版权金融赋能文化产业高质量发展：
理论逻辑与实践路径*

（南方科技大学全球城市文明典范研究院）

摘要：版权金融是文化产业发展过程中，以版权价值为核心充分发挥版权资源的价值发现、价值评估与价值变现功能，最终实现资金融通与价值增益，并由此形成相应机制体系的一种新的金融业态。版权金融是数字经济时代下适应文化产业高质量发展新要求的新的赋能形式，文化产业"版权资源—版权资产—版权资本"的版权金融的价值转化，本质是为了实现其价值发现和资金融通，助力文化产业高质量发展。版权金融以促进技术创新、加速资本循环、助力产业转型等基本逻辑机理，赋能文化产业向高质量发展方向持续迈进。通过分析国内首单版权证券化产品的案例，能够发现版权金融赋能文化产业发展的实践已处于深度探索与优化中，加快建设版权金融服务平台、打造版权产业园区、培育版权金融专业人才、完善版权评估体系等，已成为促进版权金融健康发展、赋能文化产业提质增效的核心所在。

关键词：版权金融；文化产业高质量发展；逻辑机理；实践路径

---

* 基金项目：本文系上海市哲学社会科学规划一般项目"上海数字创意产业贸易潜力、技术效率及影响因素研究"（项目编号：2019BJB013）、深圳市哲学社会科学规划2022年度特别委托重点课题"城市文明典范研究"（项目编号：SZ2022A005）的阶段性成果。

** 作者简介：陈能军（1981—），男，汉族，湖南衡阳人，南方科技大学全球城市文明典范研究院副教授，中国人民大学经济学博士，主要从事创意经济、城市经济研究，E-mail：chennj@sustech.edu.cn。

Research on Copyright Finance Empowers high-quality Development of Cultural Industries: Theoretical Logic and Practical Path

CHEN Neng-jun

（Institute of Global Urban Civilization, Southern University of Science and Technology）

Abstract：Copyright finance is a new financial format in the development of the cultural industry, that takes copyright value as the core to fully utilize the value discovery, value evaluation, and value realization functions of copyright resources, ultimately achieving financial integration and value gain, and thus forming a corresponding mechanism system. Copyright finance is a new form of empowerment that adapts to the new requirements of high-quality development of the cultural industry in the digital economy era. The value transformation of copyright finance in the cultural industry's "copyright resources copyright assets copyright capital" is essentially to achieve value discovery and financial integration, and to assist in the high-quality development of the cultural industry. Copyright finance empowers the cultural industry to continue moving towards high-quality development through basic logical mechanisms such as promoting technological innovation, accelerating capital circulation, and assisting industrial transformation. Through the case analysis of the first domestic copyright securitization product, it can be found that the practice of empowering the development of the cultural industry through copyright finance is in deep exploration and optimization. Accelerating the construction of copyright finance service platforms, creating copyright industrial parks, cultivating copyright finance professionals, and improving the copyright evaluation system have become the core of promoting the healthy development of copyright finance and empowering the quality and efficiency of the cultural industry.

Keywords：Copyright finance; High quality development of the cultural industry; logical mechanism; Practical path

版权是文化产业的核心要素，也是文化产业与金融对接的重要抓手。将版权作为文化产业的核心要素，借助金融手段进行版权价值评估，围绕版权资源开发各类文创产品，通过版权交易激活版权市场等已成为当下各国开展版权金融活动的基本准则。版权金融对于保障版权收益、激励版权运营、确保文化生产活动持续性、提高文化生产要素流通效能、促进文化产业扩大再生产和结构转型等，都具有重大意义。引入金融思维，构建"版权+金融"发展模式，最大限度实现"版权资源—版权资产—版权资本"的价值转化和价值增值，是新时代文化产业高质量发展的重要体现。

一、版权金融的研究述评和内涵特征

（一）版权金融的研究述评

版权金融的概念涉及"版权"与"金融"两大部分。"版权"是知识产权的重要组成部分，世界知识产权组织在《版权产业经济贡献调研指南（2015年修订版）》中明确指出，关于在文化或者艺术创作方面的私有财产属性构成了版权独有的经济学意义。版权是能够让渡且产生收益的私有财产，当它由文化生产要素逐渐转化为文化产业资产的时候，满足其内在融通性需求的金融化活动已然深入，因而市场经济下的"版权"与"金融"密不可分。Bester（1987）[①]对无形资产在借贷中存在的风险进行分析，认为银行采取抵押和信贷配给的方式来应对道德风险，风险厌恶者通常不会选择专利权质押融资的方式，只有风险偏好者才会接受专利权质押融资。Besanko等（1987）[②]进一步研究了知识产权质押融资中借贷双方的信贷合约，并提出在信贷关系中可以采取信贷配给的手段来甄别风险，以此帮助借贷双方开展专利权质押融资。Crawford等（2008）[③]则从企业的信用风险和法律风险等角度探讨了从知识产权形成到其质押过程中会面临的不同风险。2021年12月国家版权局出台了《版权工作"十四五"规划》，在"加强推进版权产业发展的支撑工作"中提到"推

---

① BESTER H. The role of collateral in credit markets with imperfect information[J]. European Economic Review, 1987, 31（4）: 887-899.

② DAVID BESANKO, ANJAN V THAKOR. Collateral and Rationing: Sorting Equilibra in Monopolistic and Competitive Credit Markets[J]. International Economic Review, 1987, 28（3）: 671-689.

③ CRAWFORD J, STRASSER R. Management of infringement risk of Intellectual property assets[J]. Intellectual Property & Technology Law Journal, 2008, 20（12）: 7-10.

动版权金融试点工作"，这是国家级政策文件首次明确使用"版权金融"概念[1]。

现有研究中，关于"版权金融"概念，普遍观点是将其作为版权产业相关经济活动中重要的资金融通环节来看的，视其为金融服务体系的有机组成。例如金巍[2]（2022）指出版权金融是金融体系服务实体经济运行机制的一种具体体现，其运行有自身特殊的机制，它结合了版权产业和版权资产的特殊性。此外，版权作为知识产权的一种，"版权金融"也与"知识产权金融"概念相近。赵亦楠[3]（2019）将知识产权所有人通过银行等金融机构获得资金支持的过程统称为知识产权金融服务。许可等[4]（2021）认为知识产权金融的本质是知识产权资本化，由原始知识产权权利人、特设机构和投资者三类主体进行交易，以解决企业融资难的困境。

"版权"与"金融"的关系以及对接问题是版权金融发展的关键议题。陈能军等[5]（2018）和申海成等[6]（2018）提出借助金融手段进行版权价值评估和产业链路径构建，围绕版权资源开发文创产品，通过版权交易激活版权市场，构建"版权+金融"的发展模式，为文化产业确权、交易、融资提供全产业链服务，实现"版权资源—版权资产—版权资本"的价值转化。梁儒谦和贺祯[7]（2021）认为当前中国金融市场改革创新与文化产业需求变化之间存在不平衡问题，因此需要在创新发展银行信贷、债券、资本市场融资、私募基金等金融产品和服务上持续优化。魏鹏举和魏西笑[8]（2022）、黄羿淳[9]（2022）、解学芳和祝新乐[10]（2021）基于区块链视角研究版权融资模式，提出应采用分布式账本、智能合约、各类DAO平台以及Token合约等方法使个人或机构参与到文化产业版权融资流程中。

---

① 在2012年北京市发布的《关于金融促进首都文化创意产业发展的意见》中使用的是"版权金融创新服务"这个表述方式。

② 金巍. 版权金融机制、政策与新实践简析[J]. 中国版权，2022（1）：39-44.

③ 赵亦楠. 大连市高新区知识产权金融服务现状调查研究[D]. 大连：大连理工大学，2019.

④ 许可，肖冰，刘海波. 英国知识产权金融创新发展动态及启示[J]. 东岳论丛，2021，42（9）：85-92.

⑤ 陈能军，史占中，罗晓星. 2017年我国版权金融发展分析：基于文化产业视角[J]. 中国文化金融发展报告（2018），2018（6）.

⑥ 申海成，陈能军，张蕾. 深圳文化金融全产业链平台构建路径研究[J]. 现代管理科学，2018（12）：36-38.

⑦ 梁儒谦，贺祯. 我国文化金融高质量发展路径[J]. 中国金融，2021（6）：97-98.

⑧ 魏鹏举，魏西笑. 区块链视域下电影期待版权融资模式研究[J]. 当代电影，2022（9）：47-54.

⑨ 黄羿淳. 区块链视域下音乐版权金融化的研究[J]. 音乐天地，2022（6）：57-63.

⑩ 解学芳，祝新乐. 基于区块链的现代文化产业投融资体系创新研究[J]. 山东大学学报（哲学社会科学版），2021（5）：39-48.

版权金融是一个崭新的时代命题，现有研究既难以明确界定"版权金融"的相关概念，也未能进一步理清"版权"与"金融"有效对接的内在机理。以版权为文化产业的核心因素，研究理顺"版权资源—版权资产—版权资本"价值转化的基本逻辑和内在机理，进而赋能文化产业高质量发展，将成为文化产业与版权金融研究的热点。

（二）版权金融的内涵特征

如前所述，相关学者对版权金融进行了系列分析和研究，本文涉及的版权金融内涵和特征的探讨，主要立足梳理现有研究成果的基础上，充分关注数字经济时代文化产业高质量发展的新要求。事实上，中共中央办公厅、国务院办公厅印发的《"十四五"文化发展规划》中，将"推动文化产业高质量发展"作为一个独立篇章进行了战略部署。文化和旅游部印发的《"十四五"文化产业发展规划》中，也将"深化文化与金融合作"作为一个重要篇章进行了部署。笔者认为，文化产业高质量发展，除了需要科技赋能以外，包括版权金融在内的各类金融业态赋能也同样重要。

就版权金融的内涵而言，笔者认同金巍、杨涛等学者的相关观点，他们从版权资产范畴讨论了版权与金融服务之间的关系，将版权金融定义为一种基于版权资产形成的金融产品与服务体系及资本市场的集合[①]。由此可以看出，这一定义的核心前提是版权资产，版权金融必须围绕版权资产来构建金融产品、金融服务和金融市场体系。因此，本文对版权金融的内涵界定也是在借鉴上述思路的基础上进行拓展。笔者认为，版权金融是一种在文化产业发展过程中，以版权价值为核心，充分发挥版权资源的价值发现、价值评估与价值变现功能，最终实现资金融通与价值增益，并由此形成一定的机制体系的新的金融业态。

版权金融服务最终关注的是版权资产，而版权资产的特殊性决定了版权金融作为一种新的金融业态，自然就有着不同于传统金融业态的多重特征。首先，具备价值发现和资金融通的金融特征，文化产业的"版权资源—版权资产—版权资本"的版权金融的价值转化，其本质就是为了实现其价值发现和资金融通，助力文化产业高质量发展的目的。其次，具备服务精神生产活动及其产品的文化特征，文化产业的版权以文学、艺术以及科学作品等精神生产活动为基础，是对现实精神成果的客

---

① 金巍，杨涛. 文化金融学[M]. 北京：北京师范大学出版社，2021.

观反映。版权金融是为复制、发行、传播精神产品和作品的体现文化特征的行业提供服务的。最后，具备版权确权、评估、交易的产业特征，文化产业的版权价值最终依托版权产品、版权企业和版权产业等载体来实现，因其产业价值从而使得版权资产转化为版权资本才有可能实现。因此，版权金融作为一种新的金融业态，以其价值发现和资金融通的金融特征、服务精神生产活动及其产品的文化特征和版权确权、评估、交易的产业特征构成了一种独特的金融服务形态而存在。

二、版权金融赋能文化产业高质量发展的机理与案例

（一）版权金融赋能文化产业高质量发展的机理

首先，版权金融赋能文化产业高质量发展，关键在于实现从版权资源到版权资本的价值转化。"赋能"这一概念由管理学之母玛丽·帕克·福莱特（Mary Parker Follett）提出，起初，"赋能授权"的理解主要以人力资源管理领域的"授权"为核心进行展开，强调通过建立机制为员工授权从而实现组织群体的"增权升能"。随着数字经济时代的到来和经济运行方式的迭变，赋能的内涵和维度被不同领域的专家学者不断扩充，其核心已经从最初的"赋权"内涵转变为以提升产品、企业和行业核心竞争力为导向的系统创新活动。就版权金融而言，其赋能文化产业高质量发展的关键环节是实现从静态的版权资源到动态的版权资本的价值升华。在实现赋能的过程中，版权金融首先要对版权资源进行评估，通过价值评估这一环节，将版权资源转化为版权资产。之后，版权金融还需引入价值管理环节，将文化产业的版权资产转化为版权资本，从而真正实现"版权资源—版权资产—版权资本"的版权金融赋能的价值转化。如图1所示：

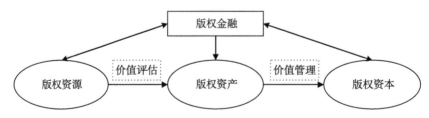

图 1 版权金融赋能的价值转化机理图

其次，版权金融赋能文化产业高质量发展，根基在于文化产业的版权价值得以顺利实现。实现版权的商业属性涉及的影响因素众多，一是版权的自身属性因素。即版权本身的创作特点，是版权产品自创作后就无法改变的特性。包括作品的基本

情况、版权类型①、创作及发行时间、版权的创作方式②、作品的创作成本与技术难度③。二是版权的市场属性因素④。包括创作作者或企业的业内号召力与影响力、历史作品的市场表现等情况、版权的使用场景与方式、市场需求与活跃期、推广合作平台及营销方式、在市场同类产品中的竞争力，以及版权的市场接受度及商业化便利度、版权题材与社会热点、版权体裁与流量传媒风口的契合度。三是版权的法律权利因素。相关法律所使用的权利保护条款和持有、登记、确权、质押、交易、求偿、诉讼等方面的要求，版权在时间、空间中的使用限制。版权权利的维权流程、时间、难易程度及效果，调解诉讼所需费用等。四是版权的市场环境因素。包括宏观经济环境、文化产业类似版权的历史评估、交易、转让、使用及各类形式的变现情况、同题材同体裁产品的成交情况（成交量及价格）、文化、高新技术等相关产业政策以及资本市场对于版权标的的认可及接纳度等。

如图2所示，文化产业版权价值受其自身属性、市场属性、法律权利和市场环境等四个因素影响，版权价值要想得以实现，就必须在分析清楚版权价值影响因素的基础上，借助市场的力量通过价值评估来形成版权资产，通过价值管理来实现版权商业变现，最终获得版权资本的价值。只有把影响因素和变现方式二者进行有效的互动衔接，紧密围绕"版权资源—版权资产—版权资本"进行价值转化，才能真正地让文化产业的版权价值链得以实现变现。

最后，版权金融赋能文化产业高质量发展，其核心在于遵循版权金融促进文化产业发展的内在机理。尽管目前学术界对于文化产业高质量发展的基本阐释不尽相同，但衡量文化产业发展是否为高质量状况，离不开对于文化产业的规模、结构、效益等的标准测度。因此，版权金融赋能文化产业高质量发展，也能够以版权金融助力文化产业完成技术创新、加快资本循环、助推转型升级等三种基本方式，分别实现文化产业在结构维度、规模维度和效益维度的跃升作为逻辑机理来展开分析。

---

① 版权类型如文字作品、口述作品、音乐、喜剧、曲艺、舞蹈、杂技艺术品、美术、建筑作品、摄影作品，电影作品和以类似摄制电影的方法创作的作品，工程设计图、产品设计图、地图、示意图等图形作品和模型作品，计算机软件等。不同的类别的作品价值是不一样的。

② 版权的创作方式包括原创或者各种形式的改编、翻译、注释、整理等；一般来讲原创的价值高于其改编创作形式。

③ 一般来说，版权的成本越高、技术难度越大，价值相对也越高。

④ 市场属性是非常复杂的影响因素，包括版权的衍生价值，版权及其衍生品上市发行、销售需经过的审批流程难易程度及进度。复制、发行、出租、展览、表演、放映、广播、信息网络传播、摄制、改编、翻译、汇编等一切影响版权产品市场变现能力的因素，也是估值时较难预测的部分。

具体如图3所示:

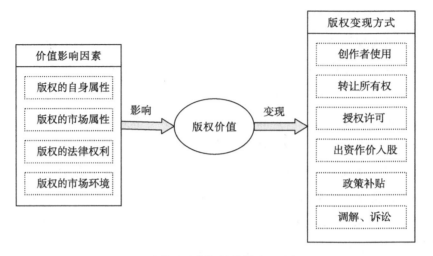

图2　文化产业版权价值的实现路径图

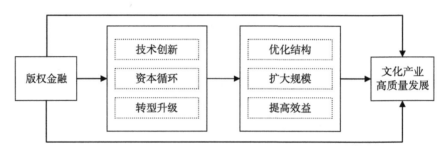

图3　版权金融赋能文化产业高质量发展机理图

其一,版权金融通过助力文化产业技术创新,赋能文化产业高质量发展。技术创新是文化产业尤其是数字文化产业高质量发展的重要支撑,5G、人工智能、工业互联网、物联网、数据中心等新型基础设施建设,本质上更有利于文化产业技术创新,而文化产业需要的技术创新离不开金融的支持,以版权为核心的数字文化产业在进行技术创新的过程中,可以通过版权融资来获得其技术升级换代的资金保障。有了技术创新的金融支持,技术创新作为文化产业的核心驱动力,将文化内容释放并呈现其新的具体业态,在数字经济大环境下,线上线下有效结合,以技术创新赋能文化内容孵化、生产、传播和变现,本质上也实现了新业态的产生(优化了产业结构)、文化产业规模的扩大(既定成本下的生产最大化)和文化产业效益的实现(新技术支持下的传播效应衍生出产业的市场变现),推动了文化产业高质量发展。

其二,版权金融通过加快文化产业资本循环,赋能文化产业高质量发展。资本循环指产业资本以一定的职能形式,顺次经过购买、生产、销售三个阶段,分别采取货币资本、生产资本、商品资本三种职能形式，实现了价值的增殖，并回到出发点的全过程，马克思的资本循环和周转理论，对文化产业的资本循环、周转与运营同样具有重要的指导意义。文化产业资本循环包括投入资本、生产、销售、回收等环节，以及这些环节之间的关系和相互作用，版权金融作为文化产业经营管理投入的补充支撑，有助于加快文化产业的资本循环。通过增加文化产业发展的投入资本，在购买阶段、生产阶段和销售阶段上采取了货币资本、生产资本和商品资本三种职能形式，在资本循环中实现文化产业的结构优化、规模扩大和效益的提高，最终实现文化产业的增值，推动了文化产业高质量发展。

其三，版权金融通过助推文化产业转型升级，赋能文化产业高质量发展。我国文化产业目前面临着规模有待提升、抗风险能力弱、融资信息与金融服务间无法实现快速对接、商业银行无法覆盖文化企业等问题，致使文化企业无法做大做强做优，以创新金融服务而形成的版权金融赋能文化产业发展，通过构建文化产品的版权确权、授权、维权的产业闭环，助力文化企业围绕核心版权产业完成版权价值链和产业链的升级重构，增加文化产品附加值，促进文化产业与生产制造、旅游体育、健康医疗与养老、智慧农业等领域深度融合发展，实现文化产业转型升级，在转型升级过程中优化文化产业结构、提高产业增加值和实现产业效益，从而推动文化产业高质量发展。

（二）版权金融赋能文化产业高质量发展的案例：以国内首单版权证券化项目为例

罗湖区是深圳市最早的建成区，文化产业是其特色产业之一，对经济社会发展起着重要作用。区内集聚了工艺美术、黄金珠宝、动漫画、软装设计等行业的大批中小型文化企业，这些企业普遍面临着轻资产、规模较小、缺乏抵押物、融资难等发展困境。基于上述情况，罗湖区确立"文创+金融"的发展思路，推进实施"版权+"战略，开启对于文化产业版权金融的探索实践。

2017年7月14日，由深圳市罗湖区政府与中国版权保护中心共同建设的粤港澳版权登记大厅正式开始运行。罗湖区通过实施"版权+"战略，围绕核心版权产业完成版权价值链的升级重构，配套出台《深圳市罗湖区支持数字创意及文化产业发展工作措施》，明确提出"支持版权登记、支持版权交易"，为"版权+金融"创新提供政策支持。通过连续几年的版权平台建设，深圳市罗湖区积极推动辖区内文化产业企业的版权运营建设，构建版权确权、授权、维权的产业闭环，为企业以版权资产抵押或质押进行融资，破除制约金融资本进入文化产业领域的核心阻力。

2021年2月26日，深圳市高新投集团有限公司在罗湖区发起设立"罗湖区—平安证券—高新投版权资产支持专项计划"，该版权证券化专项计划融资结构流程非常清晰。首先，借款人以知识产权质押向深圳市高新投小额贷款有限公司（简称高新投小贷公司）借款，深圳市高新投融资担保有限公司（简称高新投担保公司）做担保人，待借款人收到贷款，高新投小贷公司便成为原始权益人。其次，平安证券担任计划管理人，与高新投小贷公司签订《资产买卖协议》，并设立资产支持专项计划。最后，认购人（合格投资者）与平安证券签订《认购协议》，平安证券设立并管理专项计划，认购人取得资产支持证券，成为资产支持证券持有人。另外，资产支持专项计划的参与者也各司其职，中国民生银行深圳分行作为托管银行，主要根据平安证券的指令进行资金分配并将资金转入相应银行账户，高新投小贷公司是原始权益人，并作为资产服务机构进行产品的管理。高新投担保公司是在发生差额支付启动事件后，根据《差额支付承诺函》的约定，在专项计划资金不足时，向其提供补充资金，并直接将资金转入版权证券化专项计划账户，以使该计划账户内资金足以兑付优先级资产支持证券当期兑付日应付的预期收益及本金。

版权证券化专项计划允许文化产业仅凭版权，而不需要其他抵押物，即可参与融资，作为版权金融的一种形式，为支持辖区受疫情影响的文化企业提供金融创新服务。该版权证券化专项在深圳证券交易所正式成立，发行规模1亿元。这是全国首单以版权为主的知识产权证券化项目，入池企业包括柏星龙创意包装、深圳中国国际旅行社等15家罗湖区内的优质文化企业，横跨文化、设计、旅游、珠宝等多个文化产业类别。15家符合要求的文化企业组成了以版权为主的知识产权资产池，内含13项版权和7项发明专项，共计20项，融资总金额为1.1亿元。这得益于罗湖区政府对贷款公司融资总成本50%的补贴和深圳市高新投集团有限公司的费用减免措施，最终15家企业实际融资成本仅为2.98%/年，为疫情下的文化企业带来了极大的经营信心和发展热情。

在国内首单版权证券化项目中，深圳市罗湖区将版权金融探索和服务文化企业有效结合，以版权证券化为主要形式开展版权金融服务，为我国文化产业高质量发展的版权金融创新和进一步探索版权价值转化提供了良好借鉴。

三、版权金融赋能文化产业高质量发展的实践路径

（一）创新版权金融发展模式，融入数字版权新趋势

创新版权金融发展模式。伴随5G、大数据、物联网、人工智能、区块链等新一代信息技术快速发展，更多的先进技术手段运用将更为便捷。一方面，可以积极探索构建"区块链＋资产证券化"模式。对于版权金融的探索，运用区块链技术就成为新的方向，以文化企业版权资产证券化为例，其自身也存在一些问题，如结构复杂、参与主体众多、交易链条较长、交易过程不透明等。利用区块链技术可以较好地从技术层面解决相应的问题，从而为各环节带来正面效应。具体来说，在原始债权形成过程中，可以利用区块链技术完善征信系统，全面了解债务人的征信情况，从而提高基础资产质量；在构建底部资产池时，借助区块链技术确保提供的数据的真实性，增强了资产池透明度；在组成底部资产池之后，引入智能合约技术，提高风险防控效能；可以促使交易过程信息公开透明；另外，区块链去中心化的特征更能保障交易的安全性。应该利用区块链技术加强版权资产证券化市场技术支持，保持交易过程的透明度。另一方面，版权金融也可以构建"数字资产证券化"模式。随着"互联网＋文化"的不断发展，数字资产应运而生，也可以看作文化产业融资方式创新的产物。数字资产包括企业商标、数字货币、游戏装备周边等，逐渐成为文化产业尤其是体验文化领域不可或缺的部分，同时数字资产的市场规模更是呈现快速增长趋势，在未来或可成为版权资产证券化的基础资产，因此应制定相关政策，规范数字资产管理，提高数字资产在文化产业中的价值和地位。

（二）打造版权产业服务平台，建设国家版权产业园区

一方面，打造版权金融服务平台。版权金融的深度融合，离不开国家版权公共服务和大型平台的支撑。如北京"ICE版权金融俱乐部"成立后，开展了诸如专题研讨会、银企见面会、投融资项目推介会等版权金融活动，通过系列活动将版权企业与金融机构进行有效对接与合作，从而促进版权金融更好地融合。因此，建议政府相关职能部门领头组建类似的版权金融联盟、打造大型的版权项目推介平台、举办更多的版权峰会或论坛等，从多渠道、多角度促进版权项目与金融机构进行无缝对接，打造出更为广阔而多元的交易平台。另外，版权金融发展的重点在于资金和机构，因此，建议在政府引导下扩大版权金融机构服务范围、构建专业化的金融服务平台、完善多元化金融机构体系、开发更适合版权企业需求的金融产品。依托相

应区域版权登记大厅的事业功能平台，地方政府可以通过发展版权产业服务平台来构建区域版权产业发展的抓手。通过服务平台，在版权登记代理、版权评估、版权维权、版权金融、版权授权等全产业链上形成新兴产业引领带动效应，进而产生集聚效应和辐射效应以促进区域版权产业发展。另一方面，建设国家版权产业园区。在发展服务平台的基础上，借助"互联网+"启动版权示范创建工作，引进和培育版权价值链上各环节的相关企业，孵化特色鲜明的文化创意企业，实现产业园区孵化器和版权产业转化功能，服务区域版权产业发展，打造文化创意产业园区聚集高地，建设国家版权产业园区。

（三）成立版权金融研究智库机构，培养版权领域专业人才

一方面，成立版权金融研究智库机构。以高等院校及相关研究院所等学术研究机构为主体，联合政府职能部门、相关版权企业、中介组织、行业协会、金融机构平台等多方资源成立版权金融研究智库。版权金融研究智库应该成为区域内版权金融发展对外宣传与交流的桥梁，应该对版权金融活动中的热点难点问题进行系统研究，为当地政府提供版权专业与政策服务，还应有针对性地配合国家机构定期开展版权专业人才培训和业务培训，提高从业人员的版权金融素养，进一步规范版权以及版权金融相关服务机构及中介组织的市场行为，为做好相应区域版权产业的国际化交易和提升对外版权工作水平提供人才支持和智力支撑。另一方面，培养版权领域综合专业人才。文化产业高质量发展，核心要素还是人才，目前既懂版权又熟悉金融的文化产业人才尤为匮乏。因此，建议各高等院校开设相关专业课程，同时也希望相关部门加强对版权产业从业人员的培训教育，通过多种方式培养版权领域专业人才，提高现有包括版权运营及版权金融领域的综合类、复合型版权人才的素质。

（四）建立健全体制机制，完善版权评估体系

首先，加强版权法律保护。相关机构要加大版权执法监管力度，健全版权侵权查处机制，加强版权执法监管，做好行政执法与刑事司法衔接，强化事中事后监管，重点突出大案要案查处和重点行业专项治理，加大侵权行为惩治力度，营造和维护合法有序的版权环境。同时突出网络领域版权监管，将网络作为履行版权监管职责的重要阵地，不断净化网络版权环境。持续开展打击网络侵权盗版"剑网行动"，依托国家版权监管平台，完善版权重点监管，扩大监管范围，把智能移动终

端第三方应用程序（App）、网络云存储空间、网络销售平台等新型传播方式纳入版权有效监管。其次，促进配套保障建设。要加强版权的运营力度，尚需进一步完善版权的配套保障建设，如对于相关版权保护政策支持强化，推动版权保护工作的社会认知及政策宣传工作。为版权产业繁荣发展保驾护航，需要依靠各种社会力量的合力发生作用，而其中由政府政策导向所带来的震慑与示范作用尤为关键。再次，增强全民版权意识。版权事业和版权产业的持续发展，同样也离不开大众的认知、支持与参与。因此，积极利用多种渠道，全方位、多角度地宣传版权法律法规及知识，推动全社会版权意识的提升，对于文化产业的发展至关重要。最后，完善版权评估体系。目前虽出台了无形资产评估细则，但还需要对其评估体系进行完善。因此，建议相关部门形成合力，组织金融行业专业人士，联合版权领域专家、学者、标杆版权企业、相关中介组织、行业协会在多方调研、多方论证的基础上共同完善并最终形成一个合理、有效、权威、标准化的版权评估体系，为版权金融业务在市场上的推进提供支撑。从而为文化产业构建"版权＋金融"发展模式并真正实现"版权资源—版权资产—版权资本"的价值转化提供评估体系支持。

参考文献

[1] CHEN Y，PUTTITANUN T. Intellectual property rights and innovation in developing countries[J]. Journal of development economics，2005（2）：474-493.

[2] 江小涓.数字时代的技术与文化[J].中国社会科学，2021（8）：4-34，204.

[3] 顾江，陈鑫，郭新茹，等."十四五"时期健全现代文化产业体系的逻辑框架与战略路径[J].管理世界，2021，37（3）：9-18，2.

[4] 李炎.数字时代传统文化的传承、传播与发展[N].中国社会科学报，2023-03-21（8）.

[5] 黄卫平，陈能军，钟表.版权贸易对经济增长的影响：基于1998—2010年中国省际面板数据的实证研究[J].河北经贸大学学报，2014，35（3）：121-125.

[6] 陈能军，史占中，王晓锐.版权保护、全要素生产率与经济增长：基于2005—2018年中国省际面板数据的实证研究[J].江淮论坛，2020（5）：58-64，121，193.

安全隐私、真实性与逃避主义："元宇宙"赋能旅游的问题探讨

谢炜东*

（浙江财经大学艺术学院）

摘要："十四五"规划中明确提出科技是助力旅游转型的重要手段。而"元宇宙"作为下一代信息网络的新技术，具有沉浸式体验、跨时空连接、泛在网络等特征，可以为旅游融合发展带来新技术、新业态与新价值体系。因此，"元宇宙"赋能旅游通过"元宇宙"技术与旅游业数字化、场景化的手段相融合，将会为我国旅游产业的发展带来新动力。当然，旅游业向"元宇宙"方向的迈步也将面临诸多风险挑战，如数据隐私泄露、真实性、逃避主义等。为解决这些风险挑战，可从功利主义道德理论角度对数据隐私做出控制；让虚拟世界作为现实生活的补充来转换思维以应对真实性问题；通过认知行为治疗法规避数字成瘾的恶化，从而高质量地助推旅游产业向"元宇宙"技术升级发展。

关键词："元宇宙"；旅游；安全隐私；数字成瘾；虚拟世界

---

*作者简介：谢炜东（1998—），男，汉族，广东中山人，浙江财经大学艺术学院，硕士研究生，研究方向为城市更新，E-mail: xwd864805806@163.com。

Security Privacy, Authenticity, and Escapism: Discussion on the Problem of "Metaverse" Enabling Tourism

XIE Wei-dong

（School of Art, Zhejiang University of Finance and Economics）

Abstract: In the "14th Five Year Plan", it is clearly stated that technology is an important means to assist in the transformation of tourism. As a new technology for the next generation of information networks, "metaverse" has the characteristics of immersive experience, cross temporal and spatial connectivity, and ubiquitous networks, which can bring new technologies, new formats, and new value systems to the integrated development of tourism. Therefore, "metaverse" enabling tourism will bring new impetus to the development of China's tourism industry through the integration of meta universe technology and digital and scenario-based means of tourism. Of course, the tourism industry will also face many risks and challenges as it moves towards the meta universe, such as security privacy, authenticity, and escapism. To address these risk challenges, digital privacy can be controlled from the perspective of utilitarian moral theory; Let the virtual world serve as a supplement to real life to transform thinking and deal with authenticity issues; Avoiding the worsening of digital addiction through cognitive behavioral therapy regulations can promote the upgrading of the tourism industry with high quality.

Keywords: "Metaverse"; Travel Security and privacy; Digital addiction; virtual world

一、引言

2021年被称为"元宇宙"元年，各行各业试图在"元宇宙"中寻求一席之地并以此突破新冠疫情之下的发展瓶颈。而旅游业作为集合住宿、餐饮、购物、交通、娱乐等各行业服务的综合体生态系统，在疫情隔离状态下更是面临严峻考验。为解决这一问题，国务院在《"十四五"旅游业发展规划》中提出坚持创新驱动发展，推进数字化旅游新业态，以应对当下疫情的问题。

过去，人们依靠媒介了解当地宗教、自然景观、美食佳肴等，并通过旅游的方式将其体验；而以"元宇宙"作为新媒介出现则打破传统，在VR/AR/MR、数字孪生、区块链、3D图像等技术的基础之上，旅游及其延伸产业之间深度融合以寻求转型探索，打破传统固化移动端思维，利用科技手段创造与"元宇宙"媒介相链接，进而开启虚拟的数字空间，实现"元宇宙"旅游的新模式。这种模式是通过在数字空间中构建旅游景区，消除在时间和空间上的限制，以便捷游客足不出户的旅游体验，这将是后疫情时代之福，或许也是媒介进入Web3.0后迭代下的新趋势。但是，新模式、新业态之下必然伴随新的风险挑战。依托数字技术创造了一个平行于现实世界之外另一维度的世界，随之而来的将会出现个人数据隐私泄露、虚拟与现实世界间真实性的差距以及享乐成瘾下产生逃避主义等潜在风险挑战。鉴于此，笔者将围绕以上三方面问题提出优化建议，分别从功利主义道德理论出发，寻求数据隐私泄露问题的解决方案；转换真实性问题的思路，关注虚拟世界对现实生活的潜在补充效用；关注数字成瘾的底层逻辑，以认知行为治疗法解决逃避主义问题，从而为后续"元宇宙"赋能旅游融合拓展全新的思路。

二、模式分析："元宇宙"赋能旅游融合模式的审视

（一）对"元宇宙"旅游的审视

在探索"元宇宙"旅游之前，首先要对"元宇宙"进行审视。"元宇宙"一词的首次出现是在尼尔·斯蒂芬森撰写的小说《雪崩》中，他以完全沉浸式的虚拟世界定义"元宇宙"，并认为人们在这个世界之中能实现交互、游玩、生活与工作。基于它的增强现实和虚拟环境技术的扩展，通过在广泛媒体（如社交媒体）中交互和对拟真技术（如VR、AR、3D图像）的运用，"元宇宙"模拟现实世界为用户丰富交互的感官刺激，从而加速对虚拟世界的适应。根据迪奥尼西奥（J. D. N. Dionisio）等人的说法，"元宇宙"这个词是"Meta"（指"超越"）和"verse"（"宇宙"的简写）的结合[1]。它的意思是超越物质世界的宇宙，是从物理世界的形而上学或精神概念区

---

① DIONISIO J D N, Ⅲ WGB, GILBERT R. 3D virtual worlds and the metaverse：Current status and future possibilities[J]. ACM Computing Surveys（CSUR）, 2013, 45（3）：1-38.

分开来，这意味着"元宇宙"或将成为后现实世界，即一个能够将物理现实与数字虚拟相结合的持久的多用户环境[①]。而戴辛格（J. Deisinger）等认为"元宇宙"是一个可以为用户提供自由创造和交易的普遍的、共享的沉浸式网络集合[②]。随后，有学者进一步地提出了这种网络集合的形成依靠沉浸式的真实感、访问和身份的普遍性、互动性和可扩展性[③]。其核心特征是群体进行数字化创造，履行共创、共治和共享这一价值观，同时实现"元宇宙"的发展及更新[④]。不难发现，大量对"元宇宙"的定义皆将人的主体地位介入其中，围绕人所创造出来一种现实与虚拟交织融合之下的数字空间，这是吸引各类产业在"元宇宙"中寻求创新发展的重中之重。

而对于"元宇宙"旅游而言，游客可谓是该产业的最重要的环节。"元宇宙"旅游可由基础设施、多种感官信息和"元宇宙"技术生成，从而增强游客对旅游目的地或产品的体验。例如，在旅游规划阶段，"元宇宙"可用于为游客提前选择并体验旅游相关的服务。例如提前体验酒店、餐饮和景点，以确定他们的设施和服务的适用性。在旅行阶段，"元宇宙"可提供信息引导、拟真体验、互动等功能，即参观者将使用AR和VR进行了解文物信息、娱乐等体验。例如通过AR了解文物和文化遗产古迹在不同时期的信息。因此，"元宇宙"为旅游业提供了一个"平行的虚拟宇宙，它使用环境智能来增强物理空间、产品和服务，以作为一个价值共同创造的集体、虚拟共享空间出现"[⑤]。在旅行后阶段，游客可充当PGC（Professional Generated Content）的身份"重温"旅行时的经历并将其共享至亲密社群之中。例如分享自己在博物馆VR体验的感受。当然，在更加尖端的技术（区块链、ER、网络及运算、交互、人工智能等）完善之后，"元宇宙"甚至可以创造出一个数字空间。它可作为物理空间来增强为MR空间，将互联网转变为"平行虚拟宇宙"，从而为游客创造出"第二人生"。例如，游客能体验食物品质、触碰到数字世界的事物、感受到寒冷的

---

① MYSTAKIDIS S. Metaverse[J]. Encyclopedia，2022，2（1）：486-497.

② JAYNES C，SEALES W B，CALVERT K，et al. The Metaverse：a networked collection of inexpensive，self-configuring，immersive environments[C]//Proceedings of the workshop on Virtual environments 2003.2003：115-124.

③ DIONISIO J D N，III WGB，GILBERT R. 3D virtual worlds and the metaverse：Current status and future possibilities[J]. ACM Computing Surveys（CSUR），2013，45（3）：1-38.

④ 赵国栋，易欢欢，邢杰，等."元宇宙"[J]. 商学院，2021（12）：120.

⑤ BUHALIS D，KARATAY N. Mixed reality（MR）for generation Z in cultural heritage tourism towards metaverse[C]//Information and Communication Technologies in Tourism 2022：Proceedings of the ENTER 2022 eTourism Conference，January 11–14，2022. Springer International Publishing，2022：16-27.

天气和在数字空间中自行打造城堡。因此，笔者认为"元宇宙"将有望成为旅游业在技术转型升级方向上的未来途径之一，以为游客提供强烈的实地感、使命感和归属感。例如，足不出户感知景区活动（实地感）；打造属于自己的游乐王国（使命感）；虚拟旅游度假释放情绪（归属感）。

（二）"元宇宙"赋能旅游融合的必要性

旅游业本质上是一种让用户在精神上获得满足的消费体验，一方面受限于自然因素；另一方面易受到社会因素的影响。因此，当面临诸如疫情般不可抗力的特殊因素时，旅游当中的消费体验从根上被直接瓦解，这便是实地旅游当前面临的困境。因此，构建"平行世界"，让"元宇宙"赋能旅游将是面对新挑战之下的必然趋势。

首先，新冠疫情的出现是2020年春节后旅游业出现下滑或停滞趋势的重要因素，这对于传统旅游业突出在场的重要性是一次巨大的冲击。疫情之下的旅游行业大不如前，整体经济呈现出下滑趋势，大多数国家都限制了出入境的旅游，像一些欧洲地区的国家普遍实行旅行限制（Travel Restrictions），或者最多只为商务旅客和跨境通勤者开放边境。与此同时，疫情下全世界已经接受测试和采用新的"元宇宙"技术来支持现实和虚拟环境的混合体验，以应对新一轮的疫情暴发。例如，旅游目的地官网使用3D图形、360°VR和增强现实技术赋能以更好地推进"元宇宙"旅游。

其次，随着"Z世代"消费者和"阿尔法"一代在虚拟和真实混合体验中长大，他们熟悉各种数字技术[1]。"Z世代"和"阿尔法"世代是潜在的游客，他们比前几代人更熟悉"元宇宙"技术和环境。数字一代的游客可能会使用数字设备旅行，通过多平台媒体复刻并实现他们在虚拟世界中现实世界般的真实体验，以享受超越传统身体体验的探索。因此，企业创新数字空间的旅游体验将是关注下一代数字消费者对未来数字旅游发展的重中之重。

最后，科技创新是当下重要的议题之一。数字化革新在医疗、教育、游戏等领域追求着用户的使用满意度，例如，就医更加方便、受教育时的视听效果更好、游戏中交互感更强等。当然，"元宇宙"下融入数字化技术将更有力地推动产业转型升级。而旅游业则更需要聚焦用户的体验升级，例如，游客的实地体验、持续在场、

---

[1] GO H，KANG M. Metaverse tourism for sustainable tourism development：Tourism agenda 2030[J]. Tourism Review，2023，78（2）：381-394.

人际接触、情感表现是用户在旅游体验时的重要评价指标。因此，未来的发展将极有可能实现"元宇宙"赋能至各行业，以提升综合效能，而"元宇宙"旅游也将成为趋势。

（三）"元宇宙"赋能旅游融合的发展前景

"元宇宙"自元年以来一直饱受争议，而政策的出台则是政府对"元宇宙"的认可与扶持。在《关于浙江省未来产业先导区建设的指导意见》中提到，以"元宇宙"为重点的未来产业发展体系；广州开发区也发布了《促进"元宇宙"创新发展办法》，从七个方面促进"元宇宙"的发展；厦门市则提出了《厦门市"元宇宙"产业发展三年行动计划（2022—2024年）》，向"'元宇宙'生态样板城市"进军。显然，政府正在试图通过"元宇宙"技术的实现来突破产业转型升级的问题。

同样地，在《"十四五"文化和旅游发展规划》中提出，科技是助力旅游转型的重要手段。因此，数字业态发展旅游经济将是未来趋势。例如，"赛博天空2077"把目标放置于将游戏世界的场景复现于现实空间，筹备"姑苏喵喵城"苏州项目和"八臂哪吒城"北京项目，以打造"'元宇宙'+文旅"的线下实体；西安文旅主题商业乐园也从游戏出发，向文旅"元宇宙"迈步，将西安欢乐谷打造出落地的"元宇宙"概念主题乐园，有望成为永不关门的游乐园[①]；此外，横店影视城于金华文旅消费季新华东线产品发布会上开展了"元宇宙"沉浸式体验活动，开发了秦王宫《走进大秦》、广州街·香港街《走进电影》等一批将"'元宇宙'+影视+旅游"模式融为一体的沉浸式体验。这些关于"元宇宙"旅游方面的筹备在后疫情时代逐渐被聚焦，并扩展至游戏、影视等与旅游利益相关的各方面，从而实现"元宇宙"与旅游产业的融合新发展。这意味着各行各业都有望依仗"元宇宙+"模式使旅游业朝着"异地同游"方向发展，以打破在后疫情时期的时空界限，从而寻求新的蓝海战略。

三、现状问题："元宇宙"旅游融合的风险挑战

"元宇宙"技术最雄心勃勃的愿景承诺是创造数字空间，提供与现实世界相同的可能性。然而，与任何新技术一样，"元宇宙"作为一种新技术必然伴随着大量的非议与风险挑战。而实现"元宇宙"旅游的重要之举更是要关注创造另一个"平行世界"之下所带来的一系列问题。因此，笔者将从个人数据隐私的泄露、虚拟世

[①] 李琤，鲁娜. 文旅"元宇宙"将会走向何方 [N]. 中国文化报，2022-02-17（007）.

界与现实世界间真实性差距以及享乐成瘾下产生逃避主义三个方面对"元宇宙"旅游下的风险挑战进行论述，为后续作优化建议提供参考。

（一）个人数据隐私的泄露问题

根据约翰逊和约瑟夫（Johnson，Joseph）最近发布的统计数据，截至2021年12月，美国成年人对"元宇宙"提出的担忧中关于隐私威胁占87%，这是迄今为止新技术开发所提出的隐私增强机制的难题[①]。从个人角度而言，隐私曾经在许多司法管辖区和哲学中被视为一项基本人权，但由于它不再得到保护和尊重，因此，现在被错误地载入国家、超国家和国际法律之中。当隐私因文化和背景出现差异时，它作为法律概念处在一种两难的境地。此外，存储在虚拟环境、虚拟世界平台或服务系统中的个人信息和内容可能被伪造和泄露，侵入者完全可以伪装成工作人员进行数据窃取，从而对用户个人构成威胁。但是，由于虚拟世界是实时共享各类个人信息，而非对特定个人进行监管。所以，在个人身份的把控上很难实现准确无误的信息控制。从企业层面来说，公司中数据的价值不在于它的存在，而在于它可以关联到数据库和对其应用分析。例如，对收集到的个人信息进行贩卖以及大数据分析用户的动态发展趋势。我们不能否认的是，大数据时代标志着隐私的终结。我们目前正在经历着智慧城市数据化和算法化的空前强化，新的网络化数字技术逐渐渗透到日常生活之中，很显然，大型科技公司往往以各种借口侵犯隐私从而获利，这便会引起人们对侵犯隐私的严重担忧。可以说，现有系统的保护措施和管理策略并不足以保护虚拟世界以免受网络犯罪和网络攻击。

从"元宇宙"旅游的角度来看，游客的行径路线、出行记录、房间酒店信息、个人注册密码等都可能会被黑客入侵。"元宇宙"旅游相关利益者为了更加全面地了解游客的思维和行为，不可避免地收集游客的位置信息和移动路线以求记录及进行跟踪，甚至持续监控游客的行为模式。更有，在交互层方面，由于"元宇宙"旅游将允许用户自行创建旅游世界，因此，交互层中大部分数据将来自用户生成的内容（UGC或PGC），这就意味着数据的质量和安全性存在一定的风险，游客的隐私极大可能存在隐患。此外，这种"元宇宙"旅游在移动威胁方面比以往任何时候都更加严重。"元宇宙"旅游能实现沉浸式体验的主要移动产品是VR设备，就触觉和视觉方面所呈现的4D效果极致地复刻现实世界的旅游身临其境感，同时也依赖手指跟

---

① NILASHI M，ABUMALLOH R A. Metaverse：Statistics and Facts[J]. Journal of Soft Computing and Decision Support Systems，2023，10（5）：1-3.

踪[1]和眼睛跟踪[2]，当指纹与虹膜被窃取后难免对游客的数据隐私与信息安全造成威胁。因此，我们需要对其做出改进以适应这种虚拟世界。

（二）虚拟世界与现实世界间真实性差距问题

"具身认知"（Embodied cognition）是当前"元宇宙"所探讨的一个重要命题。人们在"元宇宙"中可以想出更美好、理想化的"化身"（avatar），忘记日常生活中的烦恼，但前提是拥有具身的沉浸式体验，就目前技术而言显然是如此的不切实际。在学界中大量的学者采用了"缸中之脑"的思想实验以求对"元宇宙"具身体验进行解读。在成为缸中之脑前，大脑已获取了过去经验的行为意图，并依据这个意图由计算机进行延展，不断输入各种感官信号，包括触觉、听觉、嗅觉、味觉以及视觉，此时的肉体是多余的。然而，构建这种思想的前提是划定即便在现实世界的身体仍存在，但主体意识已失去的状态之下，例如，身体被针刺不会感到疼痛。而实际上，当前所能建构的"元宇宙"世界往往仅需要配置VR等设备，这就意味着现实世界的主体感官仍未消除。因此，具身认知必须考虑到身体因素，身体必须与所处环境的互动产生耦合作用，中山大学李珍教授通过部分失败的VR体验案例说明了"元宇宙"的"化身"仍存在"离心认知"（Disembodied cognition）[3]，即笛卡尔的身心二元论在"元宇宙"世界中仍未被彻底打破。因此，具身性问题仍是"元宇宙"在虚拟世界与现实世界间真实性差距的重大问题。

而在"元宇宙"旅游中更需要一种"具身认知"的真切体验。"对于忽必烈来说，他的口齿不清的线人所报告的任何东西都是发生在他身边的事情，这些事情显得如此的苍白无力。而马可·波罗对所访问过的城市的描述有这样一个优点：你可以在这些城市中徘徊，迷失方向，停下来享受凉爽的空气，或者逃跑。"[4]可见，前者收集的是二手信息，而后者则是经过具身体验获取的一手信息。这里忽必烈的线人与"元宇宙"（或是"元宇宙"中的项目）的缔造者相类似，皆经过二次加工后再

---

① SHAH K N，RATHOD K R，AGRAVAT S J. A survey on human computer interaction mechanism using finger tracking[J]. International journal of computer trends and technology，2014，7（3）：174-177.

② CLAY V，KÖNIG P，KOENIG S. Eye tracking in virtual reality[J]. Journal of eye movement research，2019，12（1）：10.

③ 李珍.真实的自我与虚拟的身体："元宇宙"中虚拟化身的具身性研究[J].自然辩证法通讯，2023，45（2）：19-27.

④ BATTY M. Invisible cities[J]. Environment and Planning B：Planning and Design，1990，17（2）：127-130.

应用于它所针对的人群当中。这意味着"元宇宙"的虚拟世界与现实生活的物理世界相比较存在非自然、非一手、非真实等的特点，而这些差距是两者之间的融合度即便再高也不可能弥补的（至少现在不能），这是由人所具备的一种真实的存在感（如虚拟世界中物的像素永远无法等同于现实世界）而诞生的。更准确地说，存在感是"置身于虚拟体验中的感觉，而不是参与者身体实际所在的地方"①。中山大学社会学教授王宁在关于虚拟旅游真实性问题上提到了"人内真实性"的概念，用以描述真实性的肉体感受②。即他认为虚拟旅游关于身体体验的真切实感要依据物理维度来转换而成，但显然，当前的技术不足以支撑这种真实性的存在。这里还包括当前"元宇宙"技术的不完善所引发的一系列沉浸式的真实性问题，例如，游客是否可以在没有肉体自我的情况下完美地复刻和体验现实世界中相同的多感官刺激。而如今关于数字化旅游仍停留在网络的数字领域，用于收听音频、阅读文本以及我们周围世界的视觉信息等。因此，探索真实性问题的解决思路将是当前"元宇宙"不可逃避的现实问题。

（三）享乐成瘾下产生逃避主义问题

"元宇宙"可能适合逃避现实或通常所说的作为"现实生活的替代"③。李力恒等人提出了一个问题，即"元宇宙"是否会将媒体成瘾提升到一个新的水平④，因为这种"元宇宙"技术将提供与现实世界高度相似的超现实体验，是人类从赖以生存的现实世界具身体验向虚拟世界数字化体验的彻底转变。但在面对虚拟空间的诱惑，或是与现实生活存在落差时，使用者容易无法自拔，从而与现实世界产生隔阂且失去对现实世界的冀望，最终走向逃避主义。逃避主义是指人们无论在认知方式还是情感方式上都想要"离开"他们所生活的现实世界的需要⑤。当然，从极端的角度去

---

① SANCHEZ-VIVES M V，SLATER M. From presence to consciousness through virtual reality[J]. Nature reviews neuroscience，2005，6（4）：332-339.

② NING W. Rethinking authenticity in tourism experience[M]. The Political Nature of Cultural Heritage and Tourism. Routledge，2017：469-490.

③ FETSCHERIN M，LATTEMANN C. User acceptance of virtual worlds[J]. Journal of electronic commerce research，2008，9（3）：231.

④ LEE L H，BRAUD T，ZHOU P，et al. All one needs to know about metaverse：A complete survey on technological singularity，virtual ecosystem，and research agenda[J]. Journal of latex class files，2021，14（8）.

⑤ HENNING B，VORDERER P. Psychological escapism：Predicting the amount of television viewing by need for cognition[J]. Journal of Communication，2001，51（1）：100-120.

看，自我放纵的逃避主义通常都被宣告享乐成瘾，例如，小孩长时间进行在线游戏会让父母认为是沉迷网络。自我放纵的逃避主义已被证明是一种人们应对消极的生活状况时相当无效和不健康的应对策略[①]。自我放纵以逃避现实可能会产生抑郁和焦虑的心理后果，也可能会出现暴力倾向和自我控制力降低的情况。而它所产生的社会后果包括较低的人际交往能力、社交焦虑和孤独感增加等。

这些负面后果反过来又会加剧现实世界中悲观的情绪以及促成极端负面的行为产生，从而增强逃离现实生活的意愿。这种双向关系将是一个恶性循环，最终可能对身心健康和幸福感产生更有害的影响。

当人们的关注开始蔓延至"元宇宙"旅游时，人们往往也躲不开享乐成瘾下产生逃避主义的宿命，以至于在这种宿命之下让人们表现出上述各种负面行为。石培华等人认为，"元宇宙"旅游既会导致人们丧失对现实世界的追求；又会瓦解人们在现实世界的价值观，走向极端分裂的思想；还会引发各种心理疾病及隐患，如社交恐惧、网络综合征等[②]。默克斯（Merkx C）和纳维因（Nawijn J）在虚拟旅游的研究中发现，一部分人表示不愿意结束体验："我的虚拟过山车体验已经结束，但我不希望它结束。"一些用户在第一次体验后就被迷住了："坦率地说，我对尝试它并不那么兴奋，但在我第一次体验之后，我被迷住了。"[③]这种让人成瘾的超现实体验不仅跨越了时空的障碍，还满足了部分失去远足能力的人对"自由"的向往，以实现暂时性的"补偿效应"。例如，残疾人无法自驾游，而在"元宇宙"旅游中或能游遍全国。的确，"元宇宙"旅游为部分游客缩短了时空距离，但久而久之也会转化成新的虚无与孤独感。数字技术的提升始终伴随着人际交往淡化的问题，因此，用户在体验"元宇宙"旅游的同时不可避免地会拉大人与人之间的心灵距离。在此趋向之下，"元宇宙"旅游伴随的享乐成瘾下产生逃避主义问题需要被进一步关注。虽然成瘾是游戏等领域的常见问题和研究主题，但它在旅游业中却相对较新。

---

① PANOVA T，LLERAS A. Avoidance or boredom：Negative mental health outcomes associated with use of Information and Communication Technologies depend on users' motivations[J]computers in Human Behavior，2016（58）：249-258.

② 石培华，王屹君，李中."元宇宙"在文旅领域的应用前景、主要场景、风险挑战、模式路径与对策措施研究[J].广西师范大学学报（哲学社会科学版），2022，58（4）：98-116.

③ MERKX C，NAWIJN J. Virtual reality tourism experiences：Addiction and isolation[J]. Tourism Management，2021（87）：351-357.

四、优化思考："元宇宙"旅游融合发展策略的优化探索

（一）从功利主义道德理论出发，寻求数据隐私泄露的解决方案

从功利主义道德理论出发，一个行为的道德性是通过总结行动产生的幸福来确定的，这是由约翰·斯图亚特·密尔（John Stuart Mill）等人所提出的"最大幸福"（Maximum Happiness）[①]。由于功利主义的优点是对行为后果做出精细的衡量，因此，但凡采取"'元宇宙'+"模式能为创造者带来的结果是幸福大于痛苦，那便认为是恰当行为。使用功利主义原则可以理解为什么许多企业会愿意承担使用"'元宇宙'+"模式下的道德风险，因为通过"元宇宙"技术进行产业的升级改造对企业和利益相关者来说都是有利可图的。企业通过实现利润最大化，从而满足对利益相关者在盈利方面的道德义务，从而规避在心理上大量的道德谴责风险。但利润最大化并不是"元宇宙"中唯一的道德问题，而更要关注的是企业决策下用户的潜在风险。

"元宇宙"旅游的发展应将对游客的功利主义道德观点纳入其产业发展的每一个环节决策之中，以维持游客对"元宇宙"旅游的信心并防止数据隐私泄露。当然，透明度的增强在数据隐私方面是减轻使用者担忧的重要之举。旅游产业的利益相关者在获得使用者许可之余，还应向游客提供充分和透明的保证，保证其数据不会出售给第三方。旅行社及利益相关者不得出于任何目的向其他方披露游客数据，包括直接和间接信息，如大数据挖掘游客的游玩路径并将其作为商品售卖。为了让游客数据隐私的使用被视为一种道德的行为，旅行社及利益相关者必须为游客提供对其个人数据的控制权，如提供数据收集的选择退出选项。此外，如果旅行社及利益相关者有明确的隐私政策来解释如何使用数据，并让客户可以选择控制他们的数据配置文件，同时在与第三方共享数据时仍然保持匿名，这更加有助于缓解游客对数据隐私问题的担忧。简而言之，当"元宇宙"旅游的利益相关者考虑到偏离功利主义及其后续付出更大的代价时，他们并不愿意提供客户数据，从而避免出现更大的损失，如诉讼中的赔偿金以及客户信任的丧失。

（二）转换真实性问题的思路，关注虚拟世界对现实生活的潜在补充效用

由于真实性问题的出现，关于创造数字空间、实现拟真感受、增强现实等问题

[①] MILL J S. Utilitarianism[M]. Liberty，Representative Government.

似乎永不能实现（至少近期不能）。因此，在解决虚拟世界与现实世界间融合度存在偏差时，我们是否可以转换思维不从技术方面切入，而让"元宇宙"充当现实生活的补充，即关注游客在"元宇宙"旅游为现实生活带来什么价值。因此，笔者将集中从游客的角度出发，聚焦相关性与能力两个方面来探索虚拟世界为现实世界做出的补充。例如，通过社交媒体扩展社交圈子（相关性），在虚拟世界中学习现实生活中的技能（能力）。

从相关性的角度看，对现实生活社交圈子的补充将通过交换信息来实现。信息的共享、多样性、准确性、时效性对旅游尤为重要，而现实旅游往往依仗互联网所提供的信息作为参考，但并不具备时效性。而对于旅行常客而言，"驴友团"成为他们收集信息的最可信、最迅捷的渠道。因此，"元宇宙"旅游将有助于推动"元宇宙"虚拟"驴友团"的演进，进一步地说，这是增强社会资本的新途径。"元宇宙"将为虚拟"驴友团"提供一个共享的在线空间来促进社会支持，以帮助各位游客之间相互联系、信息共享和互相支持，并扩展他们的社交圈子，包括现实世界与虚拟世界的社交圈子。从能力的角度看，对现实生活技能的补充将通过增强自我效能感、自我控制和生活满意度来实现。更具体地说，"元宇宙"旅游下的游客可自主成为PGC，通过个性化的自建旅游景区、路线、设施、人流等，从而增强认知和创造力。例如，在《我的世界》游戏中，玩家可依据所构想的图景进行修建地铁、马路、高楼和餐厅等。因此，笔者建议"元宇宙"旅游在PGC进行个性化旅游时，可将现实生活中对应的义务模拟至虚拟世界中并让用户履行，同时采用在线游戏通关方式对新场景、物质、活动方式等进行解码，例如，从颐和园到故宫要多长时间？有几种出行方式？今天门票卖完了吗？这样可以帮助沉浸在"元宇宙"中的游客学习到现实生活的技能，以便于日后在日常生活中运用。另外，在"元宇宙"中可以积极应对健康问题。更具体地说，专门为医疗保健设计的、与之相关的虚拟体育游玩活动，并敦促研究人员提出并实证测试用户体能方面的效果。同时，将结合"'元宇宙'驴友团""虚拟运动社区""虚拟游玩团"等刺激协作锻炼以达到身体健康的效果。

（三）关注数字成瘾的底层逻辑，以认知行为治疗法解决逃避主义问题

虚拟现实（VR）、互联网、在线游戏等的上瘾行为逐渐被列入心理疾病的行列中，并出现大量关于沉迷享乐、心理扭曲、认知偏差等的治疗与理论。因此，我们不能总是关注用户在"元宇宙"中上瘾的结果，可以试着从概述上瘾的原因入手，从而"对症下药"，并依据此原因在"元宇宙"中通过数字化方式对其心理疾病做出治疗。而"元宇宙"旅游所出现的上瘾现状，归根结底是一种数字成瘾（Digital Addiction）。与现实生活相比，相同的游戏（纸牌游戏）在平台、难易程度、奖励机制等不同的情况下，虚拟世界或许对人从观念上注入通关更为简单或奖励机制更加透明的情况。这种从观念上形成的数字成瘾问题可采用认知行为疗法（CBT）来解决，即从自我意识方面对其患者进行治疗，其研究认为这种数字成瘾可能与患者所产生的心理需求和认知扭曲相关①。CBT治疗方法可归结为"评估—分析—调整"，即首先评估认知行为，观察自己是否在思维观念、习惯行为等不正确；其次，分析这些观念中哪些对自己影响比较大；最后，落实到行为上，逐步调整。

当然，上述路径是主动治疗方式，而针对"元宇宙"旅游则可从主动转为被主动（潜移默化形成习惯）的治疗方式。即在第一阶段中，"元宇宙"旅游的设计者可鼓励上瘾的游客承认自己是否在虚拟世界或是"元宇宙"之中，并确定自己能够感受到身在其中，同时，他们能够认识到现阶段现实生活中自身周围变化的点滴。此阶段的目的是让参与者在面对特定的情况下能够识别他们的情绪和相应的身体反应。例如，他们能正确识别某些旅游景区的改变以及与现实世界之间的差别（评估）。在第二阶段中，"元宇宙"旅游设计者可通过对上瘾的游客自己所预设的认知与行为结果做出思维扭曲，且对其行为结果进行重组，最终通过分级暴露的方式逐渐使上瘾的游客暴露出引起严重焦虑和压力感的行为。例如，"'元宇宙'驴友团"的结伴人数逐渐递减（或递增）所产生的孤独感（或兴奋感），这与现实生活中是否因孤独感而在虚拟世界认识新朋友有关（分析）。在第三阶段中，上瘾的游客会被"元宇宙"旅游系统以奖励或惩罚的方式提醒或警示使他们陷入困境（或进入佳境）的原因，并提出他们之后出现类似情况下的建议，以便日后他们联想起现实生活中相对应的情景与应对方案。例如，提示"驴友团"因人数正在减少，并限制他的社交数量与提出对交友慎言的建议。

五、结语

"元宇宙"旅游将现实世界的旅游胜地转移至"元宇宙"的虚拟世界之中，为旅游消费者和组织提供了创新和想象力的绝佳机会。尽管至今仍处于起步阶段，但

---

① CEMILOGLU D，ALMOURAD M B，MCALANEY J，et al. Combatting digital addiction：Current approaches and future directions[J]. Technology in Society，2022：68.

基于目前全球公民都或多或少接触或使用先进的虚拟服务，而高新技术企业则将要更加熟悉数字服务、技术、商品甚至整个数字经济，因此，"元宇宙"旅游有望成为影响旅游目的地和旅游利益相关者竞争力的颠覆性未来趋势。当然，"元宇宙"赋能旅游业伴随着种种为旅游业创造巨大的未来机遇的同时，我们也不能忽视它所带来的风险挑战，这种风险挑战的底层逻辑始终绕不开对技术、制度与伦理问题的探讨。因此，整个旅游行业在应对"元宇宙"技术到来之际，面临诸如上述在数据隐私、真实性、逃避主义等问题时，政府、企业和游客个人应通力合作，突破各种瓶颈，寻求优化方案，更要趋向与现实世界平等互融，让"元宇宙"旅游成为现实世界实地旅游的催化剂、衍生品与推动力，从而为游客提供更加丰富、多元、智慧的虚拟旅行体验。

文化数字化是否有助于企业的知识产权创造?*

靳承卓　　王雪宁　　余吉安**

（中国传媒大学文化产业管理学院）

（南安普顿大学经济、社会与政治科学学院）

（北京林业大学经济管理学院）

摘要：知识产权是文化企业实现高质量发展的关键性资源与核心驱动力。在文化数字化的战略背景下，文化企业数字化转型是否有助于知识产权的创造？文章以中国沪深上市文化企业为样本检验数字化转型对企业知识产权创造的影响。研究发现，数字化转型能够促进文化企业知识产权创造。市场资源和知识资源作为数字化转型促进文化企业知识产权创造的两条作用路径，在"数字化转型—知识产权创造"这一关系中发挥了部分中介效应。政府补助和信贷支持在数字化转型和文化企业知识产权创造的关系间分别发挥负向和正向调节作用。在异质性分析方面，数字化转型对企业知识产权创造的促进效应在非国有企业、受到更好知识产权保护的企业、小规模企业和市场势力较弱的企业身上更为显著。

关键词：文化企业；数字化转型；知识产权；企业资源

---

*基金项目：国家自然科学基金项目"基于集成理论的中国产业创新模式、路径与策略研究"（项目编号：71350008）；北京市科技计划软科学研究项目"科技促进文化创意产业的创新发展模式研究"（项目编号：Z09031001590911）的后续研究成果。

**作者简介：靳承卓（2000—），男，汉族，河南温县人，中国传媒大学文化产业管理学院硕士研究生，研究方向为文化经济与创意管理，E-mail: jcz0529@cuc. edu.cn；王雪宁（2000—），女，汉族，河南博爱人，南安普顿大学经济、社会与政治科学学院硕士研究生，研究方向为企业管理，E-mail: m16639155515@163.com；余吉安（1979—），男，汉族，江苏南京人，北京林业大学经济管理学院教授，清华大学互联网产业研究院研究员，管理学博士，研究方向为战略管理与创意管理，E-mail: yujianbjfu@bjfu. edu.cn。

Does Cultural Industry Digitization Promote The Intellectual Property Creation of Companies?

JIN Cheng-zhuo   WANG Xue-ning   YU Ji-an

（School of Cultural Industries Management，Communication University of China）

（Economic，Social & Political Sciences，University of Southampton）

（School of Economics and Management，Beijing Forestry University）

Abstract：Intellectual property is a key resource and core driving force for cultural companies to achieve high-quality development. Under the background of cultural industry digitization strategic，does digital transformation of cultural companies promote intellectual property creation? Based on the Resource-Based View，this paper tests the impact of digital transformation on intellectual property creation of cultural listed companies in Shanghai Stock Exchange and Shenzhen Stock Exchange during 2011—2021. It is found that digital transformation promotes intellectual property creation of cultural companies. Market resources and knowledge resources play a partial mediating effect on the relationship between digital transformation and intellectual property creation of cultural companies. Government subsidies and credit support have negative and positive moderating effects on the relationship between digital transformation and intellectual property creation of cultural companies. The promotion effect of digital transformation on cultural companies' intellectual property creation is more significant in non-state-owned companies，companies with better intellectual property protection，small-scale companies and companies with weak market power.

Keywords：digital transformation；cultural companies；intellectual property；company resources

在数字经济的时代大潮下，传统文化产业的数智化转型成为必然趋势。国务院发布的《关于推动实施国家文化数字化战略的意见》指出，"要探索数字化转型升级的有效途径"，"加快文化产业数字化布局，培育一批新型文化企业，引领文化产业数字化建设方向"。文化企业作为产业的微观构成，承载着文化产业数字化转型与发展的重要职能。文化企业数字化转型是指运用人工智能、区块链、大数据、云计算等数字技术改造企业自身的生产经营、管理与核心业务模式，形成破坏性创新与变革的过程①。一方面，文化企业数字化转型促进了数据这一新型生产要素与创意、人才、资本等传统文化生产要素的深度融合，实现价值链的增长和传统产业附加值的提高②。另一方面，推动了文化企业从传统文化生产模式向数字生产模式转变，为企业在生产、绩效、技术进步和业态创新等方面提供了新的可能③。

知识产权创造是指企业通过创意形成与研发投入取得创造性智力成果和商业标识等法律权利的过程。知识产权作为文化企业重要的核心资产，是创新研发活动的关键体现，也是文化企业扩大市场优势的战略性资源。数字化转型在提高文化企业组织管理效率、实现商业模式变革的同时，是否也有助于知识产权的创造？其作用机制又是什么？为回答上述问题，本文以在中国沪深上市的文化企业为研究对象，基于资源基础观，检验企业数字化转型对知识产权创造的影响与作用机制，并分析企业规模、市场势力和产权异质性对数字化转型与知识产权创造关系的影响。

一、理论基础与研究假设

目前有关文化企业知识产权创造的文献还较为匮乏，但是有关企业创新产出的研究一直是国内外学界关注的重点。事实上，企业知识产权创造与创新产出的关系十分密切。一方面，知识产权通过产权化的方式对企业创新成果进行保护，能够增强企业创新意愿并提升垄断收益；另一方面，创新意愿与垄断收益水平的提升也进一步促进了知识产权创造④。因此，分析数字化转型对文化企业知识产权创造的影响，可以充分借鉴数字化转型与企业创新相关的研究成果。目前已有诸多文献证实

① SIEBEL T M. Digital transformation: survive and thrive in an era of mass extinction[M]. New York: RosettaBooks, 2019.

② ZHAO M, LIU R, DAI D. Synergistic effect between China's digital transformation and economic development: A study based on sustainable development[J]. Sustainability, 2021, 13(24): 13773.

③ 陈东，郭文光. 数字化转型、工资增长与企业间收入差距：兼论"灯塔工厂"的行业引导效应[J]. 财经研究，2023，49(4)：50-64.

④ 顾晓燕. 中国高技术产业知识产权创造影响因素的实证检验[J]. 经济学家，2012，167(11)：62-67.

了数字化转型对企业创新具有正向影响①②③④。本文认为数字化转型能够促进文化企业的知识产权创造，具体可以从企业知识资源、市场资源、政府补助和信贷支出四个层面展开分析。

第一，数字化转型通过提升文化企业知识资源促进知识产权创造。资源基础观认为，知识获取的数量和质量都对企业形成竞争优势具有重要影响⑤。对企业所获取的知识进行整合利用能够提升企业竞争力，获得超额利润，对企业创新行为有促进作用⑥。文化企业数字化转型对知识资源的促进作用主要体现在以下几个方面：首先，企业数字化转型能提高企业的知识获取能力。人工智能和大数据技术能够极大地提升企业获取知识和信息的能力，拓展企业现有知识信息边界，促进企业不断创造新的知识产权⑦。其次，企业数字化转型促进企业形成数字新业态，企业围绕新业态创造新知识与开发新产品，从而促进企业知识产权创造。最后，企业数字化转型改变了企业知识创新模式。随着数字技术的发展，不同企业间可以跨越组织边界，在更大范围内实现知识资源的整合与创新，形成网络化的协同创新模式⑧。

第二，数字化转型通过提升文化企业市场资源促进知识产权创造。市场资源是诸如市场知识、客户关系、营销渠道、管理模式等企业所拥有或控制的与市场关系密切的各种资源的总和⑨⑩。企业市场资源包含着大量的隐性知识，在新产品研发和

① 金昕，伍婉萱，邵俊岗.数字化转型、智力资本与制造业技术创新[J].统计与决策，2023，39（9）：158-162.

② 张任之.企业数字化转型能否提升智力资本价值创造效率？[J].财经问题研究，2023，474（5）：89-100.

③ 段华友，杨兴柳，董峰.数字化转型、融资约束与企业创新[J].统计与决策，2023，39（5）：164-168.

④ 王靖茹，姚颐.企业数字化转型、容错机制与研发创新[J/OL].外国经济与管理，2023，45（9）：38-53.

⑤ ZAHRA S A，NIELSEN A P. Sources of capabilities，integration and technology commercialization[J]. Strategic Management Journal，2002，23（5）：377-398.

⑥ Wang M C，Chen P C，Fang S C. A critical view of knowledge networks and innovation performance：The mediation role of firms' knowledge integration capability[J]. Journal of Business Research，2018，88：222-233.

⑦ 霍春辉，吕梦晓，许晓娜.数字技术与制造企业全球价值链地位攀升：打开数字技术赋能的"黑箱"[J].南方经济，2023，402（3）：11-28.

⑧ 戚聿东，肖旭.数字经济时代的企业管理变革[J].管理世界，2020，36（6）：135-152，250.

⑨ CALANTONE R J，SCHMIDT J B，SONG X M. Controllable factors of new product success：A cross-national comparison[J]. Marketing Science，1996，15（4）：341-358.

⑩ WEERAWARDENA J. The role of marketing capability in innovation-based competitive strategy[J]. Journal of Strategic Marketing，2003，11（1）：15-35.

知识产权创造过程中发挥着重要作用[①]。具体来说，首先，数字化转型提升了企业对市场信息的捕捉能力。基于大数据、人工智能和云计算技术刻画消费者群像，有助于企业明确市场消费者的具体需求，实现细分市场定位，提升新产品销售绩效，对知识产权创造起到激励作用。其次，数字化转型增强了企业的营销能力。一方面，企业利用人工智能技术可以有效提高数字营销服务效率和质量，更好地维护现有客户关系并开拓新的客户资源；另一方面，随着企业数字化转型，企业基于"元宇宙"、虚拟数字人等场景应用形成全新的营销模式，有助于企业积累市场资源。最后，数字化转型提高了企业知识产权创造过程的内部管理与组织效率，有利于打破跨部门之间的"信息壁垒"，促进跨部门信息协同，提升沟通效率，从而促进企业提升知识产权创造水平。

第三，文化企业获得的政府补助强化了数字化转型对知识产权创造的促进作用。文化产品具有公共产品的属性。政府对文化企业提供补助在一定程度上能够克服文化产品外部性导致的市场失灵，从而促进企业不断研发新产品，实现知识产权创造，目前已有文献证实了这一关系[②③]。一方面，政府补助是对数字产业前景的隐性担保，企业获取政府补助后会增加数字化建设投入，加快数字化转型进程，强化对知识产权创造的促进作用。另一方面，从外部环境来看，政府补助具有信号传递效应，可以降低信息不对称，获得政府补助的企业更利于从外部获取资金支持用于数字化建设。同时，政府提供的资金补助本身也能为企业的数字化转型补充资金[④]。

第四，文化企业获得的信贷支持强化了数字化转型对知识产权创造的促进作用。文化企业普遍以人力资本和无形资产为主，具有"轻资产"的特点，可用于抵押或担保的资产较少，容易面临融资约束问题[⑤]。一方面，数字化转型需要企业投入大量资金用于技术研发、业务开拓和管理创新。外部的信贷支持能够有效缓解融资约束，为文化企业提供必要的资金，确保其数字化转型的顺利进行，从而促进知识

① HOOLEY G J, GREENLEY G E, CADOGAN J W, et al. The performance impact of marketing resources[J]. Journal of Business Research, 2005, 58(1): 18-27.

② 刘婧，占绍文. 文化企业知识产权创造能力的影响因素研究：来自126家上市企业的经验证据[J]. 研究与发展管理，2017, 29(4): 42-53.

③ 刘婧，占绍文，王敏. 文化企业知识产权能力的影响因素：基于西安市园区企业问卷调查的分析[J]. 中国科技论坛，2018, 263(3): 124-134, 142.

④ 张志元，马永凡. 政府补助与企业数字化转型：基于信号传递的视角[J]. 经济与管理研究，2023, 44(1): 111-128.

⑤ 褚杉尔，高长春，高晗. 企业家社会资本、融资约束与文化企业创新绩效[J]. 财经论丛，2019, 251(10): 53-63.

产权创造①。另一方面，文化产品的研发过程具有前期投入成本高、研发周期长的特点，文化企业获得的信贷支持为新产品研发和知识产权创造提供了必要的资金保障。综合上述分析，提出研究假设，并绘制了理论研究框架如图1所示。

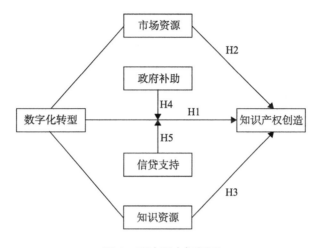

图1　理论研究框架图

H1：文化企业的数字化转型有助于企业知识产权创造。

H2：文化企业的数字化转型有助于企业获得更多市场资源，以促进企业的知识产权创造。

H3：文化企业的数字化转型有助于企业获得更多知识资源，以促进企业的知识产权创造。

H4：文化企业获得的政府补助强化了数字化转型对知识产权创造的促进作用。

H5：文化企业获得的信贷支持强化了数字化转型对知识产权创造的促进作用。

二、研究设计

（一）变量选取与界定

1. 被解释变量

知识产权创造（IP）。使用无形资产账面价值中与知识产权相关的部分来表征企

---

① 张志元，马永凡.政府补助与企业数字化转型：基于信号传递的视角[J].经济与管理研究，2023，44（1）：111-128.

业知识产权创造水平。具体参考刘婧和占绍文（2017）[①]以及褚杉尔等（2019）[②]的做法，选取企业无形资产项目中与专利权、商标权（包括品牌）、版权、软件、专利技术、非专利技术相关的期末账面余额之和的自然对数作为企业知识产权创造水平的代理变量。

2. 解释变量

数字化转型（DT）。文章主要使用吴非等（2021）[③]构建的"企业数字化转型结构化特征词图谱"，但该词库中鲜有与文化产业数字化转型相关的底层技术运用和技术实践运用特征词，难以对文化企业数字化转型进行准确刻画。因此，本文以《关于推进实施国家文化数字化战略的意见》《"十四五"文化发展规划》《"十四五"文化和旅游发展规划》《"十四五"数字经济发展规划》为蓝本，综合参考了相关文献[④][⑤][⑥][⑦]，对原有特征词库进行扩充，加入"8K""文化专网""5G"等17个底层技术运用特征词和"数字博物馆""数字演播""数字文博"等34个技术实践运用特征词，整理见表1。

表1　特征词库扩充

结构化分类	特征词汇
底层技术运用特征词	文化专网、文化大数据、5G、北斗导航、NFT、数字孪生、8K、超高清、全息投影、互动投影、虚拟现实、三维立体、3D实景、虚拟现实、增强现实、混合现实、扩展现实
技术实践运用特征词	公共文化云、数字博物馆、智慧博物馆、数字图书馆、智慧广电、云演艺、云游戏、云旅游、云直播、云展览、云视听、云购物、数字出版、数字影视、数字演播、数字艺术、数字印刷、智能印刷、数字创意、数字动漫、数字娱乐、数字藏品、数字文博、高新视频、互动视频、智慧旅游、智慧景区、智慧度假区、沉浸式、"元宇宙"、数字人、虚拟偶像、虚拟主播、虚拟旅游

---

① 刘婧，占绍文. 文化企业知识产权创造能力的影响因素研究：来自126家上市企业的经验证据[J]. 研究与发展管理，2017，29（4）：42-53.

② 褚杉尔，高长春，高晗. 企业家社会资本、融资约束与文化企业创新绩效[J]. 财经论丛，2019，251（10）：53-63.

③ 吴非，胡慧芷，林慧妍，等. 企业数字化转型与资本市场表现：来自股票流动性的经验证据[J]. 管理世界，2021，37（7）：130-144，10.

④ 解学芳，雷文宣."智能+"时代的现代文化产业体系：挑战与重塑[J]. 深圳大学学报（人文社会科学版），2021，38（4）：56-66.

⑤ 顾江. 党的十八大以来我国文化产业发展的成就、经验与展望[J]. 管理世界，2022，38（7）：49-60.

⑥ 齐骥，陈思. 数字化文化消费新场景的背景、特征、功能与发展方向[J]. 福建论坛（人文社会科学版），2022，367（12）：35-43.

⑦ 杨永恒. 文化数字化与数字文化化：对数字文化发展再审视[J]. 人民论坛·学术前沿，2023，257（1）：82-90.

使用Python的爬虫功能爬取样本企业的年报，通过Java PDFbox库提取年报所有的文本内容，统计扩充后的特征词库在年报文本中出现的频数，剔除关键词前有"不""没""无"等表示否定的相关表述，并对非本公司信息（股东、高管、客户和供应商介绍）中的关键词也进行剔除。最终将各关键词词频加总整理，得到总体的加总词频。依据该指标分别设置核心解释变量"数字化转型"（DT），企业本年年报中出现的特征词词频总数来衡量。考虑到该数据存在"右偏性"特征，对指标进行对数化处理。

在稳健性检验部分，使用"是否数字化转型"（DT_IF）和方明月等（2022）使用的"软件投资与数字硬件投入占总资产净值的比例"（DT_RE）来衡量企业数字化转型[①]。其中，当企业本年年报中未出现词库特征词，则DT_IF=0，否则DT_IF=1。软件投资为企业无形资产净值中与软件相关的部分，数字硬件投入为固定资产净值中与电子设备和通信设备相关的部分。

3. 控制变量

参考现有的文献，选取资产负债率（LEV）、总资产报酬率（ROA）、营业收入增长率（GRO）、独立董事占比（IND）、两职合一（CTW）和企业年龄（AGE）六个控制变量，以控制企业知识产权创造的潜在影响因素。整理上述各变量定义见表2。

表2 变量释义

变量类型	变量名称	变量符号	变量定义
被解释变量	知识产权创造	IP	企业年度无形资产项目中与专利权、商标权（包括品牌）、版权、软件、专利技术、非专利技术相关的期末账面余额之和取自然对数
核心解释变量	数字化转型	DT	公司年报中数字化转型相关词汇出现频次总和加一后取自然对数
控制变量	资产负债率	LEV	企业年末负债总额和年末资产总额的比值
	总资产报酬率	ROA	企业年度税后收益与企业资产总计的比值
	营业收入增长率	GRO	企业年度营业收入增长额和上一年度营业收入额的比值
	独立董事占比	IND	企业年末独立董事占董事会总人数的比值
	两职合一	CTW	虚拟变量，企业年末董事长与总经理职位若为同一人担任，则取1，否则取0
	企业年龄	AGE	企业成立年份

① 方明月，林佳妮，聂辉华. 数字化转型是否促进了企业内共同富裕？：来自中国A股上市公司的证据[J]. 数量经济技术经济研究，2022，39（11）：50-70.

（二）模型设计

为检验企业数字化转型对知识产权创造的影响，构建实证模型见式（1）。

$$IP_{i,t} = \alpha_0 + \alpha_1 DT_{i,t} + \alpha_i Control_{i,t} + \sum Year + \sum Industry + \sum Region + \varepsilon_{i,t} \tag{1}$$

式（1）中，*IP*代表被解释变量，即企业的知识产权创造；*DT*代表核心解释变量，即企业的数字化转型；*Control*为控制变量组，代表资产负债率、总资产报酬率、营业收入增长率、独立董事占比、两职合一和企业年龄六个控制变量。同时，式（1）中还控制了年度效应（$\sum Year$）、行业效应（$\sum Industry$）和地区效应（$\sum Region$）。ε代表随机误差项。

（三）样本选择与数据来源

1. 样本选择

依据《北京市文化创意产业分类标准》和《文化及相关产业分类（2018）》中对文化产业的分类，总结出"文化艺术""新闻出版""广播电视与电影""软件、网络及计算机服务""广告会展""设计服务""旅游、休闲与娱乐""其他辅助服务"八大行业。通过比对企业的主营业务和经营范围筛选得到2011—2021年在沪深上市的文化企业数据。为确保结果的可靠性，对初始样本进行如下筛选：①剔除ST和*ST类上市企业；②剔除数据严重缺失的样本；③剔除资产负债率大于1的企业。为避免极端值影响，对所有连续变量进行1%和99%水平上的缩尾处理。最终，得到204家文化上市企业共计1193个有效观测值的非平衡面板数据。

2. 数据来源

文章中用于文本分析的企业年报整理自巨潮资讯网，其他数据整理自CSMAR和Wind数据库。

三、实证分析

（一）描述性统计与分析

全样本描述性统计结果汇报见表3，分样本描述性统计结果汇报见表4。根据表3可知，企业知识产权创造和数字化转型的均值分别为16.202和2.764，标准差分别为2.443和1.491，企业间知识产权创造水平的差异小于企业间数字化转型的差异。根据表4可知，在低数字化转型程度的一组中，企业知识产权创造水平的均值和中位数分别为15.056和14.918;在高数字化转型程度的一组中,企业知识产权创造水平的均值和中位数分别为17.137和17.271。均值和中位数的组间差异均在1%的水平下通过了显著性检验,表明数字化转型程度高的企业,知识产权创造水平也更高,初步验证了假设H1。

表3　描述性统计

变量	观测值	均值	最大值	最小值	标准差	5%	25%	75%	95%
IP	1193	16.202	22.493	10.077	2.443	12.102	14.479	17.874	20.069
DT	1193	2.764	5.765	0.000	1.491	0.000	1.792	3.892	4.927
LEV	1193	0.352	0.943	0.050	0.190	0.093	0.199	0.477	0.685
ROA	1193	0.045	0.307	−0.524	0.099	−0.125	0.027	0.086	0.158
GRO	1193	0.439	8.182	−0.817	0.969	−0.324	−0.012	0.572	1.918
IND	1193	0.382	0.571	0.333	0.053	0.333	0.333	0.429	0.500
CTW	1193	0.343	1.000	0.000	0.475	0.000	0.000	1.000	1.000
AGE	1193	16.956	51.000	3.000	6.403	8.000	12.000	21.000	28.000

表4　分组描述性统计

变量	低DT组			高DT组			均值差异统计量	中位数差异统计量
	观测值	均值	中位数	观测值	均值	中位数		
IP	536	15.056	14.918	657	17.137	17.271	−2.081***	143.136***

(二)相关性检验结果

对各变量进行Pearson相关性分析。数字化转型和知识产权创造之间的相关性显著为正,表明数字化转型与企业知识产权创造之间存在正相关关系,初步验证了假设H1。此外,从方差膨胀因子的结果来看,各变量的VIF值均值为1.03,远小于10,表明不存在多重共线性问题。

(三)基准回归结果

使用OLS对式(1)进行基准回归。回归结果见表5。模型(1)和模型(3)分别汇报了未加入控制变量的回归结果;模型(2)和模型(4)汇报了加入控制变量的回归结果。在加入控制变量前后,是否数字化转型与数字化转型程度的回归系数均在1%的水平上通过了显著性检验。该结果表明,数字化转型与企业知识产权创造之间存在显著的正相关关系，即相较于数字化转型程度低的文化上市企业，数字化转型程度高的文化上市企业具有更高的知识产权创造水平。假设H1得到验证。

表5　基准回归检验结果

	模型（1） IP	模型（2） IP	模型（3） IP	模型（4） IP	模型（5） IP
DT	0.806*** （0.051）	0.811*** （0.052）			
L1.DT			0.809*** （0.058）		
L2.DT				0.772*** （0.064）	
L3.DT					0.696*** （0.075）
LEV		1.169*** （0.414）	0.766* （0.460）	0.493 （0.497）	0.278 （0.562）
ROA		1.274* （0.719）	1.888** （0.735）	2.273*** （0.753）	2.502*** （0.852）
GRO		−0.161*** （0.058）	−0.077 （0.075）	−0.126 （0.082）	−0.169* （0.095）
IND		−0.016 （0.012）	−0.019 （0.012）	−0.017 （0.014）	−0.018 （0.015）
CTW		−0.722*** （0.131）	−0.732*** （0.142）	−0.743*** （0.158）	−0.780*** （0.181）
AGE		−0.004 （0.010）	−0.001 （0.011）	0.003 （0.012）	0.010 （0.014）
CONS	14.240*** （0.354）	14.476*** （0.553）	15.067*** （0.613）	15.445*** （0.669）	15.553*** （0.745）
行业/年度/地区效应	控制	控制	控制	控制	控制
N	1192	1192	1010	851	706
R^2	0.376	0.405	0.400	0.382	0.354

注：***、**和*分别代表在1%、5%和10%的水平上显著，括号内为系数的稳健标准误，下表同。篇幅所限，后文回归均不汇报控制变量的估计结果，留存备索。

（四）内生性检验

1.时滞效应检验

为部分克服双向因果导致的内生性问题，分别将滞后1期、滞后2期和滞后3期的数字化转型作为核心解释变量，重新对式（1）进行回归，结果见表5的模型

（3）~（5）。滞后1期、滞后2期和滞后3期数字化转型的回归系数分别为0.809、0.772和0.696，均在1%的水平上通过了显著性检验。表明在部分克服了由双向因果导致的内生性问题后，假设H1仍然成立。

2. 工具变量法

为进一步克服内生性问题，构造工具变量运用两阶段最小二乘法进行内生性检验。在第一阶段回归检验中，借鉴Lwebel（1997）和杨金玉等（2022）的方法，分别选取企业数字化转型与所处同一行业和同一省份的其他企业数字化转型均值差额的三次方作为工具变量，用IV1和IV2表示[①][②]。

基于工具变量的两阶段估计结果见表6。模型（1）为工具变量第一阶段的估计结果。模型（2）为工具变量第二阶段的估计结果。根据模型（1），两个工具变量的回归系数分别为0.034和0.085，均在1%的水平上通过了显著性检验。第一阶段回归的F检验统计量为690.85，在1%的水平上通过了显著性检验，表明两个工具变量与被解释变量显著相关。根据模型（2），经过内生性调整后，数字化转型的回归系数为0.840，在1%的水平上通过了显著性检验。Kleibergen-Paap rk LM统计量为255.171，通过了1%的水平上的显著性检验，模型通过了不可识别检验，表明工具变量识别有效。Cragg-Donald Wald F 统计量为1069.255，通过了10%的水平上Stock-Yogo 弱工具变量检验的临界值，表明模型通过了弱工具变量检验，不存在弱工具变量问题。Hansen J 统计量为0.196，无法在10%的水平上拒绝原假设，模型通过了过度识别检验，表明所选的两个工具变量均为外生，工具变量估计结果有效。模型（2）的估计结果表明，在控制了潜在的内生性问题后，数字化转型对企业知识产权创造的正向影响依旧稳健成立。

进一步对工具变量的外生性进行检验。参考董松柯等（2023）的做法，在基准回归的基础上分别引入工具变量进行估计[③]，结果见表6中的模型（3）、模型（4）和模型（5）。结果显示，所选取的两个工具变量回归系数均未通过10%的水平上的显著性检验，侧面证实了工具变量的外生性。

---

① LEWBEL A. Constructing instruments for regressions with measurement error when no additional data are available，with an application to patents and R&D[J]. Econometrica：Journal of the Econometric Society，1997：1201-1213.

② 杨金玉，彭秋萍，葛震霆. 数字化转型的客户传染效应：供应商创新视角[J]. 中国工业经济，2022，413（8）：156-174.

③ 董松柯，刘希章，李娜. 数字化转型是否降低企业研发操纵?[J]. 数量经济技术经济研究，2023，40（4）：28-51.

表6 工具变量回归结果

	工具变量估计结果		工具变量外生性检验		
	模型（1）	模型（2）	模型（3）	模型（4）	模型（5）
	Step1：DT	Step2：IP	IP	IP	IP
DT		0.840*** (0.061)	0.781*** (0.066)	0.791*** (0.082)	0.766*** (0.086)
$IV1$	0.034*** (0.006)		0.006 (0.007)		0.005 (0.007)
$IV2$	0.085*** (0.004)			0.004 (0.011)	0.003 (0.012)
控制变量	控制	控制	控制	控制	控制
行业/年度/地区效应	控制	控制	控制	控制	控制
N	1134	1134	1134	1134	1134
R^2	0.335	0.396	0.396	0.396	0.396

3. 倾向得分匹配

为进一步缓解样本自选择偏误导致的内生性问题，选取倾向得分匹配法进行内生性检验。首先，借鉴张永珅等（2021）的方法，计算观测企业样本的数字化转型的中位数，对数字化转型大于中位数的企业样本赋值为1，定义为处理组；对小于等于数字化转型中位数的企业样本赋值为0，定义为对照组[①]。其次，借鉴 Imbens 和 Rubin（2015）提出的方法，选取资产负债率（LEV）、销售收入增长率（SALE）、股权集中度（CON）、独立董事占比（IND）和企业年龄（AGE）五个协变量，并利用 Logit 模型计算数字化转型的倾向得分[②]。再次，对所有协变量进行平衡性检验，结果显示经过倾向得分匹配后的处理组与对照组在匹配变量上均无显著差异，满足平衡性假设条件。最后，采用带卡尺的最近邻匹配、半径匹配和核匹配方法对样本进行匹配，接着利用三组匹配样本再次对式（1）进行估计，结果见表7。模型（1）、模型（2）和模型（3）的数字化转型回归系数分别为0.748、0.811和0.811，分别在1%的水平上通过显著性检验，表明在缓解样本自选择偏误问题后，数字化转型对文化企业知识产权创造的促进效应依旧稳健成立。

---

① 张永珅，李小波，邢铭强. 企业数字化转型与审计定价[J]. 审计研究，2021，221（3）：62-71.
② IMBENS G W, RUBIN D B. Causal inference in statistics, social, and biomedical sciences[M]. Cambridge University Press, 2015.

表7 倾向得分匹配（PSM）回归结果

	带卡尺的最近邻匹配	半径匹配	核匹配
	模型（1）	模型（2）	模型（3）
	IP	IP	IP
DT	0.748***	0.811***	0.811***
	(0.074)	(0.052)	(0.052)
控制变量	控制	控制	控制
行业/年度/地区效应	控制	控制	控制
N	604	1192	1192
R^2	0.420	0.405	0.405

（五）稳健性检验

分别采用以下三种方式进行稳健性检验：第一，替换核心解释变量。分别使用"软件投资与数字硬件投入占总资产净值的比例"（DT_RE）以及"是否数字化转型"（DT_IF）作为替代变量对式（1）进行估计。第二，缩短样本区间。考虑到2013年发布《国务院关于推进物联网有序健康发展的指导意见》之后国内企业开始大规模实施数字化转型行动。选取2013年之后的样本再次对式（1）进行估计。第三，在控制年度效应和行业效应的基础上，进一步控制个体效应，对式（1）再次进行估计，检验结果见表8。模型（1）、模型（2）、模型（3）和模型（4）的数字化转型回归系数分别为0.771、1.894、0.831和0.435，均在1%的水平上通过了显著性检验，表明数字化转型对企业知识产权创造的促进效应稳健成立。

表8 稳健性回归检验结果

	模型（1）	模型（2）	模型（3）	模型（4）
	IP	IP	IP	IP
DT_RE	0.771***			
	(0.041)			
DT_IF		1.894***		
		(0.227)		
DT			0.831***	0.435***
			(0.057)	(0.097)
控制变量	控制	控制	控制	控制
行业/年度/地区效应	控制	控制	控制	控制
个体效应	未控制	未控制	未控制	控制

	模型（1）	模型（2）	模型（3）	模型（4）
	IP	IP	IP	IP
N	609	1192	954	1193
R^2	0.672	0.297	0.388	0.325

四、进一步分析

（一）影响机制检验

根据研究假设，对企业知识资源（KNO）和市场资源（MAR）的中介效应进行检验。借鉴 Wang 等（2012）和李树根（2014）的做法，选择研发投入与市场费用分别作为企业知识资源和市场资源的代理变量[1][2]。具体来说，研发投入为企业年度研发投入金额的自然对数，市场费用为企业年度管理费用与销售费用之和的自然对数。采用 Sobel 法进行中介效应检验并使用 Bootstrap 法进行稳健性检验，具体结果见表9。模型（1）和模型（2）汇报了市场资源的中介效应检验结果。在模型（1）中，数字化转型的回归系数为0.279，在1%的水平上通过了显著性检验；在模型（2）中，数字化转型和市场资源的回归系数分别为0.443和1.324，同样在1%的水平上通过了显著性检验。该结果表明市场资源在数字化转型和企业知识产权创造中具有部分中介效应，中介效应比例为0.455，假设 H2a 得到证实。模型（3）和模型（4）汇报了知识资源的中介效应检验结果。在模型（3）中，数字化转型的回归系数为0.333，在1%的水平上通过了显著性检验；在模型（4）中，数字化转型和知识资源的回归系数分别为0.518和0.758，同样在1%的水平上通过了显著性检验。该结果表明知识资源在数字化转型和企业知识产权创造中具有部分中介效应，中介效应比例为0.328，假设 H2b 得到证实。进一步地，使用 Bootstrap 法对中介效应进行稳健性检验，结果显示知识资源和市场资源的中介效应置信区间在95%的水平下分别为[0.350，0.528]、[0.416，0.621]，不包含0值，表明中介效应是稳健的。

---

[1] WANG C, HONG J, KAFOUROS M, et al. Exploring the role of government involvement in outward FDI from emerging economies[J]. Journal of International Business Studies, 2012, 43: 655-676.

[2] 李树根. 政府干预、公司资源和股利政策：基于沪深A股上市公司的实证研究 [J]. 财经论丛, 2014, 182（6）: 60-67.

（二）调节效应检验

根据研究假设，对企业获得的政府补助（GOV）和信贷支持（DEBT）的调节效应进行检验。政府补助方面，选取企业年度政府补助金额合计与企业年末总资产的比值作为代理变量；信贷支持方面，选取企业年末流动负债合计和非流动负债合计之和与企业年末总资产的比值作为代理变量。检验结果见表9中的模型（5）和模型（6）。模型（5）中，数字化转型与政府补助的交互项回归系数为–11.741，在5%的水平上通过了显著性检验，表明政府补助负向调节数字化转型与企业知识产权创造的关系，这与假设H3a不符，可能的原因：企业数字化转型获得的政府补助越多，通过政府补助进行套利动机就越强[①]，导致低质量的技术创新成果增多，而低质量的创新成果难以投入市场，知识产权价值有限。模型（6）中，数字化转型与信贷支持的交互项回归系数为0.606，在1%的水平上通过了显著性检验，表明信贷支持正向调节数字化转型与企业知识产权创造的关系，假设H3b得到证实，即文化企业获得的信贷支持强化了数字化转型对知识产权创造的促进效应。

表9　中介效应与调节效应回归检验结果

	中介效应检验				调节效应检验	
	模型（1）	模型（2）	模型（3）	模型（4）	模型（5）	模型（6）
	MAR	IP	R&D	IP	IP	IP
DT	0.279*** (0.022)	0.443*** (0.040)	0.333*** (0.033)	0.518*** (0.050)	0.871*** (0.064)	0.593*** (0.092)
MAR		1.324*** (0.050)				
R&D				0.758*** (0.047)		
GOV					17.682 (16.138)	
GOV×DT					–11.741** (5.557)	
DEBT						–12.036 (37.997)
DEBT×DT						0.606*** (0.221)
控制变量	控制	控制	控制	控制	控制	控制

[①] 张国胜，杜鹏飞.数字化转型对我国企业技术创新的影响：增量还是提质?[J].经济管理，2022，44（6）：82-96.

续　表

	中介效应检验				调节效应检验	
	模型（1）	模型（2）	模型（3）	模型（4）	模型（5）	模型（6）
	MAR	IP	R&D	IP	IP	IP
行业/年度/地区效应	控制	控制	控制	控制	控制	控制
N	1192	1192	970	970	1175	1192
R^2	0.405	0.631	0.400	0.542	0.409	0.410

（三）异质性检验

1. 企业所有权性质

根据企业所有权性质，将样本企业划分为国有和非国有两组进行分组回归，结果见表10中的模型（1）和模型（2）。在模型（1）和模型（2）中，数字化转型的回归系数分别为0.699和0.802，均在1%的水平上通过了显著性检验，表明国有企业和非国有企业数字化转型均能显著促进知识产权创造。似无相关检验结果显示在5%的显著性水平上两组回归中数字化转型的估计系数存在差异，说明数字化转型对知识产权的促进作用在国有企业中更为显著。可能的原因：国有文化企业的管理体制趋于僵化，管理者在面对变革和风险时倾向于保守的经营策略，这导致企业在数字化转型过程中呈现出较大的路径依赖①。相比之下，非国有文化企业的管理者更加倾向于创新变革，企业的管理体制也更为灵活，更容易实现数字化转型，对知识产权的促进效应也更明显。

2. 知识产权保护水平

根据企业所在省份的知识产权保护水平，将样本企业分为高知识产权保护和低知识产权保护两组，对两组样本进行分组检验，结果见表10中的模型（3）和模型（4）。在模型（3）和模型（4）中，数字化转型的回归系数分别为0.785和0.702，分别在1%的水平上通过了显著性检验，表明处于高知识产权保护和低知识产权保护环境下企业的数字化转型均能显著促进知识产权创造。似无相关检验结果显示在1%的显著性水平上两组回归中数字化转型的估计系数存在差异，说明数字化转型对文化企业知识产权创造的促进作用在高知识产权保护环境中更为显著。可能的原因：这表明知识产权保护对于企业知识产权创造意义重大。在知识产权保护缺位的

---

① 贺正楚，潘为华，潘红玉，等.制造企业数字化转型与创新效率：制造过程与商业模式的异质性分析[J].中国软科学，2023，387（3）：162-177.

市场环境下，数字化转型对于文化企业的知识产权促进作用可能会由于企业担心知识产权无法得到有效的保护、难以合法维权等原因而无法充分发挥。

表10　异质性检验结果1

	模型（1）	模型（2）	模型（3）	模型（4）
	国有企业	非国有企业	高知识产权保护	低知识产权保护
	IP	IP	IP	IP
DT	0.699***	0.802***	0.785***	0.702***
	(0.064)	(0.151)	(0.095)	(0.124)
控制变量	控制	控制	控制	控制
行业/年度/地区效应	控制	控制	控制	控制
N	346	679	628	564
R^2	0.507	0.394	0.382	0.485
Suest检验	3.62**		7.75***	

3. 企业规模

根据资产总计将样本企业分为大规模企业和小规模企业两组，对两组样本进行分组检验，结果见表11中的模型（1）和模型（2）。在模型（1）和模型（2）中，数字化转型的回归系数分别为0.585和0.663，分别在1%的水平上通过了显著性检验，表明大规模企业和小规模企业的数字化转型均能显著促进知识产权创造。数字化转型系数在小规模企业组中更大，说明数字化转型对知识产权的促进作用在小规模企业中更为明显。可能的原因：规模较小的文化企业受到传统文化生产要素的制约，其知识产权创造能力与大规模企业差距较大。而数字技术的普及使"数据"成为全新的生产要素，打破了大规模企业对生产要素的垄断，为小规模企业提供了"弯道超车"的机会，知识产权创造能力因而得到极大的提升。

4. 企业市场势力

采用勒纳指数来衡量企业的市场势力进行异质性检验。根据勒纳指数的中位数将样本企业分为高市场势力组和低市场势力组，对两组样本进行分组检验，结果见表11中的模型（3）和模型（4）。在模型（3）和模型（4）中，数字化转型的回归系数分别为0.745和0.878，均在1%的水平上通过了显著性检验。似无相关检验结果显示在1%的显著性水平上两组回归中数字化转型的估计系数存在差异，表明高市场势力和低市场势力企业的数字化转型均能显著促进知识产权创造。数字化转型系数在低市场势力组中更大，说明数字化转型对知识产权的促进作用在市场势力较弱的企业中更明显。这一结果的可能解释是，市场势力较弱的文化企业更需要通过数字化转型增强自身市场竞争力，数字化转型能够帮助处于弱势地位的企业提升信息和资源获取能力，降低生产经营成本，围绕"数据"这一生产要素重塑企业核心竞争力，促进知识产权创造。

表11　异质性检验结果2

	模型（1）	模型（2）	模型（3）	模型（4）
	大规模	小规模	高市场势力	低市场势力
	IP	IP	IP	IP
DT	0.585***	0.663***	0.745***	0.878***
	(0.066)	(0.056)	(0.069)	(0.079)
控制变量	控制	控制	控制	控制
行业/年度/地区效应	控制	控制	控制	控制
N	628	564	601	591
R^2	0.382	0.485	0.416	0.474
Suest检验	6.24***		14.33***	

五、研究结论与政策启示

在文化产业数字化的战略背景下，文化企业数字化转型能够促进文化产业与数字经济、实体经济深度融合，推动文化产业整体迈向高质量发展。知识产权作为文化企业最核心的资源，能否在数字技术的赋能下"提质增量"？为回答这个问题，本文基于资源基础观，检验了数字化转型对企业知识产权创造的影响、作用机制及异质性特征。研究发现，数字化转型能够促进文化企业知识产权创造，这一结论在克服了内生性问题并经过一系列稳健性检验后依旧稳健成立。市场资源和知识资源在数字化转型和知识产权创造之间起到部分中介作用。政府补助和信贷支持在数字化转型和知识产权创造之间分别起到负向和正向调节作用。数字化转型对企业知识产权创造的促进效应，在非国有企业、受到更好知识产权保护的企业、小规模企业和市场势力较弱的企业中更为显著。

本文的贡献主要体现在：第一，从微观企业视角为文化产业数字化发展提供了新的经验证据，试图弥补现有研究的不足。第二，基于资源基础观，论证了"数字化转型—企业资源—知识产权创造"这一作用影响机制，在一定程度上打开了数字化转型促进文化企业知识产权创造的"黑箱"，也丰富了企业数字化转型相关的研究成果。

　　基于研究结论，得到如下政策启示：第一，文化企业应注重对数字技术的研发和商业化应用，实现数字技术与运营管理模式和生产服务环节的深度融合。尤其是民营企业和中小规模企业在传统生产要素处于比较劣势的情况下，应抓住数字技术这一机遇，在"数据"这一新型生产要素上取得先机和优势，提升自身市场竞争力。第二，企业应通过数字化转型积累市场资源和知识资源，并将自身资源转化为知识产权为企业创造商业价值。这个过程中企业一方面要管理好客户资源、拓展销售渠道并维护好品牌形象；另一方面应重视创意人才引进，提高数字化企业管理水平和效率。第三，企业应利用数字技术促进创意创新成果资产化，利用数字技术缓解企业与金融机构间的信息不对称，形成更多可抵押、可质押的资产，为企业发展获取更多信贷支持。第四，为避免企业通过数字化转型进行政策性套利，应完善现有的激励政策，在激励标准中重点关注"企业数字技术创新成果是否取得市场化成效"，防止政府与企业形成创新"合谋"。同时，应不断完善知识产权保护制度法规，为企业知识产权创造保驾护航。

我国文化和旅游领域"放管服"改革问题诊断及优化路径

——基于5省市的实证调研

李雪飞　马聪颖　徐畅*

（对外经济贸易大学政府管理学院）

（浙江省委党校公共管理教研部）

摘要："放管服"改革是文化和旅游管理体制改革的重要路径。目前我国文化和旅游领域"放管服"改革取得了一定的成效，但仍然存在突出的问题和瓶颈，亟须科学的实证研究。本文从网站公开信息、实地调研访谈、问卷调查三个途径获取我国文化和旅游领域"放管服"改革进展的相关数据，以湖南、浙江、北京、贵州、广东五省市为调研对象系统诊断当前文化和旅游领域"放管服"改革存在的问题，并提出优化改革的路径。研究发现，我国文化和旅游领域"放管服"改革简政放权仍存在空间，放管结合成为薄弱环节，便民便企服务有待进一步优化。"十四五"时期，我国文化和旅游领域"放管服"改革应进一步完善顶层设计、明晰协同机制、健全信用体系、增进信息公开、完善考核机制，以更大程度促进文化和旅游治理效能的提升。

关键词：文化和旅游领域；"放管服"改革；问题诊断；优化路径

---

*作者简介：李雪飞（1989—），男，汉族，山东莱芜人，对外经济贸易大学政府管理学院副教授，美国俄亥俄州立大学哲学博士，研究方向为文化政策和政策评估，E-mail: xuefei. li@hotmail.com；马聪颖（2002—），女，汉族，河南许昌人，对外经济贸易大学政府管理学院硕士研究生，研究方向为文化政策和政策评估，E-mail: congying426@163.com；徐畅（1991—），男，汉族，浙江大学管理学博士，浙江省委党校公共管理教研部讲师，研究方向为基层治理和政策执行。

Issue Identification and Optimization Directions of the Fangguanfu Reform within China's Culture and Tourism Sector : Empirical Evidence from Five Provincial Jurisdictions

LI Xue-fei   MA Cong-ying   XU Chang

（School of Government, University of International Business and Economics）
（Department of Public Administration, Zhejiang Provincial Party School）

Abstract: Fangguanfu reform is an effective measure of administrative reform in the culture and tourism sector. It is necessary to identify key issues and evaluate the reform performance of the Fangguanfu reform within the culture and tourism sector. Through an empirical study, this article collects original research data from public websites, field trips and questionnaire, mainly from five provincial jurisdictions, Zhejiang, Hunan, Beijing, Guizhou and Guangdong. This article finds that there is still room for the reform of Fangguanfu in the field of culture and tourism; the combination of devolution and supervision has become a weak link; convenient services for enterprises and residents need to be further optimized. This article suggests that the Fangguanfu reform in the field of culture and tourism should further concentrate on improving top-level policy design, clarifying the consensus and coordination mechanism, improving the credit system and punishment system, enhancing the disclosure of information and effective response, and improving evaluation mechanism for the purpose of advancing cultural and tourism governance capacity.

Keywords: Culture and tourism; Fangguanfu; issue identification; optimization directions

一、引言

（一）研究背景

我国的文化管理体制改革始于改革开放初期表演艺术领域"以文补文、多业助文"的市场化改革政策[1]。自2003年开始，国家以促进经营性文化事业转企改制和进一步支持文化企业发展为抓手，开启了四轮文化体制改革，进一步明确文化行政管理边界，降低市场准入门槛，释放文化市场活力，促进了我国公共文化服务体系的完善和文化供给质量的提升[2]。改革开放以来，我国的旅游事业也逐步从外事接待属性转向为经济产业属性，随着《中华人民共和国旅游法》的颁布实施，旅游产业体系更加完善，旅游市场活力被大大激发，群众旅游体验不断提升。

我国的文化和旅游管理实行行业管理[3]，其主管部门分散是个不争的事实，涉及文化文物、新闻出版、广播电视、电影、旅游等板块，分别由文化部、新闻出版总署、国家广电总局、国家电影局、国家旅游局等部门主管。文化和旅游管理体制改革的进程也伴随着文化和旅游行政管理部门内部的整合和变革，比如2013年新闻出版总署和广电总局合并成立国家新闻出版广电总局，其中国家新闻出版和电影管理职责于2018年划归中央宣传部。2018年，原国家文化部和原国家旅游局合并为国家文化和旅游部，文化管理体制和旅游管理体制改革实现了协调推进、并肩而行。

党的十八大以来，党中央和国务院把处理好政府与市场关系、转变政府职能作为全面深化改革的关键，大力推进简政放权、放管结合、优化服务三位一体的"放管服"改革[4-5]。该项举措已成为我国经济社会高质量发展背景下制度供给侧结构性改革的必然选择[6]，成为中国特色社会主义制度优势转化为治理能力的重要抓手[7]，关乎着国家治理效能的提升和人民群众切身利益的实现[8]。作为新时期我国文化和旅游管理体制改革的重点内容，文化和旅游领域的"放管服"改革体现着我国"放管服"改革的一些共性特征，但由于文化意识形态属性的功能特殊性以及文化和旅游融合发展的实践创新性，文化和旅游领域的"放管服"改革又有其特质，亟须对其进行实证分析，以更科学地把脉问诊，优化改革方向。

（二）"放管服"改革研究进展

作为行政体制改革的重要组成部分，"放管服"改革是国家行政审批制度改革的延续、深化和拓展[9-10]，其重点是政府权责清单基础之上的简政放权[11]，难点是审管关系的协同发展[12]以及服务型政府重塑[13]。

关于我国"放管服"改革的成效问题，当前研究主要集中在"放管服"改革对营商环境改善的实现逻辑和效果[14-15]，以及"放管服"改革对提升居民满意度的影响。相关实证评估方法主要有单案例研究[16-17]、多案例比较研究[18-19]和基于大样本的问卷调查研究[20-21]。总体来看，党的十八大以来我国的"放管服"改革极大地优化了营商环境，提升了企业的满意度和居民的获得感[22]，且这种成效在民营企业中表现尤为突出[23]，但在政府诚信、公平竞争、简政放权等关键领域还存在着急需攻克的难题[24]。针对此种情况，学术界从技术赋能、制度完善、权力规制等方面提出了深化"放管服"改革的相关对策建议[25]，具体包括互联网等数字技术对政务服务的倒逼式革新、法治政府的建设、市场信用机制的完善和柔性政府监管机制的建立等[26-28]。

就具体案例而言，学者通过单案例或多案例分析的方式就地方政府"放管服"改革的经验和困境进行了梳理，浙江、江苏等省份在"放管服"改革中的成功经验成为学界关注的重点[29-30]。浙江省"放管服"改革实现了从"最多跑一次"到"数字化改革"的升级，形成了引领我国"放管服"改革的特色经验[31]。然而有学者指出"最多跑一次"所实现的"一窗受理、集成服务"还处于行政审批的物理聚合阶段，而真正的"一件事"改革的实现需要行政审批组织机构的变革，通过审批局模式催生"一件事"背后多部门的化学反应[30]。有学者还指出，地方政府在当前"放管服"改革进程中存在着主动服务意识薄弱、狭隘政绩观诱发形式主义、部门利益阻碍整体利益实现等三个困境[32]，亟须引入整体性治理范式，促进放、管、服三者的有机统一，实现政府、市场、社会等多元利益主体的协作共治[33]。

从研究领域来看，当前研究重点关注环境保护领域[34]、电力体制改革[35]、高等教育[36]、养老服务[37]等领域的"放管服"改革，而鲜有研究探讨文化和旅游领域的"放管服"改革进展和成效。为补足这一研究缺位，在结合文化和旅游领域行业特殊性的基础上，本研究将对文化和旅游领域的"放管服"改革成效和问题进行探究。本文的写作结构如下：第二部分阐述研究方法和数据来源，第三部分基于湖南、浙江、北京、贵州和广东的调研数据对当前我国文化和旅游领域"放管服"改革存在的问题进行诊断，第四部分为下一步优化改革的路径，第五部分为总结和展望。

二、研究方法和数据来源

（一）研究过程和方法

在构建评估指标体系的基础上，本文围绕文化和旅游领域的简政放权、放管结合、优化服务情况初步开展网络测评工作。具体来说，通过登录文化和旅游部以及地方文化和旅游主管部门网站、文化和旅游网上办事平台，对取消下放事项进行逐项检索，筛查出部分存疑事项，并对创新监管与优化服务的举措进行梳理分析。

在网络测评的基础上，确定实地调研对象，拟定调研提纲，开展调研工作。2021年5月底前，通过开展政府代表座谈会、企业代表座谈会、个别访谈、函调函评等方式完成调研工作，对网络测评中的存疑事项进行逐项核查，对办理行政审批业务的工作人员进行访谈，以了解文化和旅游"放管服"改革的难点问题。

本文选取湖南、浙江、北京、贵州、广东五省市为实地调研对象，原因如下：第一，从区域平衡的角度而言，五个省市涵盖我国东、中、西三个区域，同时兼顾长江以北和以南地区，在一定程度上考虑到我国不同区域的行政管理风格和治理水平。第二，从发展水平的角度来看，五个省市涉及文化经济和旅游发展的发达地区、发展中地区和欠发达地区，文化和旅游"放管服"改革中的共性问题和差异化问题同时被考虑进来。第三，就典型代表而言，五个省市包括浙江、广东等"放管服"改革的先锋省份，以及贵州这一数字政府改革的领先省份，在一定程度上代表着我国文化和旅游领域"放管服"改革实践的前沿阵地。

（二）指标体系和数据来源

本文的数据来源主要有两个方面：第一，通过构建指标体系并围绕指标体系进行二手数据的收集；第二，通过实地调研访谈对指标体系中的相关问题进行问询和补充。

关于"放管服"改革的指标体系构建，本文通过系统梳理党的十八大以来文化和旅游部关于"放管服"改革的相关政策文件，通过主题编码和分类的方式，设计了基于三级指标的评估体系（见表1）。一级指标按照简政放权、加强监管和优化服务的主题进行分类，二级指标在一级指标的框架下细分为若干个具体条目，三级指标则进一步细化以体现可观测性、可统计性和可评估性。

表1　文化和旅游领域"放管服"改革指标体系

一级指标	二级指标	三级指标
简政放权	取消和下放行政审批权	外国文艺表演团体、个人来华演出的审批下放情况
		文艺表演团体、演出经纪机构、演出场所经营单位变更审批取消情况
		外商投资旅行社业务许可、旅行社经营边境游资格审批下放情况
	简化审批手续	营业性演出场地变更的事前审批
		导游人员从业资格证书核发审批简化情况
	放宽社会准入条件	降低互联网服务行业准入门槛（取消总量限制、先照后证）
		游戏游艺行业实行先照后证审批、取消总量限制
		允许内外资企业从事游戏游艺设备生产和销售
		旅行社设立服务网点放宽政策执行情况
		导游注册制度改革情况（导游资格证终身有效）
	投资审批制度改革	注册资本登记制度改革情况
	取消职业资格许可和认定事项	导游自由执业管理办法和服务标准制定情况
	对行政事业性收费、政府定价管理的经营服务性收费、政府性基金实行目录清单管理	面向导游的不合理收费清理情况，如强制收取的年审费、注册费、挂靠费、管理服务费、高额会费等
	削减工商登记前置审批事项	旅行社经营出境业务资格审批、外商投资旅行社业务许可、旅行社业务经营许可证核发、旅行社经营边境游资格审批
加强监管	基础性监管措施	文化市场随机抽查实施情况（如娱乐场所、艺术品、互联网服务营业场所、互联网文化、网络游戏等经营许可和规范） 旅游市场监管情况（如超范围经营、无资质经营、虚假宣传、不签订旅游合同、组织"不合理低价游"、违规拼团转团、诱骗强迫购物等）
		信息化监管措施实施情况（全国文化市场技术监管和服务平台、全国导游公共服务监管平台、全国旅游监管服务平台）
	创新性监管措施	惩罚性赔偿和失信联合惩戒制度
		游戏游艺场所"黑名单"监管机制
		导游信用综合评价体系建立情况
优化服务	审批服务规范化	文化市场行政审批标准化办事指南和审批业务手册编制情况（省级）
		文化市场行政审批办理流程规范化创建情况
		行政审批案卷规范性
		文化和部门审批权力清单制定情况
	审批服务信息化	文化和旅游领域审批信息公开情况
		文化旅游领域行政许可网上服务平台建设情况
		在全国文化市场技术监管和服务平台办公情况
	审批服务便民化	审批服务"一个窗口受理、一次性告知、一站式办公"情况
		业务办理引导服务

三、我国文化和旅游领域"放管服"改革存在的问题分析

从网络信息收集诊断环节和实证调研访谈环节获取的一手资料来看，目前我国文化和旅游领域的"放管服"改革在简政放权、放管结合、优化服务三个方面还存在不同程度的问题。这些问题的原因一方面是由于我国政府行政管理所致；另一方面则是由文化和旅游领域的行业特殊性所决定。

（一）简政放权仍存在空间，科学性和精细化有待提升

1. 政府条块分割的治理结构导致碎片化治理难题

文化和旅游领域"放管服"改革中，国家文化和旅游部在业务层面提供宏观指导，地方政府负责具体事项的落实和管理，这种条块分割导致文化和旅游领域相关问题治理的碎片化倾向。从调研结果来看，以省为单位建立的数字化系统，在本省范围内可以畅通运行，但跨省域治理时，则存在数据之间的链接标准差异以及相关证照的跨省认证难等问题。调研还发现，各地的数字化管理部门根据当地的管理规定和条例，制定标准和建立数据库的时候，由于缺乏全国性的统一协调，出现了不同的数据标准，导致省级政务网和文旅部网络之间的不完全衔接，互通互联受阻，形成了治理的碎片化和效能衰减问题。

2. 行政审批改革的科学性与精细化水平有待提升

简政放权的过程中存在"一刀切"和不匹配的现象。受制于资源禀赋、经济社会发展水平、制度安排等因素的影响，长期以来我国各地在治理效能方面存在较大的差异。同时，各行政主体层级之间的权力、资源和信息差异也导致在放权的过程中存在一定的执行误差。在国家简政放权的总体要求下，放权方面还存在全国"一刀切"的现象，对地区差异和行业差异的考量不够充分。文化产业新业态层出不穷，新业态在进行行政许可的过程中，由于缺乏相应的适用政策，各地方采用了一些传统政策来规范新业态的发展，产生很多不匹配的现象，比如直播行业和游戏行业仍然需要申请网络文化经营许可证。

3. 对下放事项缺乏政策过渡期与承接指导

目前在缺乏政策过渡期的情况下，下级文旅主管部门对于不熟悉的行政审批事项，无法对承接事项做充分的准备，导致工作量相对加大和工作不畅等问题。在简政放权过程中，行政审批事项包括监管过程存在法律法规滞后和不兼容的问题。在放权的过程中，当某项权力下放的时候，相应的监管应及时跟上，但通过调研情况

来看，目前文化和旅游领域在诸多领域存在着法律法规更新不及时和不兼容的问题。如果继续沿用原有的法律，那么文化和旅游新业态的发展会受到阻碍；但如果放松监管，同样会面临监管上的政策风险。

4. 备案制度有待进一步完善

简政放权改革中，取消审批改备案后未制定配套的备案实施办法或细则，导致备案制度本身缺乏具体、统一的操作流程，对部分事项应当如何备案各地缺乏统一标准。这容易造成工作人员按照原本审批流程办理备案，将备案变成"变相审批"。各省之间的备案要求不统一，且缺乏互认机制，导致实践中存在就同一事项需要在两省进行备案的情况，造成当事人与工作人员需多次备案且准备不同的材料，反而加重了当事人与行政机关的负担。

5. 考核指标的合理性仍可提升，数字形式主义愈演愈烈

2020年11月，中组部印发的《关于改进推动高质量发展的政绩考核的通知》中指出"要充分发挥政绩考核指挥棒作用"。然而，调研发现少数考核指标仍然存在不合理之处。例如，在实际审批过程中，类似于歌舞厅等娱乐场所的设立达不到100%的即办率。与此同时，为了应对接踵而至的考核，缓解刚性问责，基层政府花费了大量精力达成指标。有基层政府人员在调研访谈中反映，"创评过多，造成基层压力太大"，"希望文化旅游不要做花架子工程"。

（二）放管结合成为薄弱环节，事中事后监管有待进一步加强

1. 从前置审批转向事中事后监管带来超负荷的监管压力，衍生监管不到位的现象

调研发现，多个省市反映地方执法队伍的现有编制远不能满足执法所需，在国家"放管服"的基础要求上，人工监管已经到达极限，急需进行数字化转型，实现审批、监管和服务的有机整合。比如，内地演出机构的审批需要有3名专职经纪即可备案，而这些专职经纪的数据在国家演出行业协会系统都有记录，可直接通过网上系统加以对接匹配和自动审批，减少人工的压力。

2. 实施告知承诺衍生的负面问题较为突出

文旅系统在推行"告知承诺"的同时没有形成对企业信用等级进行分层的制度体系，也缺乏对于企业高管信用信息库的建设，因此政府监管部门缺乏对信用等级较低、失信行为较多的企业实施从严审核、重点监管及相应惩戒的有效抓手，在一定程度上增加了项目执行的安全风险和政府监管的法律风险。此外，证照分离制度以及告知承诺的实施，导致出现了一批投机取巧或者低劣文化和旅游企业，引发劣币驱逐良币的风险，而这种问题无法通过正常的监管途径进行有效干预和解决。例如，某省反映，随着事前审批变为告知承诺，一大批俱乐部性质、社区团长制、媒体合作式、协会主导型及夫妻店式等的小型旅行社出现，一方面没有缴纳质量保证金；另一方面没有充足的责任保险，推出大量"一日游""低价游"等活动，严重扰乱旅游市场秩序。

3. 相关法律法规存在明显的滞后性问题

随着文化和旅游新业态的发展，一些法律法规存在着滞后性，尽管部分法律条款已经得到完善或修订，但是还有相当一部分法律条款需要进行专门的研究和调适。比如，部分文化和旅游企业反映，目前的《旅游法》和《旅行社管理条例》成为约束头部企业如大型旅行社的枷锁，违规成本高、容错率低；相反，一些无资质或者小型文化和旅游企业却能逃过正常的监管。再如，此次调研还反映出全国民宿行业存在无序发展状态，脱离地方社会经济发展的实际，甚至有省长带队对整个村子进行改造，而忽略了其发展的品牌性、风险性及可行性。目前关于民宿行业尤其是乡村地区民宿行业发展的土地问题、产权问题等成为一大隐患。

4. 部分领域存在监管主管部门不明、职责不清的现象

调研中发现，多个省市反映在旅游景区、游乐场内特种设备运营（玻璃栈道、游乐设施等）的安全生产监管方面，存在市场监管、文化和旅游等部门间职责不清的现象。一旦发生安全事故，相互推诿推责的现象时有发生。提升企业办事效率、增强群众满意度的关键在于职能部门间的协同，而有效协同的前提则是共识的达成。但在实践中，不同部门尚未对"一件事"形成较为一致的认知。具体而言，"一件事"的梳理与联办理应根据群众企业的诉求以及实际的办理情形进行，但基于功能分设的职能部门有着各自稳定的行动惯性，牵头单位与配合单位对"一件事"内涵的理解不尽相同。一方面，对于何类事项应纳入"一件事"的范畴难有定论；另一方面，部分工作人员将事项联办和部门协同解读为对分工和分部制的否定，继而会采取搭便车行为。

5. 监管的常态化不到位，存在着抓典型、搞突击的现象

调研中发现，目前多个地市存在着抓典型、搞突击的市场监管现象，而监管的常态化执行不够。一方面是因为取消事前审批意味着将监管压力转移到了事中事后部分；另一方面，目前监管的信息化和数字化不够完善，流程化和智能化的监管方式还需要进一步加强。

（三）便民便企服务有待进一步优化

1.数据共享渠道急需打通

此次调研评估反映出来的一个较为普遍的问题是，地方省级政务服务平台、国家政务服务平台以及文化和旅游部级平台（全国文化市场技术监管和服务平台、全国导游公共服务平台等）之间的数据共享渠道不畅通，存在反复录入数据、数据获取困难等方面的问题。例如，某省全部事项均已实现网上办理，但其中一部分权力事项，如动漫企业认定需要在文旅部自建系统进行操作，这就导致一件事情两套操作流程的现象，即线下收材料的同时还需线上交材料，加重了企业负担，减负效果不明显。基于此，国家文化和旅游部部建系统有必要开放部分接口，方便省建系统接入。

2.电子证照有待普及

为解决纸质许可证不便携带的问题，某省利用信息技术手段，采取二维码的方式录入许可证所有信息，在本省内二维码与纸质许可证具有同等效力。目前存在的问题是电子证照并未普及，外省对二维码无法互认，出省仍然需要补办纸质许可证。基于此，文化和旅游部可以在全国范围内普及电子证，实现电子证在全国范围内的互认。

3.政务信息公布不充分、不合理，公众诉求有效回应不足

部分文旅单位仍然围绕自我定义的"效率"即绩效考核来落实改革任务，例如，政务服务页面的设计更多是基于管理部门而非用户习惯。部分受访企业提出疑惑，称不清楚如何定位正确的业务部门，以及认为对旅行社的补贴政策实际上成为企业的负担。通过对30余个省份文化和旅游厅网站进行一一分析发现，少部分省份文化和旅游办事事项和其他办事事项融在一起，办事界面不清晰，网站界面较为混乱；部分省份个人办事事项和企业办事事项未做区分；部分省份网站建设还不健全，部分连接失效，部分显示结果存在不一致的现象。

四、我国文化和旅游领域"放管服"改革优化路径

针对上述问题，从"放管服"改革的政策目的和制度环境出发，本文从五个方面提出文化和旅游领域"放管服"改革的重点方向。

（一）进一步完善法律法规与顶层设计，实现行政审批与文旅执法规范化

1.兼顾法律法规的动态性、适用性和稳定性

经济社会的快速发展和政府的改革创新难免会带来法律的滞后性问题。在法治严肃、稳定的前提下，各级文旅部门可将审批与执法过程中潜在的灰色区域和不适用的规则条款反馈给立法机关、部门规章和规范性文件等的发布机构，提请重新审查并提出修改的可行性建议。通过加强顶层设计和完善法律法规，规范引导各地的政策实践创新，为文化和旅游领域的"电子证照"、"告知承诺"、审批"一件事"等创新行为提供法律支撑。

2.统筹职能部门的自主性、自利性和规范性

基层职能部门不仅拥有专业技能，对文化和旅游发展的现实情况也有着最清晰的认识和把握，理应获得自主空间去解决实际问题。然而，囿于部门利益和短期目标，过度的自主性有可能导致其行为偏离常规轨道而不受控制。据此，各级文旅部门应保留最低限度的自主性，即限定政策目标以防止下级政府层层加码；适度明晰政策内容，防止下级政府过度解读；允许下级政府自行选择执行手段，但需明晰规范权责清单。

（二）进一步明晰联办共识与协同机制，实现"一件事"改革迭代升级

1.在协商中厘定"一件事"的内涵、要素与权责边界

通过全面梳理某省文化和旅游厅59个行政许可事项，发现大部分事项尚不具备纳入"一件事"的条件，无法实现跨部门联办。比如针对"文化类民办非企业单位设立前置审查"事项问题，省文化和旅游厅应坚持便民利企的改革导向，同联办单位在协商中逐步明确"一件事"的具体内涵、审批要素，划定联办的权责边界，调和与牵头或配合单位之间的利益关系。具体而言，省文旅厅可与民政厅展开协商，就不同规模、性质的民办非企业单位的审批规范（材料、环节、时间等）达成共识。在此基础上，商定其中的"最大公约数"，将相近业务集成组装，最后对关联耦合后的事项整体办理，压减事项。

2.以系统思维谋划跨部门协同机制设计

在政府数字化转型的背景下，破解跨部门协同难题的关键仍在于体制机制的优化以及公职人员素质的提升。省文化和旅游厅在同联办单位商定好"一件事"的内涵、要素与权责边界的基础上，可请示上级部门依据具体事项以及不同职能部门的

特点，构建具有长效性、制度化的协同机制。按照流程最优、环节最少、时间最短的要求，聚焦多场景流程再造，变串联办理为并联办理、变材料重复提交为一次提交，实现"一表归集"同步办，并且在动态中加入更多服务事项。与此同时，尽可能细分许多原本不可切割的责任并使其有明确归属，以形成一个较为完整的激励和问责闭环。

（三）进一步健全信用体系和惩戒制度，实现事中事后监管最强化

1.加快推进信用体系建设

各级文旅部门应以"保障、协同、突破"为重点，"深耕细作"市场主体信用建设，推进联合奖惩广泛覆盖和有效落地。建立健全以信用监管为核心的事中事后监管大综合体制机制，成立"事中事后监管中心"。推进市场主体信用与个人信用"一体化"建设，完善投资项目信用平台应用，建立黑名单制度，构建"一处失信、处处受限"的联合惩戒机制。特别要强化"告知承诺+违约管理"，研究制定和完善"告知承诺"市场主体信用评价监管办法和配套制度，纳入公共信用监管体系，以正向激励和反向惩戒相结合的方式，完善激励倒逼机制。

2.加强重点项目全过程、全方位监管

各级文旅部门应以投资项目在线审批监管平台为载体，以统一项目代码制为基础，开展协同监管、全过程监管，确保文旅项目合法开工、建设过程合规有序、竣工验收手续完备。采取"红黄绿"灯分级监管方式，实行滚动管理、销号管理、每月更新，特别要对进度持续滞后的项目加大督查力度。以系统整合为基础，运用互联网、大数据技术，对项目全生命周期各环节实行监管，做到实时监控、全程可追溯。

（四）进一步增进信息公开与有效回应，实现用户导向理念中心化

1.精确掌握公众的实际诉求

各级文旅部门应建立公众需求意愿表达、用户体验反馈、政务服务投诉三位一体的制度化参与渠道；加强基于感性判断的人工干预，而不仅仅依赖对使用频次、使用时长、使用时段等客观信息的大数据分析。各级文旅部门、各地文旅场所应重视和强化与群众、企业在线上线下的沟通，对特定时限、范围内的各类诉求、反馈进行回顾、梳理和聚类分析，特别是不能忽视一些低频事项。在综合判定后，及时向决策部门汇报，进而推动更深层次的结构性优化。

2.优化信息公开的内容与方式，增强回应的有效性

各级文旅部门应在精确掌握公众实际诉求与行为习惯的基础上，进一步改进移动端口的页面设计，丰富和细化办事服务清单，明确相应的办事服务方法。例如，在通过合理、合法途径得知群众、企业行为动向后，可将相关步骤或注意事项以可视、简明的方式传递给当事人。当然，增强政府对公众的有效回应必然要平衡好公共服务供给有限性与公众需求无限、非理性之间的关系。因此，下一阶段的改革仍应充分考虑"成本—收益"等现实情况，进一步增强改革举措的针对性与回应性。

（五）进一步调整考核指标与容错机制，实现基层干部活力最大化

1.提升考核指标的合理性

根据《中共中央办公厅关于持续解决困扰基层的形式主义问题为决胜全面建成小康社会提供坚强作风保证的通知》，考核评估工作应当进一步提升科学性和针对性，在保留重点考核指标发挥好指挥棒作用的同时，逐步减少常规性工作评价指标，突出重点项目、重大任务、重大改革等的考核排名，坚持督查、检查、考核工作多看现场、多见实事、多访群众，客观、合理地看待地区差异，规范属地责任，防止部门间与地区间的盲目攀比。

2.切实运行容错机制

考核部门应在刚性问责中保持一定的弹性，即落实容错机制，明晰容错的内核与边界，划定"可容"与"不可容"的界限。在构建以人民为中心的服务型政府的过程中，上级政府也应体察基层干部的职业生态与生活状况，增强扎根前线、直接服务群众的基层干部的获得感，用切实的手段激励他们在琐碎繁杂的工作中保持活力，杜绝"虱多不痒、债多不愁"的麻木作风。

五、总结及展望

本文在实证调研的基础上，对我国文化和旅游领域"放管服"改革的成效进行了评估，对存在的问题进行了诊断并对改革方向提出了对策建议。实证研究结果表明，我国文化和旅游领域的"放管服"改革在简政放权、事中事后监管、便民便企服务等方面取得了明显的成效。但由于文化和旅游事业的特殊性以及文化和旅游融合的创新性，简政放权仍存在空间，科学性和精细化有待提升；放管结合成为当前的薄弱环节，事中事后监管有待进一步提升。基于此，本文从完善法律法规与顶

层设计、明晰联办共识与协同机制、健全信用体系与惩戒制度、增进信息公开与有效回应、调整考核指标与容错机制等五个方面就如何深化文化和旅游领域的"放管服"改革提出了具体的对策建议。

本文的不足在于仅从浙江、湖南、北京、贵州、广东五地的实证调研数据出发，总结分析文化和旅游领域"放管服"改革存在的共性问题和难点问题，限于篇幅并没有对各区域间的差异进行充分的探讨。下一步将深化实证调研部分，在构建量化指标体系的基础上，对文化和旅游领域"放管服"改革存在的区域差异及影响因素进行分析。

参考文献

[1] 曹普. 20世纪70年代末以来的中国文化体制改革[J]. 当代中国史研究，2007，014（5）：100-108，129.

[2] 范周，杨矞. 改革开放四十年中国文化产业发展历程与成就[J]. 山东大学学报（哲学社会科学版），2018（4）：30-43.

[3] 傅才武，何璇. 四十年来中国文化体制改革的历史进程与理论反思[J]. 山东大学学报（哲学社会科学版），2019，233（2）：49-62.

[4] 李克强. 在全国深化"放管服"改革，转变政府职能电视电话会议上的讲话[J]. 中国行政管理，2018（8）：6-12.

[5] 李克强. 在全国深化"放管服"改革优化营商环境电视电话会议上的讲话[J]. 中国行政管理，2019（7）：6-10.

[6] 张占斌，孙飞. 改革开放40年：中国"放管服"改革的理论逻辑与实践探索[J]. 中国行政管理，2019（8）：20-27.

[7] 王佃利，洪扬. 从制度优势到治理效能的实践逻辑：基于"放管服"改革的分析[J]. 理论学刊，2020（2）：34-42.

[8] 孙萍，陈诗怡. "放管服"改革的功能定位与发展路径：基于制度优势转化为治理效能的理论思考[J]. 学习与探索，2021（3）：47-53，179.

[9] 潘小娟. 政府的自我革命：中国行政审批制度改革的逻辑起点与发展深化[J]. 行政管理改革，2021（3）：43-49.

[10] 王丛虎，门钰璐. "放管服"视角下的行政审批制度改革[J]. 理论探索，2019（1）：91-96.

[11] 宋林霖，黄雅卓. 政府责任清单制度有效性分析：基于新制度主义政治学的视角[J]. 南开学报（哲学社会科学版），2021（6）：21-31.

[12] 朱光磊，张梦时. "放管服"改革背景下的审管关系演进逻辑[J]. 南开学报（哲学社会科学版），2021（6）：1-10.

[13] 丁邡，逄金辉，乔靖媛. 我国"放管服"改革成效评估与展望[J]. 宏观经济管理，2019，（6）：25-29.

[14] 廖福崇. 治理现代化、审批改革与营商环境：改革成效与政策启示[J]. 经济体制改革，2020（1）：5-12.

[15] 彭向刚. 技术赋能、权力规制与制度供给："放管服"改革推进营商环境优化的实现逻辑[J]. 理论探讨，2021（5）：131-137.

[16] 楼何超. 浙江"最多跑一次"改革的实践及启示[J]. 宏观经济管理，2020（8）：73-77.

[17] 秦长江. "放管服"改革中存在的问题及其对策：基于河南的调研与思考[J]. 中州学刊，2019（3）：1-7.

[18] 彭云，王佃利. 机制改革视角下我国"放管服"改革进展及梗阻分析：基于七省市"放管服"改革的调查[J]. 东岳论丛，2020（1）：125-133.

[19] 王湘军. 国家治理现代化视域下"放管服"改革研究：基于5省区6地的实地调研[J]. 行政法学研究，2018（4）：106-115.

[20] 张建顺，匡浩宇. "放管服"改革与纳税人满意度：施策重点与优化路径：基于机器学习方法[J]. 公共管理学报，2021（4）：46-62，169.

[21] 廖福崇. "放管服"改革优化了营商环境吗？：基于6144家民营企业数据的统计分析[J]. 当代经济管理，2020（7）：74-82.

[22] 吴铱达，曾伟. "放管服"背景下行政审批服务公众满意度实证分析[J]. 湖北社会科学，2019（12）：31-38.

[23] 廖福崇. 审批制度改革优化了城市营商环境吗？：基于民营企业家"忙里又忙外"的实证分析[J]. 公共管理学报，2020（1）：47-58，170.

[24] 姜明安. 新时代法治政府建设与营商环境改善[J]. 中共中央党校（国家行政学院）学报，2019（5）：92-100.

[25] 彭向刚. 技术赋能、权力规制与制度供给："放管服"改革推进营商环境优化的实现逻辑[J]. 理论探讨，2021（5）：131-137.

[26] 闫建，高华丽. 地方政府"互联网+政务服务"：应然性、存在问题与优化路径

[J]. 理论探索，2020（5）：107-115.

[27] 王敬波."放管服"改革与法治政府建设深度融合的路径分析[J]. 中国行政管理，2021（10）：18-21.

[28] 徐晓明. 外部行政备案管理：机制属性、缺陷反思与法律规制[J]. 中国行政管理，2020（11）：17-24.

[29] 李军鹏. 基于"互联网+"的放管服改革研究：以江苏省"不见面审批（服务）"与江苏政务服务网建设为例[J]. 电子政务，2018（6）：74-80.

[30] 苗红培. 公共性视野下我国地方政府"放管服"改革的困境及其治理[J]. 当代经济管理，2021（5）：73-79.

[31] 郁建兴，高翔. 浙江省"最多跑一次"改革的基本经验与未来[J]. 浙江社会科学，2018（4）：76-85，158.

[32] 许峰，王昌印."最多跑一次"改革的地方政府创新再造及模式探索[J]. 行政与法，2018（6）：20-33.

[33] 吴春. 基于整体性治理理论的"放管服"改革路径优化[J]. 东岳论丛，2020（10）：156-161.

[34] 谢海波."放管服"背景下环境影响评价行政审批改革的法治化问题与解决路径[J]. 南京工业大学学报（社会科学版），2021（2）：26-36，111.

[35] 李林威，赵喆，刘帮成."放管服"背景下我国电力体制改革成效评估及优化路径研究：基于重庆市1486家用电企业电力面板数据分析[J]. 公共行政评论，2021（5）：140-158，199-200.

[36] 曹晓婕，阎凤桥. 政令统一与因地制宜：高等教育领域"放管服"改革九省市政策文本分析[J]. 国家教育行政学院学报，2021（10）：76-85.

[37] 夏艳玲."放管服"改革背景下我国养老服务规制研究[J]. 经济体制改革，2020（4）：27-32.

媒介产品赋能中国传统文化创新性发展呈现研究[*]

牟美含　陈俊荣[**]

（北京联合大学管理学院）

摘要： 中国传统文化只有通过创新性发展，才能适应并体现新时代的发展诉求，从而彰显其价值。基于此，本文阐述了媒介产品赋能中国传统文化创新性发展的哲学依据和发展动力，重点分析了媒介产品探求助力传统文化创新性发展之路面临的三重困境：媒介产品内容取材不精，形式空洞无物，传播形式同质化。最后尝试探索解决困境的三重创新进路：辩证地对传统文化进行把关，从深厚的传统文化土壤中汲取营养，利用媒介产品实现中国传统文化的"活化"，从而实现文化破壁；文化与科技融合使形式与内容相辅相成，从而实现审美破壁；打造全媒体传播矩阵突破传播同质化窘境，从而实现平台破壁。

关键词： 中国传统文化；创新性发展；媒介产品

---

　　*基金项目："北京市属高校教师队伍建设支持计划优秀青年人才"项目资助（项目编号：BPHR202203217）。

　　**作者简介：牟美含（2001—），女，汉族，辽宁省大连市人，北京联合大学管理学院，学生，学士学位，专业为工商管理（影视制片管理），E-mail：mmh20010314@163.com。通讯作者：陈俊荣（1982—），女，汉族，河南省新乡市人，北京联合大学管理学院，副教授，博士，研究方向为影视产品运营，E-mail：chenjunrong@buu.edu.cn。

Research on the Innovative Development of Chinese Traditional Culture Enabled by Media Products

MU Mei-han   CHEN Jun-rong

（School of Management，University of Beijing Union University）

Abstract：Chinese traditional culture can adapt to and reflect the demands of the new era and demonstrate its contemporary value only through its own innovative development. Based on this premise，this article expounds the philosophical basis and driving force of media products empowering the innovative development of traditional Chinese culture. It specifically analyzes the three main challenges faced in the pursuit of media products that can contribute to the innovative development of traditional culture：lack of precision in content selection，hollow and superficial forms，and homogenized modes of dissemination. Finally，it attempts to explore three innovative approaches to overcome these challenges：dialectically reviewing traditional culture，drawing nourishment from its profound cultural heritage，employing media products to revitalize Chinese traditional culture，thereby breaking through cultural barriers；integrating culture and technology to achieve a complementary relationship between form and content，thereby breaking through aesthetic barriers；and creating a comprehensive omnimedia communication matrix to transcend the homogenization predicament in communication，thus breaking through platform barriers.

Keywords：Chinese traditional culture；innovative development；media products

习近平总书记对宣传思想文化工作做出重要指示，强调"着力赓续中华文脉、推动中华优秀传统文化创造性转化和创新性发展"[①]。中华优秀传统文化被视为国家珍贵的文化遗产，它所蕴含的人文精神和思维观念，对于帮助人们更好地感受国家文化魅力、增强文化凝聚力和提升文化自信力起到了至关重要的作用。传统文化的创新和创造，是确保传统文化与时代同步发展，构建文化共同体的关键手段。传统

---

① 高质高效传播弘扬中华优秀传统文化[N]. 人民日报，2023-11-01（9）.

文化的价值一定程度上体现在它是否可以满足时代的需要。辩证地看待传统文化的价值是适应新时代文化需求的关键。媒介产品在新时代中充分发挥其意识形态属性和传播属性，为"活化"传统文化赋能。各类媒介产品积极地与传统文化相结合，为传统文化的继承与创新开辟了多样化的途径。近几年来，弘扬中华优秀传统文化、宣传历史知识的媒介产品越来越多，旨在通过呈现中华独特的文化特质来激发受众对传统文化的浓厚兴趣。本文从媒介产品的角度出发，研究了创新活化传统文化的哲学依据和发展动力，指出了目前中国传统文化媒介产品创新性发展面临的困境，并对此提出三重破壁之路。

一、中国传统文化创新性发展的哲学依据

（一）传统"天人合一"与"万有相通"：超越又复归的思路提供行动逻辑

习近平总书记在中国文联十一大和中国作协十大开幕式上发表的重要讲话中强调："故步自封、陈陈相因谈不上传承，割断血脉、凭空虚造不能算创新。要把握传承和创新的关系，学古不泥古、破法不悖法，让中华优秀传统文化成为文艺创新的重要源泉。"[1]这段讲话揭示了如何把握传统文化传承的题中之义。张世英对超越"主客二分"、复归"原始的天人合一"的"万物一体"进行了哲学阐述，这对于突破文化研究的旧思维模式，如何对待传统文化有重大的启发。他将哲学发展史分为三个阶段："原始的天人合一""主体—客体""高级的天人合一"。"高级的天人合一"阶段即"万物一体"之境界，要达到"万物一体"之境界，需要克服"主客二分"的僵硬对立，恢复到"原始的天人合一"的感性直观。由此可见，"天人合一"的状态是随着时间的变化而缓慢发展的，其发展仍未脱离"天人合一"的总范畴，是值得今天学习的。中国传统的"天人合一"是中国文化童年时代的精神状态，不能简单蔑视它，应当加以珍重[2]。同样地，对于中国传统文化也不能单纯地否定其原始性和朴素性，要看到其适应性和可移易性，将传统文化进行创新性发展，在保留其魅力的同时，又能适应当下的社会意识形态。但是传统文化在历史中形成的社会基础已经随着时移世易而消失了，不能把"原始的天人合一"原封不动地照搬到今天，应该从"天人合一"之"合一"回归到"万有相通"之"整体"。这种高级的回归，

---

① 在中国文联十一大、中国作协十大开幕式上的讲话[N]. 人民日报，2021-12-15（2）.

② 张世英. 哲学导论（第三版）[M]. 北京：北京师范大学出版社，2016：368.

是否定之否定的回归,是经历了几千年"主客二分"认识论洗礼后的回归。将"万有相通"超越主客二分、复归"天人合一"的哲学思路,带入对待传统文化的态度中,应明晰其"精华"与"糟粕"。对待传统文化应"收百世之阙文,采千年之遗韵",容纳并超越中国传统文化,复归中国优秀传统文化。

(二)"连续性"与"非连续性":历史特性提供"本体论"理论依据

2023年6月2日,习近平总书记出席了文化传承发展座谈会,并发表了重要讲话并强调:"只有全面而深入地了解中华文明的历史,才能更有效地推动中华优秀传统文化的创造性转化和创新性发展。"[1]由于文化具有历史属性,可以从历史的角度来理解传统文化。历史具有连续性和非连续性,连续性是对新旧间界限的差异的融合,而非连续性是指新与旧之间的区分和界限,而历史的特点就在于它是新与旧的不断交替。在谈论历史特点的时候,首先应该肯定的是非连续性。如果没有非连续性,没有新与旧的差别与更替,也就没有历史,更没有文化。但如果只盯住历史的非连续性,而不去探索连续性,历史事件就失去了其原本的意义。连续性是对非连续性的超越,只有讲求连续性才能形成流变的历史整体观。如果说历史是国家的筋骨,当下是它的面貌,那么连接历史与当下的则是它的精神面貌——文化。因此,面对传统文化的创新发展,应该秉承历史连续性的内涵,将"旧文化"融入"新语境",对中国传统文化进行创新式发展。让传统文化随着作为时间的"天"而发生改变,以适应时代发展的需求,活化中国传统文化,使其焕发新生。

二、中国传统文化媒介产品创新性发展的动力

克利福德格尔茨基于"人是悬挂在他自己编织的意义之网中的动物"这一符号学的观点,将文化描述为"由人自己构建的意义之网",媒介从业者应基于媒介化社会的背景,积极发挥人类能动性,充分利用媒介产品的意识形态属性、传播属性、利用科技赋能,解决传统文化在媒介产品中的创新困境,助力活化传统文化,使其更加适用于当代媒介社会的潜网,凭借中国优秀传统文化的优势构建属于中国独特的意义之网,让媒介和媒介产品成为寻求传统文化新生的重要途径和载体。

---

[1] 深刻把握中华文明的突出特性[N]. 人民日报, 2023-06-06(1).

（一）内生动力：媒介产品的意识形态性和传播性

中国式现代化的新时代背景下，中国传统文化的传承和创新问题尤为重要，人们对传统文化与媒介产品相得益彰的关系进行了深入思考，进而更加认识到媒介产品对中国传统文化创新性发展的重要性。媒介产品是指媒介根据市场的需求，生产能满足媒介消费者需求的产品和服务。媒介是媒介产品的基础，媒介产品是媒介的派生，媒介是途径，媒介产品是载体。因此，媒介产品同媒介一样，具有意识形态属性和传播属性，为中国传统文化的创新性发展提供内生动力。媒介的意识形态属性和传播属性赋能传统文化创新性发展，通过多种途径和方式，让中国优秀传统文化在思想和情感上被受众所理解、接受和认同，受众作为受传者，通过自身能动性解码信息，内化传统文化之后，转变为传播者，再将传统文化编码使传统文化向外传播，传统文化在此过程完成了二次传播，从而实现了传统文化的创新性发展。

（二）外在动力：科学技术赋能传统文化创新性发展

科学技术发展如日中天，数字技术、互联网、物联网、人工智能、5G技术、全息影像、虚拟现实（VR、AR、XR、MR）等新技术在当今社会发展中发挥着不可忽视的作用。在当前科学技术快速发展的背景下，中国传统文化正在经历创新性的发展，以创新性发展中国传统文化原则为导向，对传统文化的创新与发展进行深入的研究，这是对中国式现代化新时代需求的积极响应，同时也是构建文化自信和打造科技强国不可或缺的条件。科学技术在传统文化的重塑和创新中起到了更为关键和广泛的作用。无论是古代的文学、绘画、音乐、舞蹈、戏曲，还是古代的经典文献，抑或是陶瓷、青铜器、文玩和工艺品等创造文化，都可以通过数字技术进行传播、再创新和再设计，从而创造出种类丰富、个性化的文化产品[①]。杭州亚运会开幕式大量运用了裸眼3D、AR互动、全息投影等技术，实现了科技与文化传承创新的有机融合。例如"国风雅韵"篇章的末尾使用了AR虚拟现实技术制作了AR孔明灯，伴随数字孔明灯逐渐飞升，全场吟出张九龄的千古名句"相知无远近，万里尚为邻"，彰显了我国传统文化"海纳百川、兼容并包"的包容精神和中国传统文化的元素。

---

① 管宁. 术有专攻与天容万物：传统何以再生[J]. 中原文化研究，2021，9（6）：5-15，2.

三、媒介产品赋能中国传统文化创新性发展的三重困境

媒介产品探求助力传统文化创新性发展之路面临着三重困境：在内容上取材不精，陷入窠臼；在形式上空洞无物，落入审美精致主义；在传播上形式单一，被文化工业主义固化。

（一）文化相对主义：内容窠臼化

文化相对主义主张，不同的文化背景下存在各自独特的伦理实践观点。在文化相对主义的思维框架内，将文化放在不同的社会语境中去理解，文化可能会被赋予不同的道德意义。文化相对主义的实践强调文化的差异性和多元性。在现代社会背景下，从事媒介产业的专业人士需要基于当代中国特有的历史和社会根基，筛选和挑选传统文化中的优秀元素，同时摒除那些与时代脱节的消极元素。这应当被视为衡量所有文化遗产和资源价值的基础标准，而不是一种强调差异和相互尊重的文化相对主义。有些媒介产品在融入传统文化时，媒介从业者对传统文化的内容缺乏深度筛选意识，取用传统文化的糟粕部分，传达了落后迂腐的陈旧价值观，忽视现代价值。媒介潜移默化地涵化受众，从而在一定程度上影响了受众现实观和社会观的形成。如某些热播剧将传统文化的糟粕融入其中，以男尊女卑、三从四德的封建社会为剧情背景，塑造的丧失自我的主角人设是编剧对封建糟粕取材和生搬硬套的产物。剧方不恰当的处理传统文化融合媒介产品的方式，严重欠缺了对现代价值观的考量，堕入文化相对主义的内容窠臼。

（二）审美精致主义：形式空洞化

"形神兼备，意境深远"，这是中国文艺作品中审美存在的一种特殊形式[①]。从媒介产品创作的审美视角和意义视角出发，"形神兼备、意境深远"是最有代表性的理念。过分强调形式在媒介产品创作中的地位，会使创作者陷入精致主义的怪圈。有些媒介作品在融入传统文化时，只注重对历史人物服化道、文化场景中建筑等的"形似"，而忽视"神似"的文化内涵，导致影视作品审美价值的缺失。为迎合年轻受众，通过服化道、视听语言等视像化内容搭建影响文本的"视觉奇观"式符号系统，进而形成"华丽视觉＋基本史诗＋情怀消费"的惯性创作策略，传统文化固然

---

① 张晶，解英华. 中华美学精神与当代审美追求结合的重要命题[J]. 中国文艺评论，2022（5）：39-49.

能以这种"形似"来被表现，但过度追求甚至迎合消费主义的视觉诉求，将形式外设重于内容输出，则会引起媒介文化的表象化，走向"精致主义"的表征危机。

（三）文化工业主义：传播形式同质化

当代媒介产品在融入传统文化时，因为衍生品同质化、大众文化产品标准化等因素，导致其传统文化的传播影响力不足、传播效能下降。近几年来，我国文化类节目得到了快速发展，目前将传统文化融入媒介产品的同质化现象越来越严重，同质化的节目可以说具有文化工业的本质，即以传播优秀传统文化为名，兜售可以获取利润的文化类节目。文化工业最大的特征就是为了消费而生产，为了实现生产效率的最大化，可以让不同的文化媒介产品的内容和形式具有统一性。传统文化类节目爆火的现象，致使更多的媒体机构开始参与到中国传统文化媒介产品的制作过程中。然而，一些媒体在制作传统文化媒介产品时，仅仅关注了产品的流量价值和产品收益，盲目地模仿先前出圈的媒介产品，产品元素和内容极其雷同，产品的形式也多具有同一性。比如，在《汉字英雄》《中国诗词大会》等文化类综艺节目赢得了广大民众喜爱之后，各大卫视及视频平台先后出台了上百部以"传统文化+节目"为传播形式的媒介产品，同质化的传播形式使观众产生文化疲劳和审美疲劳，从而弱化了传统文化在媒介产品中的传播效能。

四、媒介产品赋能中国传统文化发展三重创新途径

媒介产品为中国传统文化的传播提供了媒介载体，各类媒介产品积极地与传统文化相结合，为传统文化的继承与创新开辟了多样化的途径。这种新趋势为基于传统文化的媒介产品提供了发展机遇的同时，也为媒介产品创新性发展带来了诸多挑战。通过从深厚的传统文化土壤中汲取营养，辩证地对传统文化进行把关，利用媒介产品实现中国传统文化的"活化"，避免文化相对主义造成的内容窠臼化，从而实现文化破壁。通过将中国传统文化与新技术进行有机融合，在创作媒介产品时注重"形式美"与"内容美"的协同性，避免审美精致主义造成的形式空洞化，从而实现审美破壁。通过打造全媒体传播矩阵，完成中国传统文化的媒介产品传播方式创新性变革，避免文化工业主义造成的传播形式固化，从而实现平台破壁。

（一）文化破壁："活化"中国传统文化

历史悠久的文明古国留下了浩如烟海的传统文化，只有"活化"中国传统文化，才能避免落入文化相对主义的内容窠臼。在熠熠生辉的数千年华夏文明中，文学上对于复古与反复古的争论层出不穷。以唐代文人韩愈、柳宗元为代表的一大批作家高举复古旗帜，掀起了一场影响深远的文体革新运动，在立足历史的基础上，辩证地看待传统文化，对旧文化推陈革新，开创了语言自然、音节自由的新型散文。韩、柳两位古人将传统文化"活"起来，使其活于实践中，满足时代文化需求。韩、柳大家之举生动阐述了媒介从业者对媒介产品内容进行把关时具有的深刻内涵，为当代媒介从业者如何对待传统文化做出了指引。

中华优秀传统文化是中国传统文化遗产中的精髓。在当代媒介化社会，媒介产品积极融合中国优秀传统文化，成为传播中国优秀传统文化的载体。媒介从业者在实践过程中，要做到"古为今用、洋为中用，辩证取舍、推陈出新，摒弃消极因素，继承积极思想"，辩证地对传统文化进行把关。中华优秀传统文化的继承和运用是实现中华优秀传统文化在创造性和创新性方面发展的关键路径。在创作过程中，媒介从业者应该充分汲取传统文化的营养，深入挖掘中国传统文化的成分和核心价值，使中华优秀传统文化具有持续的活力和生命力，从而展现深厚的传统文化底蕴和审美价值。以河南卫视的系列节目为例，从携带传统文化出圈的《唐宫夜宴》到结合传统节日文化与国潮文化的收官之作《重阳奇妙游》，都是凭借中国传统文化深厚的文化底蕴制作而成的。这些产品巧妙地将中华优秀传统文化与当地的神话、民俗、非物质文化遗产技艺和流行文化相结合，并采用了影视化的"真人＋特效"的创新叙事和艺术展现方式[①]。这种结合打破了传统晚会的固有模式，实现了弘扬传统文化的媒介产品创新化转型。

（二）审美破壁：文化与科技融合

在当前这个充满信息技术和数字技术的社会环境中，在科技赋能之下，一种与传统审美体验和媒体产品制造方式截然不同的新模式应运而生。尽管如此，作为创作者必须认识到，所有的创作方法和策略都是为了内容而设计的，不能为了形式而形式，应该为了内容的呈现而精进形式的合理运用。从古至今，艺术创作一般都离

---

① 王璇，赵小灿.厚植优秀传统文化创新文化类节目传播模式：以河南卫视"中国节日"系列节目为例[J].中国编辑，2022（6）：91-96.

不开对生活的感受与表现。古有文人通过创作诗词歌赋等多种文体对个人现实生活和家国兴亡进行议论和抒情，今有媒介产品的制作者通过电视节目、广播节目等多种载体进行意识形态和文化传播。新的艺术呈现方式和表现手法随着新技术的发展应运而生。文化与科技的融合使媒介产品的内容表达与形式相辅相成，符合"形式美"与"内容美"并重的审美观，在追求媒介产品形式新颖精致的同时注重传统文化内涵的展现。文化和科技深度融合而产生的虚拟景观，为受众带来了前所未有的视觉体验、审美提升和情感按摩。在这一时代背景下，作为一种重要传播载体的媒介产品也随之发生着翻天覆地的变化。媒体产品紧密地结合了中国传统文化，利用尖端影像技术，为受众创造了一个虚实相生的沉浸式景观。山东卫视的《国学小名士》第六季——《中华家庭诗词擂台赛》在视觉表现上进行了创新，对AR这一传统的虚拟技术进行了创新式突破。该节目将传统的中国美学观念、诗词的意境与综艺现场的舞美设计进行了深度整合，从而创造出一种充满东方韵味的、虚实相生的沉浸式诗词综艺场景。节目依托中国传统文化深厚的文化底蕴，将"婵娟""壮志"等经典文化符号表征与新兴技术有机融合，展示中国传统文化独特的文化肌理与意境，呈现中国古代传统诗文的灵动意象，为观众带来了充满东方审美、文化认同和社会价值观的视觉体验。

（三）平台破壁：打造全媒体传播矩阵

文化工业主义下的媒介产品传播形式同质化，要通过利用多平台的传播渠道，打造全媒体传播矩阵，为融合中国传统文化的媒介产品进行平台赋能。平台作为基础设置，为媒介产品提供了展示的空间。相同的产品可以在多个平台上展示和传播，从而吸引不同平台的受众关注。与传统大众媒体的固定自上而下的传播方式和操纵性的被动消费模式相比，"平台"具有更强的参与性、主动性和灵活性。随着数字化和互联网技术的不断进步，当下的中国已经步入了一个设备多样化、平台多样化以及频道多样化的全媒体时代。全媒体通过广播、电视、音像、电影、出版、报纸、期刊和网站等多种媒介形式，在广电网络、电信网络和互联网络的支持下进行传播，用户可以通过电视、电脑、手机等多种终端设备完成信息的融合接收，实现在任何时间、任何地点、任何终端获取所需信息的功能[①]。依靠全媒体信息传播的强大优势，构建全媒体传播矩阵，可以为中国传统文化的媒介产品提供多维传播途径

① 陈俊荣，祖敏，王晓芳.全媒体时代影视产品运营管理[M].北京：清华大学出版社，2022：2.

和形式。以河南广播电视台为例，河南广播电视台全媒体策划营销中心作为省级专业策划机构，打造了广播电视全媒体推广平台，融合了图文、音频、视频和多媒体功能。全台各频道的广告资源、各类新闻发布和活动的组织都进行了整合和协调，形成了"融媒体统筹、新媒体首发、全媒体跟进"的运营模式①。河南省广播电视台通过建立全媒体传播矩阵，使融合传统文化的《唐宫夜宴》《洛神赋》等多个媒介产品获得了受众注意力和流量价值。微博、B站以及抖音等多种社交媒体平台赋能媒介产品的传播，使得这些媒介产品在各大平台迅速破圈破壁，掀起了国风热潮，中国传统文化在这场文化狂欢浪潮中得到成功传播。

---

① 王诤.《唐宫夜宴》火了，猝不及防又有据可循[N]. 澎湃新闻，2021-02-16.

结构与运行：生态系统视角下的英国创意产业发展

温强　　王晓芳*

（北京联合大学管理学院）

摘要：英国创意产业是由多主体构成、涉及商业和公益互动、涵盖技术和文化等领域的复杂生态系统。本文借鉴生态学概念对创意产业生态进行了界定，从生态学视角分析其结构和运行机制。英国创意产业生态分为个体、种群和群落三个层次：个体层次包括各级政府、商业主体、公益文化机构和教育研究机构；种群层次是这些个体的集合；群落层次是种群在不同区域聚集成的产业集群。英国创意产业生态内部个体层次的主体间相互作用构成了生态系统运行的微观动力基础，向上涌现出种群层次的作用过程和功能，再向上涌现出群落层次的活动，最终形成了英国创意产业生态整体的运行机制。本文最后指出我国文创产业可以从系统性思考、数据建设、分工和支持体系等方面加以借鉴。

关键词：生态系统；创意产业；结构；运行

---

*温强（1972—），男，汉族，山西太原人，北京联合大学管理学院，副教授，硕士，研究方向为组织管理、数字化转型，E-mail: gltwenqiang@buu. edu.cn；王晓芳（1978—），女，汉族，山西太原人，北京联合大学管理学院，副教授，博士，研究方向为文化贸易、文化产业管理，E-mail: ldtwxf@buu. edu.cn。

Structure and Operation：The Development of Creative Industries in the UK from the Perspective of Ecosystem

WEN Qiang　　WANG Xiao-fang

（Management School，Beijing Union University）

Abstract：The creative industry in the UK is a complex ecosystem composed of multiple subjects，involving business and public welfare interactions，and covering fields such as technology and culture. Based on the concept of ecology，the ecology of creative industry is defined，and its structure and operation mechanism are analyzed from the perspective of ecology. The British creative industry ecology includes three levels：individual，population and community. The individual level includes governments at all levels，commercial entities，public welfare cultural institutions and educational research institutions. The population level is the collection of these individuals，and the community level is the aggregation of populations in different regions. Industrial clusters. The interaction between subjects at the individual level within the UK's creative industry ecology constitutes the micro-dynamic basis for the operation of the ecosystem. The process and function of the population level emerge upward，and then activities at the community level emerge upward，and finally form the overall ecological system of the UK's creative industry. operating mechanism. Finally，it is pointed out that my country's cultural and creative industry can learn from the aspects of systematic thinking，data construction，division of labor and support system.

KeyWords：Ecosystem；Creative Industry；Structure；Operation

创意产业在推动经济增长、维持就业机会和促进文化多样性等方面为英国做出了重要贡献，并将英国打造为全球创意和创新中心。2010年至2019年，英国创意产业的增长速度比整体经济快一倍半以上，2021年英国创意产业创造了1080亿英镑的经济价值。2021年，英国创意产业雇佣了230万人，自2011年以来增长了49%。英国创意产业的影响超越了产业边界，影响到了其他行业，广告、营销和创意数字创新为整个经济领域提供了支持。英国创意产业成为英国政府在2023年春季预算中确定的实现未来增长的5个优先部门之一①。

以往对英国创意产业的分析，多停留在资金支持、税收优惠、人才培养、国际合作等单向措施上。实际上，作为兼具"商业—非商业""经济—文化"等属性的创意产业属于典型的生态系统。本文尝试从生态系统的视角，分析英国创意产业的结构和运行，以期对我国文创产业实践提供借鉴和参考。

一、相关概念简述

（一）创意产业

牛津经济研究院报告（2021年）认为，创意产业是多个不同经济部门的企业、员工和自由职业者的多元化集合。报告根据英国政府数字、文化、媒体和体育部（DCMS）的定义，将创意产业描述为"源于个人创造力、技能和才能，并且具有通过一代人创造财富和就业机会的潜力"和知识产权的利用②。

约翰·豪斯金（John Howkins）在《创意经济》中认为，创意产业是指"通过创造性思维和知识创新，来生产和分配创意产品和服务的行业"。这一定义强调了创意思维和创新的核心地位，突显了创意产业的与众不同之处。大卫·特罗斯比（David Throsby）在他的研究中指出，创意产业不仅包括了传统的艺术、文化领域，还涵盖了数字媒体、设计、游戏等新兴领域，形成了一个多元化的创意生态系统③。

文献普遍认为，创意产业的特点在于多样性和交叉性。一份由英国政府发布的报告指出，创意产业在不同领域之间形成了丰富的交叉合作，促进了创意和创新的跨界融合。未来，数字化技术的不断进步将进一步改变创意产业的商业模式和消费方式。同时，创意产业需要应对文化多样性、可持续性等全球性议题，这就要求政府、产业界和社会共同合作。例如，设计师和工程师的合作为产品创新带来了新的思路。

① DCMS. Creative industries sector vision: a joint plan to drive growth, build talent and develop skills[EB/OL]. (2023-6-14). https://www.gov. uk/government/publications/creative-industries-sector-vision/creative-industries-sector-vision-a-joint-plan-to-drive-growth-build-talent-and-develop-skills.

② Oxford Economics. Developing Economic Insight into the UK's Creative Industries[EB/OL]. (2021-06). https://www.creativeindustriesfederationcom/sites/default/files/.

③ 特罗斯比.经济学与文化[M].王志标，张峥嵘，译.北京：中国人民大学出版社，2011：161.

（二）生态系统理论

生态系统是由生物群落及其生存环境共同组成的动态平衡体系，是生态学研究的基本单元。生态学应用到社会经济管理领域发生在二十世纪七八十年代。

20世纪70年代，人们开始逐渐认识到环境问题和资源稀缺对社会经济发展的影响。生态学的一些基本概念，如生态平衡、物种相互依赖等，开始被引入环境管理和资源规划中。80年代，生态经济学的概念逐渐兴起。生态经济学将生态学与经济学相结合，探讨生态系统与经济系统之间的作用。经济学家开始研究可持续发展和资源管理的理论框架，强调经济发展应该考虑生态系统的健康和平衡。90年代以后，随着环境问题日益严重，各国开始制定更加严格的环境法规和政策。生态学的原理在环境影响评估、可持续发展战略、资源管理、生态农业等领域得到广泛应用。

生态系统理论的核心思想是将组织和企业看作一个与外部环境相互作用的生态系统，强调了相互依赖、适应性和变化的概念，企业需要与外部环境紧密互动，适应环境变化，以实现长期生存和发展。彼得·圣吉（Peter Senge）将生态系统的观点引入组织学习领域。他在《第五项修炼》中强调，组织应像生态系统一样实现系统性的学习和创新，以适应复杂多变的外部环境。生态系统理论还在战略管理领域得到了应用。迈克尔·波特（Michael Porter）提出了价值链理论，强调企业内外部要素的相互关系。他认为，企业应该在生态系统中找到自己的定位，发现与其他组织的合作机会，以实现竞争优势。国内学者认为，生态系统是有机体群落系统和其所处环境系统的共生体系（蔡莉 等，2016）。

总体而言，生态系统理论在管理学领域提供了一种全新的解释框架，强调了系统内部要素的结构、相互作用、活动和功能以及与外部环境的互动和适应。

（三）商业生态系统

商业生态系统理论关注企业如何在复杂的市场环境中相互关联、合作和竞争，以实现共同的价值创造。

詹姆斯·F.摩尔（James F. Moore）于1993年在他的著作《商业生态系统》中首次提出了商业生态系统理论。他认为，商业生态系统是由多个互相依赖的企业和组织构成，共同创造和分配价值。他的观点为后来的研究奠定了基础。乔治·戴维德（George S. Day）在2004年的文章中探讨了商业生态系统如何影响企业的战略决策。他强调企业需要在商业生态系统中定位自己，寻找合作伙伴，以提升竞争优势。亚当·布兰登勃格（Adam M. Brandenburger）和巴里·纳莱巴夫（Barry J. Nalebuff）在1996年合著的《合作与竞争的新规则》中，提出了"合作竞争"的概念，强调企业在商业生态系统中可以同时合作和竞争，实现共同利益。汤姆·艾森曼（Tom Eisenmann）等在2011年的研究中探讨了数字化时代下的商业生态系统，分析了数字平台如何影响企业的合作和竞争策略。安德鲁·麦卡菲（Andrew McAfee）和埃里克·布伦乔尔森（Erik Brynjolfsson）在2014年出版的《第二次机器革命》中探讨了数字技术如何重塑商业生态系统，改变了企业之间的合作和竞争关系。

二、创意产业生态的结构

英国创意产业作为一个多元化的生态系统，也是一个典型的层级系统，由不同的层次和不同的组成部分构成。英国创意产业结构按照个体、种群到群落的尺度包含了三个层次。

（一）个体层次

个体层次有八类：第一类主体是从事创意产业的个人，即自由职业者。第二类主体是从事创意产业的小微企业。个人和小微企业构成了英国创意产业主体的绝大多数。第三类主体是创意产业中的大型企业，如英国广播公司等。第四类主体是各类慈善、公益机构，如各种基金会等。这类机构主要以赠款等方式资助各项文化创意活动。第五类主体是各类公益性质的文化、艺术机构，如博物馆、图书馆和民间艺术团体等。第六类主体是大学、艺术学院、文化研究所等，包括教育部门和研究机构。第七类主体是英国政府中和创意产业有关的部门，包括数字、文化、媒体和体育部（DCMS）。第八类主体是各个地方政府。在这些主体中，从对英国创意产业的影响看，数字、文化、媒体和体育部无疑是最重要的参与者。

（二）种群层次

种群是指同一种类的个体集合，它们在同一地理区域内共存，个体之间相互交流、繁殖、竞争资源，并对环境产生影响。大体上，上述英国创意产业生态中的个体，经过集合所形成的种群有以下几类：

第一类是创意产业内从事商业活动的商业主体集合，包括业内的中小企业、小微企业和自由职业者。第二类是各级政府，包括中央政府的数字、文化、媒体和体育部（DCMS）和地方政府及其相关部门。例如，于2020年成立、旨在支持威尔士创意产业发展的"创意威尔士"就是威尔士政府文化、体育和旅游部的内部机构。第三类是教育和研究机构，包括大学、艺术院校、研究机构等的集合。第四类是公益文化机构，包括博物馆、图书馆、公益的艺术团队、慈善基金会等的集合。

（三）群落层次

生态学中，群落是指不同物种的种群集合，它们在同一地区、同一时间内共同生存并相互影响。迈克尔·波特（Michael Porter，1990）将产业集群定义为"相互关联的公司、专业供应商、服务提供商、相关行业的公司以及相关机构（如大学、标准机构和贸易协会）在地理上的集中"，是既竞争又合作的特定领域[1]。从中可以看出，商业生态系统中，群落即产业集群。

英国国家科技艺术基金会（Nesta）在其2016年发布的报告中，用上述标准认定英国形成了47个创意产业集群[2]。这些集群涵盖多个都市区，如曼彻斯特、利兹、布里斯托尔和卡迪夫等的周围。在英格兰东南部，布莱顿、南安普顿和伯恩茅斯周围的海岸也有类似的聚集区。这些群落内的创意业务构成各有侧重，例如从业务量角度，伦敦创意产业集群中排名第一的子行业是软件和数字化；而在彭赞斯创意产业集群中，排第一的是音乐和表演艺术。

综上可以看出，英国创意产业生态的结构是一个从个体、种群到群落的三级层次系统。个体层次是身处创意产业以及和创意产业密切相关的企业、个人以及其他相关机构，种群层次是这些个体和机构形成的集合，群落层次则是分布在各个特定地理区域的产业集群。

---

① MICHAEL PORTER. The Competitive Advantage of Nation[M]. New York：The Free Press，1990.

② JUAN MATEOS-GARCIA，HASAN BAKHSHI（NESTA）. The Geography of Creativity in the UK Creative clusters，creative people and creative networks[EB/OL].（2016-07-22）. https://www. nesta. org. uk/report/the-geography-of-creativity-in-the-uk/.

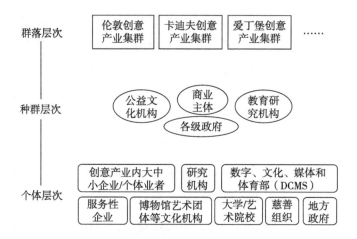

图 1 英国创意产业生态结构示意图

资料来源：作者绘制。

三、创意产业生态的运行机制

（一）个体层次的相互作用

作为生态系统的最小单位，个体基于自身存活需求，会与自身周边的环境产生相互作用。英国创意产业生态系统个体层次的主要相互作用如下。

第一，竞争。总体上，这种竞争分为商业性和非商业性两大类。以利润为目标、以市场化方式运营的创意产业中的大型企业、小微企业和自由职业者，在市场上展开商业竞争。各种文化机构、慈善机构、大学、艺术院校、从事文化艺术创作的个体，在争取受众、申请政府资助、对各种资源的利用等方面展开竞争。例如，前述的"创意威尔士"，其近三年来的"优先事项"是支持"屏幕和数字媒体"，主要包括基于数字平台的影视供应链（后期制作、视觉特效）、动画和游戏等。支持的主要形式是以竞争方式给申请者提供赠款和投资预算[①]。

第二，合作。除了竞争，英国创意产业各个主体间更多的是开展大量的合作。例如，创意企业和个人与博物馆、艺术馆等公共文化福利机构合作，共同举办展览、演出和文化活动，促进创意作品与文化遗产相互交融，为观众提供多样化体验，向社会传播艺术、文化和创意领域的知识。创意企业和个人和公共文化福利机

[①] WELSH GOVERNMENT. Written Statement：Priorities for the Creative Industries Sector in Wales[EB/OL]. (2020-1-29). https://www.gov. wales/written-statement-priorities-creative-industries-sector-wales.

构在数字化转型方面开展合作，共同开发在线展览、虚拟现实体验、数字图书馆等项目，以满足现代观众的需求。社区层面，创意企业和个人与公共文化福利机构合作举办社区艺术节、文化活动等，促进社区文化多样性发展。

第三，捐赠与资助。英国具有长期的捐赠和资助穷人的慈善历史，政府也颁布了许多慈善方面的法规，这形成和促进了民间进行捐赠和资助的传统。这种传统扩散到创意产业生态中就形成了创意生态主体间的捐赠和资助的行为。例如，创意企业通过赞助、捐赠等方式支持艺术项目、展览活动、文化教育等。一些基金会、文化慈善组织以赠款方式，为文化创意机构和个人提供资金，支持后者的创意活动。各级政府向商业主体和公益文化机构提供资助。

（二）种群层次的相互作用

上述个体层次的相互作用，经过大量累积、放大、调适等，形成了种群层次的多个动态稳定的运作过程，涌现出经济与文化方面的功能。主要的过程和功能包括：

第一，创意生产和创新过程与功能。英国文化鼓励创新和实验精神。许多艺术家和创意人才不断挑战传统，尝试新的表达方式和艺术形式。这种创新精神不仅在艺术领域体现，也延伸到创意产业中。创意产业的"原材料"是人才和创意。英国创意产业中的自由职业者、受雇的艺术家、设计师、编剧等在生态系统中互动、沟通，相互交流合作，创造出大量的创意作品。

第二，合作与跨界融合过程与功能。英国创意产业生态系统通过数字技术的创新应用，促进了创意产业和其他产业、创意产业内部不同子行业间的合作与跨界融合。设计与科技、音乐与数字媒体之间的融合，极大地丰富了创意产业的内涵，推动了创意产业链更紧密衔接，拓展了创意产业的发展空间，为创意产业注入新的活力。

第三，人才培养和技能培训过程与功能。英国的文创教育机构具有相当水准，涵盖了艺术、设计、音乐、影视等领域。课程设置兼顾理论知识和实践技能。学生不仅学习理论知识，还会参与实际创作、演出、设计等活动，培养其实际操作能力。师资方面，许多教师本身就是在艺术和创意领域有丰富经验的专业人士。英国文化、艺术院校通常与产业界有密切的合作关系。学生有机会参与各种合作项目、实习和行业活动，培养其实践技能。

第四，公共文化活动过程与功能。英国是一个拥有悠久历史传统的多元文化国家。英国国民普遍对文化艺术有着热爱和追求，每年会花费大量的时间参与由各地政府、慈善组织资助和企业举办的商业和非商业的音乐节、艺术展览等活动。这些极大地提升了全民文艺素质，培育了创新和创意土壤，培养了创意产业市场。

第五，市场推广和消费体验过程与功能。创意作品通过展览、演出、数字平台等途径与受众互动，传递独特的文化价值。例如，伦敦的博物馆、艺术展等吸引了大量的游客和参观者。

（三）群落层次的相互作用

创意产业的工作通常以项目方式进行，根据项目特点需要将相关人士在短期内聚集在一起，网络效应是创意产业的一个内在特征①。

英国创意产业生态中群落层次的相互作用主要包括不同创意产业集群间的人员流动、联合开发和运营项目、竞争、争取政府支持，等等。例如，随着卡迪夫地区创意产业的发展，吸引了越来越多来自伦敦的创意企业、企业员工和自由职业者来卡迪夫生活、工作。这些"落户"卡迪夫的机构和个人在卡迪夫开创出新的事业机会，巩固和推动了卡迪夫地区创意产业集群的形成和发展。此外，英国创意集群在专业化概况、知识能力和创意社区方面各不相同，通过联网和协作，可以发掘因差异而产生的发展机会。

（四）创意产业生态的支持活动

英国创意产业生态的运行、发展离不开政府的支持。英国政府是创意产业生态中的特殊主体，其在运行机制中的作用，主要是通过发布政策、制定战略、提供资金支持等方式，实现对创意产业生态系统发展的动态调整和"姿态纠偏"。

针对数字经济发展态势和创意产业实际，英国政府在资金帮扶、发展战略、知识产权保护、人才培养、提高数字技术水平等领域，采取立法、制订战略和发展计划、设立支持基金和支持举办各种活动等方式，形成了推动创意产业生态运行的强大动力。

在资金方面，2018年，英国政府和CIC创意产业联合会达成一项为期三年的行业协议，以1.5亿英镑资金的投入来刺激创意组织的投资和创新。在税收方面，

① JUAN MATEOS-GARCIA, HASAN BAKHSHI（NESTA）. The Geography of Creativity in the UK Creative clusters, creative people and creative networks[EB/OL].（2016-07-22）. https://www.nesta. org. uk/report/the-geography-of-creativity-in-the-uk/.

2012年英国政府宣布，精品电视节目、动画片和游戏的创作者可享受最高达25%的优惠税率。新冠疫情暴发以后，政府还宣布为文化和遗产产业设立专项恢复基金，以期帮助产业渡过难关。

在法律方面，1996年《广播电视法案》规定：使用委托制作的数字节目不得少于播出总量的10%。这些法律规定强行打开了电视台封闭的节目生产链，催生了英国独立制作公司的繁荣。英国也逐渐成为最大的电视节目模式出口国之一。2010年，英国颁布《数字经济法草案》等重大法案，为数字时代著作权的保护提供了法律依据。

在战略方面，英国政府2022年发布了数字战略，旨在推动数字创新和科技应用在创意产业中的发展。该战略强调了数字化技术对创意产业的重要作用，鼓励数字媒体、虚拟现实、人工智能等领域的创新[①]。

在人才培养方面，2008年，英国政府发布"创意英国：新人才创造新经济"的战略计划，向创意产业投资7050万英镑支持教育。英国政府与境内多所大学合作，设立"创意产业高等教育论坛"，就英国创意产业发展和人才培养开展研究交流。

在公共参与方面，英国各地方政府、社区会联合博物馆、慈善组织等机构，定期资助、举办各项文化创意活动。既有专业机构的演出，又有民间爱好者的展示分享，主题和形式多种多样，吸引了公众的广泛参与，既创造了热烈的创意氛围，又提升了创意素质和需求，从整体上提升了创意产业的"热度"。

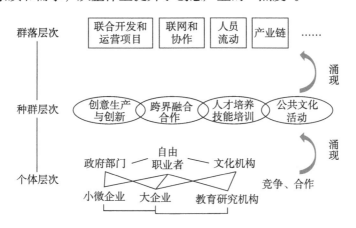

图2 英国创意产业生态运行机制示意图

资料来源：作者绘制。

---

① UK GOVERNMENT. UK's Digital Strategy[EB/OL]. （2022-06-13）. https://www.gov.uk/government/publications/uks-digital-strategy.

上述生态内不同层次内部、不同层次之间的互动过程和功能，经由复杂的涌现，最终形成了英国创意产业生态整体的运行机制。这其中首先，动力机制，主要解决生态的运行；其次，平衡调节机制，主要解决生态的状态调适；最后，是共生机制，主要解决生态的可持续发展。

四、对我国文创产业的借鉴

我国在经济、文化领域都取得了一定的进步，文化创意产业迎来快速发展的新时代。我国文创产业可以从以下几方面进行借鉴：

第一，以系统性思维思考文创产业发展。例如，音乐和电影产业的发展不仅涉及音乐制作本身，还需要与媒体、表演艺术、数字技术和网络等领域进行紧密合作，从而构成了一个更为复杂的系统。这种情境下，需要以系统思维、复杂思维来看待文创产业，把握各个领域之间的相互联系和影响，以促进整个生态系统的协调发展。

第二，加强文创产业数据系统的建设，建立产业数据库，建立包含地理集群、子行业集群、人才、产业链在内的文创产业生态系统图谱，及时反映系统动态，为决策提供依据。

第三，注意不同主体生态位和角色分工，创造机会促进文创产业从业者、创意生产者的互动与交流；同时注重人才培养，保持产业的创造力和活力。文创产业的成功与每个从业者的专业角色紧密相关。设计师、作家、公司、政府、大学和艺术研究机构等主体各自在生态系统中扮演着独特的生态位，构成了一个多元的创意生态圈。需要理解和尊重不同领域的专业知识和创意需求，为每个主体提供适当的资源和支持，从而激发创意和创造力。

第四，建设立体、多样的支持体系。文创产业本身是一个多元、立体、复杂的系统，其需要一个同样是立体的支持体系。这要求管理者从资金、特定主体支持、战略和人才培养等方面去思考、出台相应的政策，多点发力，共同促进文创产业发展。

参考文献

[1] DCMS. Creative industries sector vision：a joint plan to drive growth，build talent and develop skills[EB/OL]. [2023-6-14]. https://www.gov. uk/government/publications/ creative-industries-sector-vision/creative-industries-sector-vision-a-joint-plan-to-drive-growth-build-talent-and-develop-skills.

[2] OXFORD ECONOMICS. Developing Economic Insight into the UK's Creative Industries[EB/OL]. [2021-06]. https://www.creativeindustriesfederationcom/sites/ default/files/.

[3] 霍金斯. 创意经济[M]. 北京：北京理工大学出版社，2001.

[4] 特罗斯比. 经济学与文化[M]. 北京：中国人民大学出版社，2011：161.

[5] 圣吉. 第五项修炼[M]. 北京：中信出版社，2009.

[6] MICHAEL PORTER. The Competitive Advantage of Nation[M]. New York：The Free Press，1990.

[7] 蔡莉，彭秀青，SATISH N，等. 创业生态系统研究回顾与展望[J]. 吉林大学社会科学学报，2016，56（1）：5-16，187.

[8] JAMES F MOORE. Predators and prey：A new ecology of competition[J]. Harvard Business Review，1993，71（3），75-86.

[9] GEORGE S DAY. The capabilities of market-driven organizations[J]. Journal of Marketing，2004，58（4），37-52.

[10] BRANDEN BURGER A M，NALEBUFF B J. Co-opetition：Are volutionary mindset that combines competition and cooperation[M]. London：Profile books，1996.

[11] THOMAS R EISENMANN，GEOFFREY PARKER，MARSHALL W VAN ALSTYNE. Platform envelopment [J]. Strategic Management Journal，2011，32（12）.

[12] MCAFEE A，BRYNJOLFSSON E. The second machine age：Work，progress，and prosperity in a time of brilliant technologies[M]. New York：W. W. Norton & Company，2014.

[13] 麦肯齐，等. 生态学[M]. 北京：科学出版社，2004：2.

[14] JUAN MATEOS-GARCIA，HASAN BAKHSHI（NESTA）. The Geography of

Creativity in the UK Creative clusters, creative people and creative networks[EB/OL]. (2016-07-22). https://www.nesta. org. uk/report/the-geography-of-creativity-in-the-uk/.

[15] WELSH GOVERNMENT. Written Statement: Priorities for the Creative Industries Sector in Wales[EB/OL]. (2020-1-29). https://www.gov. wales/written-statement-priorities-creative-industries-sector-wales.

[16] UK GOVERNMENT. UK's Digital Strategy[EB/OL]. (2022-06-13). https://www. gov. uk/government/publications/uks-digital-strategy.

[17] CREATIVE INDUSTRIES COUNCIL. Industrial Strategy: Creative Industries Sector Deal[EB/OL]. (2018-03-28). https://www.gov. uk/government/publications/creative-industries-sector-deal/creative-industries-sector-deal.

[18] CREATIVE INDUSTRIES FEDERATION. Creative Industries Policy & Evidence Centre Evidence, Review[EB/OL]. (2019-11). https://www.ukri. org/wp-content/uploads/.

基于ABC模型的城市剧院品牌传播效果影响因素研究

史佳*

（天津音乐学院）

摘要：与时偕行的城市剧院，其自身的品牌建设与传播效能正逐渐影响着城市形象的塑造。目前，部分城市剧院仅片面追求华丽气派的外观和高水平的配置，忽视自身品牌经营，缺乏行之有效的品牌传播手段和资源支持以提升城市剧院品牌形象和剧院核心竞争力。因此，迫切需要探索城市剧院品牌传播效果的影响因素，助力城市剧院品牌的有效传播。本研究选择品牌认知、品牌情感和观众行为作为结果变量，使用问卷调查的方式对上海文化广场的目标受众进行数据收集，运用SPSS 26.0和Amos 24.0进行数据分析，以找出各因素之间的相互作用和内在作用机理，探索城市剧院品牌形象传播效果影响因素的作用机制，为提升城市剧院品牌传播效果提供些许决策参考。

关键词：城市剧院；城市剧院品牌；品牌传播效果；上海文化广场

---

*史佳（1999—），女，汉族，山东费县人，天津音乐学院艺术学理论专业硕士研究生，研究方向为音乐商务，E-mail: lydia. shijia@outlook.com。

Research on Influencing Factors of urban theater brand communication effect based on ABC model

SHI Jia

（Tianjin Conservatory of music）

Abstract：The city theater that goes with the times is gradually influencing the shaping of the city's image through its own brand building and communication efficiency. At present, some urban theaters only pursue a luxurious appearance and high-level configuration, neglecting their own brand management, and lacking effective brand communication methods and resource support to enhance the brand image and core competitiveness of urban theaters. Therefore, it is urgent to explore the influencing factors of the brand communication effect of urban theaters, in order to assist in the effective dissemination of urban theater brands. This study selected brand cognition, brand emotion, and audience behavior as outcome variables, and used a questionnaire survey to collect data from the target audience of Shanghai Culture Square. SPSS 26.0 and Amos 24.0 were used for data analysis to identify the interaction and internal mechanism of each factor, and to explore the mechanism of influencing factors on the brand image dissemination effect of urban theaters, To provide some decision-making references for improving the brand communication effect of urban theaters.

Keywords：Urban theater；City theater brand；Brand communication effectiveness；Shanghai Culture Square

一、引言

城市剧院是城市文化生活的重要组成部分，是城市公共文化服务体系建设的重要内容。从硬件设施的角度考量，城市剧院的数量与体量成为城市阶段性经济实力的重要指标；作为文化内容的生产与传播平台，城市剧院演出所产生的经济效益和社会效益成为衡量城市文化软实力的基本要素；城市剧院内演出内容质量的高低，成为城市区域文化内涵的显著标识。城市剧院品牌是剧院在运营过程中为维护和提升其在公众中的声誉以品牌的形式通过各种手段所形成的一种关于剧院形象和文化氛围的无形资产。形成优质的城市剧院品牌，不仅可以加速城市剧院传播效能、提升城市剧院知名度与美誉度，培养观众忠诚度，提升自身核心竞争力，还可助力城市文化形象建设，带动城市经济、政治、文化和社会公共事业的发展。

据国家统计局官网发布的最新数据显示，2022年全国规模以上文化及相关产业企业营业收入达12.18万亿元，同比增长0.9%。经初步核算，2022年文化产业规模约占全国GDP的十分之一。文化产业规模扩大，观众文化消费比重提升的同时，表演艺术领域观众群体的情感喜好也正发生着巨大变化，在这个以"粉丝经济"为核心驱动因素的互联网时代，如何有效提升城市剧院品牌传播效果，成为剧院管理者必须面对和解决的重要课题。此外，由于品牌传播是一个极其复杂而长期的过程，涉及政府、企业、产品本身、传播媒介、消费者等多种要素，所以迫切需要了解城市剧院品牌形象的传播效果与其影响因素之间的内在关系及其在城市剧院市场化竞争中的作用。基于此，本文选择上海文化广场作为案例，结合社会心理学、统计学等学科理论，以观众及传播受众为视角，根据5W模式理论与ABC模型建立城市品牌传播效果影响因素模型，将品牌认知、品牌情感和消费者行为作为结果变量，探究验证剧院品牌传播效果影响因素的作用机理和内在机制，探索未来剧院可持续发展的新路径。

二、模型构建与研究假设

上海市"人民文化广场"始建于1952年4月，由原逸园跑狗场改建而成，同年12月改称"文化广场"，是上海重要的群众性政治、文化活动中心之一。1969年12月，舞台、会场和部分展览馆毁于大修时发生的火灾，1970年恢复重建。1992年改组为文化广场实业公司。2005年9月文化广场改造工程启动，2011年9月23日，新落成的"上海文化广场"正式对外开放。上海文化广场占地面积4.8万平方米，建筑面积6.5万平方米，其中5.7万平方米位于地下，拥有1949座下沉式音乐剧专业剧场，50座的小剧场，100座的艺术活动空间，舞台面积达370平方米的户外舞台等。重建后的上海文化广场集现代演出、艺术展示、文化体验于一身，逐步成长为以音乐剧演出为主线、各类时尚经典艺术为辅线，并辅以有层次、高质量的艺术教育与娱乐活动的地标性文化艺术中心[①]。

上海文化广场以"文化乐土，梦想绽放，成为都市'文化广场'"为愿景，以"成为音乐剧产业发展的方向标和资源整合平台，成为丰富人们感官体验的文化生态地标，成为引领大众审美、崇尚人文追求的精神家园"为使命，立足都市文化建设的整体需求，在上游把握"为艺术家搭好台"的艺术风格，在下游坚持"为观众选好剧"的文艺初心，通过创建"音乐剧""全民皆宜""文化生态"的标志，树立了品牌形象、活动口碑。2011—2022年，上海文化广场累计完成在地演出2571场，吸引观众3 044 398人次。其中，音乐剧/舞台剧演出2078场，剧场主/合办演出1788场，公益票发售21万余张。与此同时，还致力于国内音乐剧产业的沟通、交流与扶持，发起音乐剧集锦音乐会10台，自主音乐剧整剧制作6部，全国巡演367场，为47台原创华语音乐剧演出提供场租减免与宣传营销支持124场。此外，组建艺术教育活动2438场，46.7万人次参与，会员达到41万余人。

上海文化广场以"四季"主题铺排全年演出格局，形成优质的演出项目品牌；立足现有的音乐剧产业资源，聚合"上海国际音乐剧节""原创华语音乐剧展演季""音乐剧发展论坛""音乐剧歌唱大赛""上海音乐剧文化研究中心"等品牌势能，整合剧院及演出制作、艺人经纪等合作伙伴资源，塑造了鲜明的音乐剧孵化制作品牌及主题艺术节品牌；借助剧院平台架起艺术与观众对话的桥梁，打造出"剧艺堂""广场小白"等公益性艺术推广品牌。上海文化广场从一开始就对自身品牌进行了清晰的定位，并逐步在演艺资源整合、艺术教育普及、剧目制作到剧目巡演等一系列品牌经营活动均有明确的目标。这些剧院品牌的塑造既提升了剧院自身营销效能，提高了自身市场化运营能力，也助力自身良好口碑的形成，为城市形象的塑造做出了巨大贡献。

（一）理论模型

品牌传播的主要目的在于影响受众对品牌的态度、行为和认知，因此，本研究选取以下两种理论为指导：

1. ABC模型

ABC模型又称"认知—态度—行为"模型。1972年，Newell和Simon研究提出认知加工心理学理论，他们认为人脑是一个不断接受来自外部环境的刺激信息并

---

① 徐磊. 剧院核心竞争力的现状及对策：以上汽·上海文化广场为例[J]. 人文天下，2020（13）：12-18.

将信息进行加工处理的系统。人脑的加工处理流程为信息的感知、加工、短期记忆、存储、分析、长时记忆和行为反应。Fishbein 和 Ajzen（1975）发现，消费者在做出某一行为前会综合各种信息来考虑自身行为的意义和后果。以此为基础，ABC 模型遵循人类认知加工过程一般规律，将人脑的内部认知活动与人类外部行为联系起来，广泛应用于解释人类行为机制的问题。该模型的重要观点是："人们对起因和影响的认知程度决定了其行动的态度，而态度决定了行动意愿。"突出体现了认知信息加工思想在人类消费行为研究中的应用，能够解释人类消费信息接收与采纳的行为机制问题[1]。因此，高立平（2011）认为，应综合政策、环境等因素形成特定场域才有可能影响特定群体的认知，形成特定态度，才能做出对应的行为。当前，学界多将该理论运用于研究不同群体对于特定事件的认知、态度和行为意愿差异性的实证性研究，多用于教育学和医学领域，较少将其用于品牌传播受众行为的研究。

2. 品牌联想理论（Brand Association Theory）

品牌联想是指消费者对品牌的一种积极的认知，即消费者认为品牌是自己选择产品或服务的一个重要因素，从而促进消费者购买该产品或服务。该理论由美国营销学家菲利普·科特勒提出，企业通过对消费者进行品牌联想来创造一种有利的消费环境，从而使企业的产品更容易被消费者接受，并促进消费者对产品的购买。

（二）模型建构

基于 5W 模式理论与 ABC 模型，从传播主体、传播内容、传播方式及受众差异四个维度划分城市剧院品牌传播效果的影响因素：一是传播主体因素，包括剧院可信度和知名度等；二是传播内容因素，包括产品信息、品牌文化、价值观契合等；三是传播方式因素，包括公共关系、传播方式、营销活动等；四是受众差异因素，包括受众专业性、主动性、摄入程度与品牌敏感度等。将品牌认知、品牌情感和观众行为作为结果变量来研究城市剧院品牌传播效果影响因素的作用机制。品牌认知是指观众与传播受众对上海文化广场的了解程度及其在观众与传播受众心目中形成的印象和评价。品牌情感是指观众与传播受众对品牌产生的积极情绪，它是观众与传播受众对品牌的正面评价，可增加城市剧院品牌忠诚度。而观众行为则指观众与传播受众购买演出产品或服务的意愿，是指观众与传播受众在购买过程中对演出产品或服务的满意程度和喜好程度，它既可以促进消费、提升消费者满意度，还能使

---

① 邓卫华，易明，李姝洁. 基于"认知—态度—使用"模型的在线用户追评信息使用行为研究 [J]. 情报资料工作，2018(4)：71-79.

品牌不断积累，形成良好的正向关系。本研究构建城市剧院品牌传播效果影响因素模型如图1。

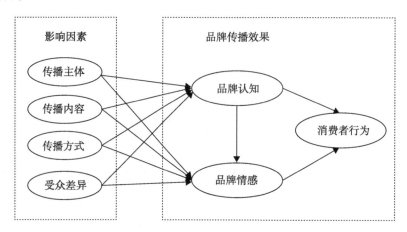

图1　城市剧院品牌传播效果影响因素模型

（三）提出假设

基于对剧院品牌、品牌传播及品牌传播效果相关文献的梳理和总结，结合5W模式理论与"认知—态度—行为"模型，本研究提出假设，见表1。

表1　研究假设汇总

序号	研究假设
H1a	品牌传播主体对品牌认知有显著正向影响
H1b	品牌传播内容对品牌认知有显著正向影响
H1c	品牌传播方式对品牌认知有显著正向影响
H1d	受众差异对品牌认知有显著正向影响
H2a	品牌传播主体对品牌情感有显著正向影响
H2b	品牌传播内容对品牌情感有显著正向影响
H2c	品牌传播方式对品牌情感有显著正向影响
H2d	受众差异对品牌情感有显著正向影响
H2e	品牌认知对品牌情感有显著正向影响
H3a	品牌认知对消费者行为有显著正向影响
H3b	品牌情感对消费者行为有显著正向影响

三、假设检验与研究结论

（一）问卷设计与回收情况

笔者前期通过与专家及部分上海文化广场会员观众进行深度访谈进而总结了访谈内容，并将已有优质量表作为参考依据进行问卷调查量表的设计。问卷量表采用李克特五点量表以获悉被调查者对问题的态度，提升本研究的数据精度。变量指标设计为品牌传播内容测量部分6题，品牌传播方式测量部分4题，受众差异测量部分4题，品牌传播效果测量部分10题，品牌传播主体测量部分4题，见表2。

表2　量表变量指标设计

潜变量	观测指标	编码	题项
品牌传播内容	内容信息	N1	上海文化广场的演出项目质量很高
		N2	我对上海文化广场的自制音乐剧很感兴趣
		N3	上海文化广场的艺术家阵容会吸引我观看演出
		N4	上海文化广场衍生品设计精美会让我更有购买欲望
	品牌文化	N5	上海文化广场历史悠久，具有一定的区域特色
	价值观契合	N6	上海文化广场"文化乐土，梦想绽放"的愿景理念和我的价值观相契合
品牌传播方式	公共关系	F1	上海文化广场音乐剧节等主题艺术节可以加深我对上海文化广场的印象
	网络传播	F2	在微博、微信、直播、小红书、B站、抖音等线上媒体看到上海文化广场的推送会引起我的关注
	大众传播	F3	在电视媒体、地铁广告上看到上海文化广场的相关信息，会引起我的关注
	口碑传播	F4	其他人对上海文化广场的看法与评价会影响我的选择
受众差异	消费者专业性	S1	我对上海文化广场的品牌信息比较关注，并有一定的了解
	消费者主动性	S2	我愿意将上海文化广场的相关品牌推荐给其他人
	涉入程度	S3	我在进行剧目选购的时候会参考很多信息
	品牌敏感度	S4	我觉得来上海文化广场看剧及参与相关活动能体现我的品位
品牌传播效果	品牌认知	X1	我了解上海文化广场的优势所在
	品牌情感	X2	我认为上海文化广场的票务系统很便利
		X3	我对上海文化广场的员工服务感到满意
		X4	我愿意参与上海文化广场的公共艺术教育活动（如工作坊；一名音乐剧演员的诞生）
		X5	我认为上海文化广场的会员制度很完善
		X6	我会因为上海文化广场的品牌形象而选择观看演出
		X7	相较于其他城市剧院，我更喜欢上海文化广场

潜变量	观测指标	编码	题项
品牌传播效果	消费者行为	X8	看到上海文化广场相关品牌进行的信息宣传后，我很有可能去购买
		X9	在购买同类产品时，我会优先选择到上海文化广场观看购买
		X10	上海文化广场的票价比二三线城市票价高，我愿意溢价购买
品牌传播主体	传播者可信度	Z1	上海文化广场是音乐剧演出的专业剧院，具有一定的权威性
		Z2	我信赖上海文化广场
		Z3	我认为上海文化广场未来会发展得更好
	传播者知名度	Z4	我认为上海文化广场"看音乐剧，到上海文化广场"的品牌形象具有一定的知名度和影响力

　　调查问卷采用网络社群发放的方式，面向上海文化广场观众、苏浙沪音乐剧爱好者及国内其他地区音乐剧爱好者进行问卷发放，共收回问卷270份，剔除无效问卷52份，获得有效问卷218份，有效问卷回收率为80%。

　　关于问卷样本基本概况如表3。

表3　问卷样本概况

题目	选项	频率/份	有效百分比/%
性别	男	14	6.4
	女	204	93.6
地区	中国北方地区	32	14.7
	中国上海	154	70.6
	中国南方地区（除上海）	32	14.7
年龄	18 岁以下	17	7.8
	18～25岁	122	56
	26～30岁	44	20.2
	31～40岁	30	13.8
	41～50岁	4	1.8
	60岁以上	1	0.5
学历	高中及以下	19	8.7
	大专	4	1.8
	本科	144	66.1
	硕士及以上	51	23.4

续　表

题目	选项	频率/份	有效百分比/%
月收入	1000~2000元	30	13.8
	2000~4000元	51	23.4
	4000~6000元	31	14.2
	6000~8000元	25	11.5
	8000~10000元	24	11
	10000元及以上	57	26.1

（二）信度与效度分析

1. 信度分析

对问卷进行信度分析，能判断问卷结果是否具有较高的一致性、稳定性及可靠性。其中，影响研究可信度的因素主要包括问卷设计的合理性、数据采集的可靠性。虽然有多种方法可对问卷的信度进行分析，但目前应用最广泛的方法是使用 Cronbach α 系数进行信度分析。Cronbach α 系数是内在信度的一种，非常适用于采用李克特量表的问卷，因此本文采用该方法进行信度分析。Cronbach α 系数越高，说明问卷整体具有更高的一致性，问卷的可信度也就越高。一般来说 Cronbach α 大于 0.7 小于 0.8 时，信度检验结果为可以接受；大于 0.8 小于 0.9时，信度检验结果为良好；大于 0.9 时，信度检验结果为非常好。将问卷数据导入 SPSS 26.0，通过可靠性分析得出本次数据集 Cronbach α=0.923，说明问卷的一致性以及信度较高，数据可以用于研究。

2. 效度分析

效度分析的目的是检测测量工具能够准确测出所要测量事物的程度，保证测量工具的准确性和有效性[1]。本研究综合考察问卷的内容效度和结构效度两个方面进行效度分析。

本研究使用探索性因子分析法对问卷进行结构效度检验。效度分析是用 KMO 和巴特利特球形检验两种方法验证数据是否合理。当 KMO 值大于 0.6 小于 0.7 时，效度可接受；大于 0.7 小于 0.8 时，效度较好；大于 0.8 时，效度高。同时，在巴特利特球形检验中，只要显著性小于 0.01，就说明相关矩阵之间有共同因素存在，可做分析。使用 SPSS 26.0 对数据进行分析可得表 4。

---

① 杨东红，郝广，刘宏伟. 基于因子分析的企业员工知识满意度影响因素分析 [J]. 哈尔滨商业大学学报（社会科学版），2015（6）：46-52.

表4 整体量表KMO和巴特利特球形度检验

KMO 和巴特利特检验		
KMO 取样适切性量数		0.924
巴特利特球形度检验	近似卡方	4148.195
	自由度	351
	显著性	0.000

本研究的实验量表均来自以往研究中多次使用并验证有效的成熟量表，且国内营销科学研究中多次验证这些量表的维度与题项的科学性，符合国内实际情况及营销科学的研究要求，具备良好的内容效度。检验问卷的结构效度，本次问卷KMO值=0.924，sig值=0.000＜0.01。证明本次问卷数据可以进行分析。

（三）相关性分析

相关性是一个统计指标，表示两个变量线性相关（即它们以固定的比率一起变化）的程度。它是一个用于描述简单关系而没有陈述因果关系的常用工具。因此，本文对以下几个指标进行相关性分析。

相关分析是进行回归分析的前提，反映各变量之间关系的紧密程度，通过分析两个变量之间是否存在相关性的方式在一定程度上也检验了模型设计的合理性。理论界通常采用Pearson系数进行相关分析，相关系数用R表示。一般认为，当R=0时，表示变量之间不存在线性相关；当R的绝对值介于0～0.3之间时，变量之间存在微弱的相关关系；介于0.3～0.5之间，变量之间存在中等的相关关系；介于0.5～1之间，变量之间存在显著强相关关系；当R的绝对值等于1时，变量之间完全相关。

表5 相关性分析

变量	1	2	3	4	5	6	7
品牌传播内容	1						
品牌传播方式	0.574**	1					
品牌传播主体	0.657**	0.544**	1				
受众差异性	0.600**	0.501**	0.646**	1			
品牌认知	0.422**	0.355**	0.534**	0.614**	1		
品牌情感	0.677**	0.486**	0.739**	0.563**	0.487**	1	
消费者行为	0.526**	0.364**	0.627**	0.477**	0.408**	0.640**	1

注：** 在 0.01 级别（双尾），相关性显著。

在相关性分析中，当两个变量的显著性小于 0.05 时，则代表两者显著相关；如果显著性大于 0.05，则代表两者之间不存在显著相关。因此，根据上表可知，品牌传播内容、品牌传播方式、品牌传播主体、受众差异性、品牌认知、品牌情感、消费者行为之间均存在两两显著相关关系。其中，品牌传播主体与品牌情感之间的相关性最强，相关系数为 0.739；品牌认知与消费者行为之间相关性最弱，相关系数为 0.408。

（四）结构方程式模型分析

1. 模型拟合度分析

结构方程式模型可用于检验假设，当拟合优度测量均在一般研究标准内时，则证明该模型拟合优度良好。

CMIN

Model	NPAR	CMIN	DF	P	CMIN/DF
Default model	72	492.287	334	0.000	1.474
Saturated model	406	0.000	0		
Independence model	28	4518.918	378	0.000	11.955

RMR, GFI

Model	RMR	GFI	AGFI	PGFI
Default model	0.067	0.867	0.839	0.714
Saturated model	0.000	1.000		
Independence model	0.479	0.179	0.118	0.167

Baseline Comparisons

Model	NFI Delta1	RFI rho1	IFI Delta2	TLI rho2	CFI
Default model	0.891	0.877	0.962	0.957	0.962
Saturated model	1.000		1.000		1.000
Independence model	0.000	0.000	0.000	0.000	0.000

图 2　模型拟合度指标

如图 2 所示，CMIN/DF 为 1.474，小于 3；RMR 为 0.067，小于 0.08；GFI 为 0.867，大于 0.8；AGFI、PGFI、NFI、RFI、IFI、TLI、CFI 分别为 0.839、0.714、0.891、0.877、0.962、0.957、0.962，均在一般研究范围内，因此该模型拟合优度良好。

2. 结构方程式分析及假设检验

图 3 构建了研究假设中的路径图，具体路径系数如图 4 所示。

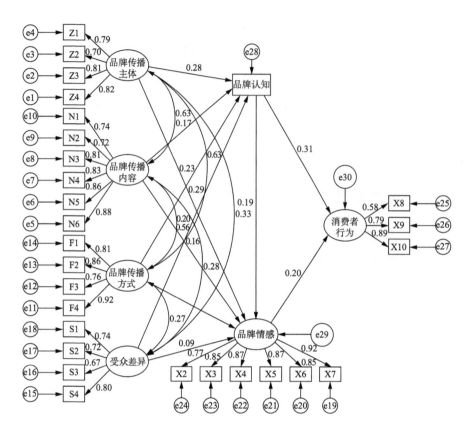

图3 结构方程模型及标准路径系数

			Estimate	S.E.	C.R.	P	Label
X1	<---	品牌传播主体	0.324	0.099	3.263	0.001	
X1	<---	品牌传播内容	0.179	0.077	2.313	0.021	
X1	<---	品牌传播方式	0.236	0.078	3.013	0.003	
X1	<---	受众差异	0.258	0.080	3.232	0.001	
品牌情感	<---	品牌传播主体	0.304	0.088	3.469	***	
品牌情感	<---	品牌传播内容	0.154	0.066	2.328	0.020	
品牌情感	<---	品牌传播方式	0.241	0.068	3.545	***	
品牌情感	<---	受众差异	0.103	0.069	1.492	0.136	
品牌情感	<---	X1	0.172	0.061	2.849	0.004	
消费者行为	<---	X1	0.194	0.058	3.327	***	
消费者行为	<---	品牌情感	0.137	0.062	2.190	0.029	

图4 结构方程模型路径系数图

注：***=P<0.001。

由图4可知，受众差异对品牌情感的标准化系数为0.103，P>0.05，说明受众差异对品牌情感不显著，因此假设H2d不成立，除了受众差异与品牌情感之间无显著关系外，其他的路径关系均通过显著性检验，具有统计学意义，结论汇总见表6。

表6 研究结论汇总

	假设	是否成立
H1a	品牌传播主体对品牌认知有显著正向影响	成立
H1b	品牌传播内容对品牌认知有显著正向影响	成立
H1c	品牌传播方式对品牌认知有显著正向影响	成立
H1d	受众差异对品牌认知有显著正向影响	成立
H2a	品牌传播主体对品牌情感有显著正向影响	成立
H2b	品牌传播内容对品牌情感有显著正向影响	成立
H2c	品牌传播方式对品牌情感有显著正向影响	成立
H2d	受众差异对品牌情感有显著正向影响	不成立
H2e	品牌认知对品牌情感有显著正向影响	成立
H3a	品牌认知对消费者行为有显著正向影响	成立
H3b	品牌情感对消费者行为有显著正向影响	成立

（五）研究结论

1. 传播主体与传播效果

品牌传播主体对品牌认知和品牌情感具有显著正向影响。本研究中传播主体主要聚焦于传播者可信度和传播者知名度进行观测，结果显示，传播者的可信度和知名度对于品牌传播效果及受众会产生显著影响，提升观众的消费认同感，因此，品牌传播者需要向受众塑造鲜明的品牌权威性与可信度，重视剧院信誉打造，以开启受众对品牌的认同，提高受众对该品牌的消费惯性。

2. 传播内容与传播效果

传播内容对品牌认知和品牌情感具有显著正向影响，上海文化广场的产品信息、品牌文化和价值观都对品牌传播效果产生显著正向影响。随着消费者文化水平和消费能力的提升，消费者对剧场品牌认知也逐渐由对产品本身质量及价格的关注上升到对剧院艺术水平、服务品质和剧场文化和价值观等方面的关注，提升观众与传播受众对剧院品牌的价值认同。因此，传播主体应当从观众与传播受众角度出发，深入挖掘观众与传播受众兴趣内容，提升剧院产品艺术水平和剧院服务品质，建立剧院文化、价值观与观众、传播受众的利益联结，从而加深观众与传播受众对剧院品牌的认知与态度。

3. 传播方式与传播效果

传播方式对观众与传播受众的品牌认知和品牌情感均存在显著正向影响。剧院在追求高质量运营服务的同时，通过各种传播方式使观众多角度感受剧院带来的积极影响，进而提升品牌传播效果。研究显示，上海文化广场网络传播效果最好，大众传播、口碑传播和公共关系依次减弱。网络传播中高质量的内容设计与高频率的传播手段能够接续激发消费者的情感反应和行为反应，从而增强品牌黏性和忠诚度。仅2022年，上海文化广场传统媒体发布701篇稿件，官方社交媒体发布3092篇稿件，累计5606.3万次阅读量，举办线上线下公益活动73场，累计参与观众91856人次，通过多种品牌传播方式赢得良好的品牌知名度及市场口碑，提升了城市剧院品牌传播效果。因此，城市剧院可以通过设计线上线下营销活动加强与观众的互动、建立用户社群、提高社交媒体宣传度等方式来建立良好口碑。在此基础上，可以通过精准的口碑营销策略，进一步提高品牌传播效果，实现品牌传播与用户参与的良性循环。

4. 受众差异与传播效果

本研究数据显示：受众专业性、主动性、摄入程度与品牌敏感度等对品牌认知具有显著正向影响，对品牌情感影响不显著。这一结果意味着受众专业性、主动性、摄入程度与品牌敏感度会对城市剧院品牌的认知产生正向判断，但是对剧院艺术水平、服务品质、剧场文化和价值观的评价与看法还受观众及传播受众自身内部因素和剧院外部因素等诸多因素影响，因此结果显示不显著，但可以得到受众专业性、主动性、摄入程度与品牌敏感度等与品牌情感存在相关性的结论[①]。由此可见，随着消费者文化水平和消费能力的提升，消费者对剧场品牌认知和态度判断的方式也更多元，城市剧院应注重对自身剧院主要目标受众人口统计特征、认知因素、情感因素、行为因素及心理因素进行探讨，进行有针对性的品牌传播策略搭建，以提升品牌传播的有效性。

四、提升措施与建议

城市剧院既是一个观影的实体空间，也是一个承载城市人文记忆的抽象空间，彰显着社会意识和时代精神，是城市重要的文化符号，越来越多的城市致力于将剧院打造为本地区举足轻重的文化名片，因此，剧院需重视品牌传播效果的提升，通过整合资源、构建体系、丰富内容、优化渠道等方式提高城市剧院的品牌传播效

---

① 杨东红，郝广，刘宏伟. 基于因子分析的企业员工知识满意度影响因素分析[J]. 哈尔滨商业大学学报（社会科学版），2015（6）：46-52.

果，进而促进城市剧院可持续发展。

（一）完善剧院品牌形象建设，提升剧院自身品牌价值

当前，我国各大城市剧院品牌建设正在逐步完善和加强，城市剧院品牌建设逐渐向专业化、个性化方向发展，部分艺术管理者率先认识到品牌形象的好坏，将直接影响到剧院的知名度、美誉度，并最终决定剧院的社会效益和经济效益[①]，例如，上海大剧院自创立之初就以"一流的艺术作品，一流的艺术体验，一流的艺术教育"为宗旨，秉承"国际性、艺术性、经典性、原创性"的品牌定位，坚持"名家、名团、名作"的节目特色，致力于实现"中国剧院的标杆、城市文化的名片、文化的创意中心"的发展愿景。北京国家大剧院作为中国规模最大、艺术门类最多、演出场次最多、观众人数最多的国际一流剧院之一，自成立以来就始终坚持"人民性、艺术性、国际性"的办院宗旨，秉承"引领、传承、创新、包容、开放"的发展理念，以"高标准、高质量、高水平"为管理标准，树立了独特的品牌形象。由此可见，首先，城市剧院要注重对剧院信誉、服务质量、硬件设施、建筑风格等外部形象因素的挖掘与提升，提炼品牌要素并将之进行创意设计，主要包括品牌的名称、标识、广告语等元素的设计。其次，城市剧院要对运营理念、激励机制及员工对公众的服务态度等内部因素进行规范与提升，制定服务手册与标准，搭建观众交互平台。再次，还要制定合理的宣传手段与营销活动，通过因地制宜的营销活动塑造具有鲜明个性特点的差异化剧院形象。最后，还要注重提升剧院品牌管理水平，建立健全人才引进与培养、数字化运营管理、专业人才培养及服务质量提升机制，在满足观众多样化需求的同时，提高城市剧院服务质量和水平，提升剧院自身品牌价值，增强自身品牌资产。

（二）注重受众需求变化，创新运营模式提升受众黏性

传播技术和社会环境的深刻变革促使受众需求呈现出个性化、差异化的特点。城市剧院应主动适应新变化，利用大数据等技术手段，充分了解剧院受众需求变化，不断创新运营模式，提高用户黏性。在中国传媒大学戏剧影视学院副院长王彤看来，城市剧院要想做出更多优质作品、获得更多观众喜爱，就要创新艺术生产模式和市场营销模式。关注观众的新需求，将表演艺术空间从线下向线上拓展，与新

---

① 杨晨. 国内大剧院的品牌建设研究 [D]. 哈尔滨：黑龙江大学，2020.

媒体、新技术相结合；从"大剧场"转向"小剧场"，尝试"剧院＋餐饮""剧院＋教育"等多元经营模式，将剧院运营与周边商业业态相结合，努力实现文化产品与服务的创新。例如，引入文创产品，与商场、书店等合作，通过联合营销、跨界合作等方式实现资源整合；通过举办文化活动、展览，实现城市剧院品牌营销。既能增加城市及剧院的收入来源、实现城市剧场多元化经营，还能有效塑造城市剧院精神家园的品牌形象，提升城市区域文化品位和人文氛围。

（三）加强剧院文产创意融合，创新公共艺术教育方式

目前，我国文化产业呈现出一种融合发展的态势，文化产业与科技、旅游、农业、信息技术等行业进行了广泛融合。其中，文化产业与科技的融合最为明显。城市剧院身为一个重要文化产业领域，应重视剧院的文化艺术教育功能，以人民群众对文化生活的需求为出发点，以科技创新为手段创新艺术教育方式，利用剧院自身文化特点和优势资源开展形式多样的艺术教育活动，加强与观众的互动交流，还应针对观众群体的消费频率、审美趣味的分布情况，开展有针对性的艺术教育、特色剧目创作分享会、主题体验坊、特色课程等各种有规律的活动，从而提升观众的审美能力和欣赏水平，增强城市剧院品牌的知名度和忠诚度。

五、结语

本文从观众与传播受众视角出发，结合社会心理学、统计学等学科理论，根据5W模式理论与认知—态度—行为模型对上海文化广场品牌传播效果影响因素进行深入探讨，研究结论部分揭示了现阶段城市剧院品牌传播影响因素的作用机理和内在机制，可为未来剧院可持续发展探索部分优化方向：（1）观众与传播受众专业性、主动性、摄入程度与品牌敏感度等对品牌情感影响不显著，管理者应立足受众心理变化及时调整传播内容与方式，从而有效提高城市剧院品牌的传播效果。（2）城市剧院品牌传播主体对受众品牌认知和品牌情感具有显著正向影响，管理者需注重塑造品牌权威性与可信度形象。（3）城市剧院应积极对接融媒体发展趋势，增强内容建设的针对性和实效性。本文的研究仅以上海文化广场为典型代表展开实证调研，数据数量与体量稍有不足，不能完整描述现阶段城市剧院品牌传播影响因素情况，且在模型构建以及实证检验方面都存在着一定的不足，需要在今后进一步深入探讨相关问题并得出更准确合理的结论。

政府与自组织：精神生活共同富裕下的农村公共文化供给满意度研究[*]

李国东^{**}

（信阳师范大学历史文化学院）

摘要：公共文化服务体系建设作为实现精神生活共同富裕的重要内容，其重点和难点均在农村。通过对河南8个农村文化自组织所在地发放的800份调查问卷分析发现，政府和农村文化自组织作为农村公共文化服务供给主体，政府提供的农村公共文化设施空转率偏高，农村公共文化政策营销严重缺位，农村公共文化内容供给滞后、"一刀切"，供给体系结构性固化，严重影响了农村居民对政府农村公共文化供给满意度评价。而农村文化自组织由于供给形式的自主性，农村居民满意度选择率显著高于政府。深化农村公共文化体制改革，创新公共文化政策营销方式，是提升政府农村公共文化供给满意度的主要措施。

关键词：精神生活共同富裕；自组织；公共文化供给；满意度；影响因素

---

* 2023年度河南省高等学校哲学社会科学创新团队支持计划（2023-CXTD-09）。

** 李国东（1980—），男，汉族，河南驻马店人，信阳师范大学历史文化学院讲师，管理学博士，主要从事公共文化服务、文化与科技融合研究，E-mail：tfylgd@163.com。

Government and Self–organization : A study on the Satisfaction of rural public cultural Supply under the common prosperity of spiritual Life

LI Guo-dong

（School of History and Culture, Xinyang Normal University）

Abstract：Satisfaction is an important dimension to measure the construction of rural public culture system. The construction of public cultural service system in rural areas is an important part of achieving common prosperity of spiritual life. The state vigorously promotes the construction of public cultural service system in coordination with the government and self-organization. According to the survey data, due to the "autonomy" of the self-organized public cultural supply form of rural culture, it has been widely recognized by rural residents, and the satisfaction of public cultural supply is significantly higher than that of the government. The main reasons are the high "idling rate" of rural public cultural facilities and equipment provided by the government, the serious "absence" of rural public cultural policy marketing, and the structural solidification of rural public cultural supply system. Therefore, deepening the reform of rural public culture system, innovating the marketing mode of public culture policy and optimizing the self-organizing participation mode of rural culture are the main measures to further improve the satisfaction degree of rural public culture supply.

Keywords：Spiritual life；Common prosperity for all；Public cultural supply；Satisfaction；Self-organization

2021年8月17日，习近平总书记在中央财经委员会第十次会议讲话中指出：共同富裕是全体人民的富裕，是人民群众物质生活和精神生活都富裕。促进共同富裕，最艰巨最繁重的任务在农村[1]，难点在农村，重点也在农村[2]。党的二十大报告进一步指出，中国式现代化是全体人民共同富裕的现代化。全面建设社会主义现代化

---

① 习近平.扎实推动共同富裕[J]. 求是，2021（20）.
② 刘尚希，等.共同富裕与人的发展[M]北京：人民日报出版社，2022.

国家，最艰巨最繁重的任务仍然在农村。从建设社会主义现代化国家和实现全体人民精神生活共同富裕愿景来看，没有农村精神生活的共同富裕就不能称之为全体人民的共同富裕。党中央反复强调农村共同富裕任务的重要性和艰巨性，就是为了解决新征程面临的发展不平衡不充分之间的矛盾，最终实现全体人民精神生活和物质生活共同富裕。

一、研究现状与数据来源

（一）研究回顾与问题提出

一是精神生活共同富裕的实现路径。针对精神生活共同富裕的实现途径，习近平总书记提出，促进人民精神生活共同富裕，就是要完善公共文化服务体系，不断满足人民群众多样化、多层次、多方面的精神文化需求①。也就是说，完善的公共文化服务体系建设是实现精神生活共同富裕的重要途径。近些年来，关于公共文化服务体系建设，《中共中央关于全面深化改革若干重大问题的决定》《公共文化服务保障法》《公共图书馆法》《"十四五"文化发展规划》《"十四五"文化和旅游发展规划》等文件都明确提出，积极鼓励和引导社会力量参与公共文化服务体系建设，形成竞争局面，为广大人民群众提供丰富多彩的文化生活。

关于如何实现全体人民精神生活共同富裕，成为当下学者关注的焦点。贫乏单一的文化供给会致使精神生活陷入片面性发展与低级化生存的状态，而在文化生产力高度发达的情况下，人们精神生活的内容丰富性、形式多样性、意义超拔性会进一步提升与延展②。实现精神生活共同富裕，最根本最核心的任务还是要解放文化生产力。从社会治理的角度来讲，共同富裕目标追求下，社会治理高质量、高水平发展，要积极引入社会参与，创新社会治理模式③。因此，促进人民精神生活共同富裕必须依靠党和国家、社会、人民群众的共同努力，形成强大的合力来共同实现④。从

---

① 习近平. 扎实推动共同富裕[J]. 求是，2021（20）.

② 柏路，包崇庆. 精神生活共同富裕的文化之维[J]. 思想理论教育，2022（12）：33-40.

③ 徐选国，秦莲. 社会工作参与共同富裕：何以可能？何以可为？[J]. 学习与实践，2022（6）：100-112.

④ 项久雨，马亚军. 人民精神生活共同富裕的时代内涵、层次结构与实现进路[J]. 思想理论教育，2022（6）：11-16.

乡村文化振兴和乡村精神生活共同富裕来看，应动员全社会各方参与[①]、多元驱动[②]。通过上述观点可见，政府、社会力量、人民群众共同参与，共同推进，是实现全体人民精神生活共同富裕的主要途径。

二是精神生活共同富裕的评价标准。无论是物质生活共同富裕，还是精神生活共同富裕，它们的发展和实现，都需要一个普适性、大众性的评价标准。针对精神生活共同富裕的评价标准，刘旭雯提出，满足人们的文化生活是实现精神生活共同富裕的重要内容，提供高质量的精神文化产品和服务是实现精神生活共同富裕的前提[③]。陈慰，巫志南认为，精神生活共同富裕作为现阶段公共文化服务体系建设的最高目标，促进人民精神生活共同富裕，就要从提高人民公共文化服务满意度着手[④]。王金和孙迎联也提出了相似的观点，应以人民满足感、参与感、归属感的实现程度作为评价精神生活共同富裕效果的标尺与动能[⑤]。王俊秀和刘晓柳则提出，精神生活共同富裕不仅人们要有获得感，还要满足"人人"需求所创设的现实条件[⑥]。从需求侧和微观层面来讲，精神生活共同富裕应以群众需求为导向，以群众满意度为指向，拓展公共文化服务的品种范围、参与主体和传播方法，不断丰富文化活动的形式和内涵，推进形成有利于构建和完善公共文化服务体系的良好氛围。简而言之，就是要以居民的满意度为落脚点[⑦]。主要表现为每个人都能得到由丰富多彩的精神生活带来的心理满足[⑧]。从供给侧和宏观层面来讲，精神生活反映在政府层面，主要是指族群享有较丰富的精神文化生活、精神文化需求较好地得到满足的整体性状

① 刘培林，等.共同富裕的内涵、实现路径与测度方法[J].管理世界，2021（8）：117-129.

② 徐小洲.重塑发展模式：共同富裕进程中乡村文化振兴战略构想：基于浙江山区14县乡村文化实地调研的分析[J].浙江社会科学，2023（2）：74-83，157.

③ 刘旭雯.精神生活共同富裕：发轫逻辑、认知结构和实践进路[J].南昌大学学报（人文社会科学版），2022（6）：25-33.

④ 陈慰，巫志南.从促进人民精神生活共同富裕看公共文化深层次问题[J].图书与情报，2022（2）：94-103.

⑤ 王金，孙迎联.精神生活共同富裕的内涵要义、现存问题与优化路径[J].理论探索，2023（1）：12-18.

⑥ 王俊秀，刘晓柳.现状、变化和相互关系：安全感、获得感与幸福感及其提升路径[J].江苏社会科学，2019（1）：41-49，258.

⑦ 张圆刚.共同富裕视域下乡村旅游发展的区域不平衡性：理论内涵、关键问题与指标体系[J].自然资源学报，2023（2）：403-418.

⑧ 范玉刚.人民精神生活共同富裕：中国文明型崛起的价值支撑[J].国家治理，2021（45）：15-18.

态，也就是居民对公共文化服务的满意度[1]。学者一致认为，公共文化服务体系建设作为实现精神生活共同富裕的重要内容，其满意度是考察精神生活共同富裕的重要指标。

三是公共文化服务供给满意度的影响因素。在实现精神生活共同富裕的背景下，公共文化服务供给满意度受到学者的关注。针对公共文化服务供给满意度的影响因素，王秋基于昆明市32个乡镇69个村回归分析发现，政府提供的公共文化服务知晓度和参与度偏低严重影响村民满意度[2]。寇垠和刘杰磊对东部9省市92村的问卷回归结果表明，政府提供的农村公共文化供给数量满意度、便利性满意度、宣传满意度和质量满意度均对综合满意度产生影响[3]。傅才武和王文德通过对全国21省282个行政村的问卷回归发现，农村文化惠民工程满意度受供给质量（参与度和知晓度）的影响[4]。金万鹏和孙道进通过对重庆市北碚区的调查问卷回归发现，公共文化政策科学性、执行环境、执行人员及目标群体因素，对县域公共文化服务政策执行满意度存在显著的促进作用[5]。蔡武进和黄舒沁通过对9省54市（县）的问卷回归实证研究，认为政府提供的公共文化设施"空转率"过高，公共文化供给内容回应性不足是影响城镇居民公共文化参与满意度的主要因素[6]。

通过上述梳理发现，一是实现精神生活共同富裕需要政府、社会力量和人民群众共同推进。二是将公共文化服务满意度作为精神生活共同富裕的重要考核标准，得到学界普遍认同。三是关于公共文化服务满意度的影响因素研究观点、研究对象呈趋同化特征：一方面，公共文化供给满意度的影响因素主要集中在供给内容、供给方式、供给政策、基础设施的知晓度和参与度上。另一方面，研究对象以政府提供的公共文化服务、文化惠民工程为主。总之，现阶段关于精神生活共同富裕的实现路径、评价标准，以及农村公共文化服务满意度的影响因素虽然取得了丰硕的成

① 傅才武，高为.精神生活共同富裕的基本内涵与指标体系[J].山东大学学报（哲学社会科学版），2022（3）：11-24.

② 王秋.农村公共文化服务满意度及其影响因素研究：基于昆明市32个乡镇69个村的实证分析[J].图书馆理论与实践，2018（7）：96-99.

③ 寇垠，刘杰磊.东部农村居民公共文化服务满意度及其影响因素[J].图书馆论坛，2019（11）：79-86.

④ 傅才武，王文德.农村文化惠民工程的"弱参与"及其改革策略：来自全国21省282个行政村的调查[J].中国图书馆学报，2020（5）：54-73.

⑤ 金万鹏，孙道进.县域公共文化服务政策执行满意度提升研究：基于重庆市北碚区的问卷调查分析[J].新世纪图书馆，2021（2）：11-18.

⑥ 蔡武进，黄舒沁.我国城镇居民公共文化参与的满意度状况及其回应路径：基于9省54市（县）的调研数据分析[J].江汉论坛，2022（6）：136-144.

果，但仍有优化和提升的空间。比如，当前研究缺乏对农村文化自组织在农村公共文化服务供给中的关照，缺乏政府和农村文化自组织农村公共文化供给满意度比较研究。基于此，本文在当前研究理论、研究成果普遍指向的共性因素基础上，采取问卷调查的研究方法，考察政府和农村文化自组织公共文化供给与农村居民满意度之间的因果关系，并以此提出全面提升农村公共文化供给满意度的回应策略，以期为在乡村振兴战略下，推动农村公共文化服务高质量发展，实现农村精神生活共同富裕提供可行路径。

（二）数据来源

2019年4月，课题组组织信阳师范大学历史文化学院2018级文化产业管理专业河南籍农村学生，随机选取河南11个地区自然村的540农户，对政府提供的公共文化服务状况、满意度进行了问卷调研。2020年7—8月，课题组采取跟踪调查的方式，在2019年调查的11个地区的自然村随机选取8个农村文化自组织作为研究对象，并在每个农村文化自组织所在地选取100位农村居民，共800位农村居民对政府和农村文化自组织公共文化供给满意度进行了问卷调查。样本见表1。

表1　样本特征

变量	样本特征	百分比/%	变量	样本特征	百分比/%	变量	样本特征	百分比/%
性别	男	46.9	年龄	20岁以下	17.4	身份	学生	30.7
	女	53.1		21~30岁	21.0		农民	40.1
文化程度	小学及以下	22.3		31~40岁	15.6		村干部	3.1
	初中	31.0		41~50岁	16.5		离退休人员	3.5
	高中	20.0		51~60岁	17.0		公务员	5.2
	大（中）专	11.6		61岁及以上	12.6		其他	17.4
	本科及以上	15.1						

问卷统计结果显示：从性别上来看，男性占被调查者的46.9%，女性占53.1%。从文化程度看，小学及以下占22.3%，初中占31.0%，高中占20.0%，大（中）专占11.6%，本科及以上占15.1%。从年龄看，20岁以下占17.4%，21~30岁占21.0%，31~40岁占15.6%，41~50岁16.5%，51~60岁17%，61岁及以上占12.6%。从被调查者的身份看，学生占30.7%，农民占40.1%，村干部占3.1%，离退休人员占3.5%，公务员占5.2%，其他占17.4%。样本结构分布合理。

（三）研究方法与变量选择

当前，学界针对农村公共文化服务满意度的影响因素研究大多采用最优化尺度回归、多元线性回归、Logistic回归等。本研究利用SPSS 19.0统计软件，采用主成分分析和线性回归进行数据处理和模型建构。变量选取在参考借鉴与本研究主题相关或相似的基础上，结合本文研究主题，设计出农村公共文化供给满意度及影响因素变量。包括三个一级指标和十六个二级指标的评价体系。除人口学基本特征指标外，各指标均采用李克特量表进行赋值（见表2）。

表2　农村公共文化供给研究变量及其含义

一级变量	二级变量	变量解释
控制变量	性别	1=男；2=女
	年龄	1=20岁及以下；2=21~30岁；3=31~40岁；4=41~50岁；5=51~60岁；6=61岁及以上
	文化程度	1=小学及以下；2=初中；3=高中；4=大（中）专；5=本科及以上
	身份	1=学生；2=农民；3=村干部；4=离退休人员；5=公务员、事业单位职员；6=其他
因变量	公共文化供给（y）	1=非常满意；2=比较满意；3=基本满意；4=完全不满意
自变量（政府）	到达农村综合文化服务中心的距离（X1）	1=200米以内；2=200~500米；3=0.5~1千米；4=1~1.5千米；5=1.5~2千米；6=2千米以上
	公共文化服务政策（X2）	1=非常了解；2=比较了解；3=不太了解；4=完全不了解
	农家书屋（X3）	1=完全不满意；2=不满意；3=一般满意；4=比较满意；5=很满意
	体育设备（X4）	
	文化活动室（X5）	
	电影放映队（X6）	
	文艺演出队（X7）	
	送戏下乡（X8）	
	送电影下乡（X9）	
	送书下乡（X10）	
自变量（文化自组织）	文化供给形式（X11）	1=很满意；2=比较满意；3=一般满意；4=不满意；5=完全不满意
	文化供给内容（X12）	
	文化供给态度（X13）	
	文化供给能力（X14）	
	文化供给频率（X15）	1=经常开展；2=定期开展；3=偶尔开展；4=很少开展；5=没开展过

二、实证分析过程

（一）问卷数据检验

通过SPSS 19.0对变量进行因子分析。其中Kaiser-Meyer-Olkin值越接近1表示越适合做因子分析，从表3可以看出KMO值为0.869，Bartlett球形度检验显著性水平为0.000，小于显著水平0.05，说明各变量之间信息的重叠程度较强，适合做主成分分析。

表3　KMO 和 Bartlett 的检验

取样足够度的 Kaiser-Meyer-Olkin 度量		0.869
Bartlett 的球形度检验	近似卡方	7599.413
	df	105
	Sig.	0.000

（二）主成分提取

表4给出了各成分的方差贡献率和累积贡献率，前四个主成分的特征值大于1，并且前4个因子的特征值之和占总特征值的73.86%，可以解释原始信息变量的73.86%，较好的代表原始指标所含的信息。因此提取前4个主成分进行线性回归。

表4　总方差解释表

成分	初始值特征			提取平方和载入			旋转平方各载入		
	合计	方差的%	累计%	合计	方差的%	累计%	合计	方差的%	累计%
1	5.527	36.848	36.848	5.527	36.848	36.848	5.341	36.205	36.205
2	2.938	19.588	56.437	2.938	19.588	56.437	2.805	18.699	54.904
3	1.609	10.725	67.162	1.609	10.725	67.162	1.796	11.975	66.879
4	1.005	6.701	73.863	1.005	6.701	73.863	1.048	6.984	73.863
5	0.737	4.915	83.037						
6	0.639	4.259	86.404						

表5给出了旋转后的因子载荷值。旋转方法采用Kaiser标准化的5次迭代后正交旋转法。从旋转后的结果可以看出，主成分1包括由政府提供的公共文化基础设施（农家书屋、文化活动室）、公共文化供给队伍（电影放映队、文艺演出队）、公共文化供给内容（送戏下乡、送电影下乡、送书下乡）（X3、X5、X6、X7、X8、X9、X10）7个因素；主成分2包括了农村文化自组织文化供给内容、文化供给态度、文

110

化供给能力、文化供给频率（X12、X13、X14、X15）4个因素；主成分3包括农村居民到达农村综合文化服务中心的距离、农村居民对公共文化服务政策了解程度（X1、X2）2个因素；主成分4包括了农村文化自组织供给形式（X11）1个因素。新组合的变量综合了原始变量的全部信息。

表5　旋转后的主成分载荷矩阵

自变量（z）	成分			
	1	2	3	4
X1	−0.067	−0.057	0.866	−0.037
X2	−0.303	−0.054	0.831	0.093
X3	0.800	−0.169	−0.193	0.113
X4	0.408	−0.269	0.436	0.067
X5	0.830	0.045	0.073	−0.104
X6	0.799	0.031	0.117	−0.152
X7	0.907	0.022	−0.071	−0.023
X8	0.877	0.010	−0.133	−0.003
X9	0.888	−0.008	−0.149	0.056
X10	0.902	−0.058	−0.098	0.013
X11	−0.043	0.139	0.065	0.969
X12	−0.034	0.743	−0.097	0.188
X13	−0.004	0.893	−0.105	−0.070
X14	0.030	0.860	−0.141	0.002
X15	−0.048	0.763	0.102	0.053

采用因子分析是将众多繁杂的观测变量进行简化，转换成为较少的彼此不相关的综合指标进行统计。在进行下一步回归分析，探究主要影响因素和综合满意度的关系前，需要将主要影响因素进行转化。现将15个影响因素转化为4个主要因素：分别将主成分1命名为F1，主成分2命名为F2，主成分3命名为F3，主成分4命名为F4。根据主成分系数矩阵写出主成分表达式：

F1=−0.067ZX1−0.303ZX2+0.800ZX3+0.408ZX4+0.830ZX5+0.799ZX6+
0.907ZX7+0.877ZX8+0.888ZX9+0.902ZX10−0.043ZX11−0.034ZX12−
0.004ZX13+0.030ZX14−0.048ZX15　　　　　　　　　　　（式1）

F2=−0.057ZX1−0.054ZX2−0.169ZX3−0.269ZX4+0.045ZX5+0.031ZX6+
0.022ZX7+0.010ZX8−0.008ZX9−0.058ZX10+0.139ZX11+0.743ZX12+

$$0.893ZX13+0.860ZX14+0.763ZX15 \quad (式2)$$

$$F3=0.866ZX1+0.831ZX2-0.193ZX3+0.436ZX4+0.073ZX5+0.117ZX6-$$
$$0.071ZX7-0.133ZX8-0.149ZX9-0.098ZX10+0.065ZX11-0.097ZX12-$$
$$0.105ZX13-0.141ZX14+0.102ZX15 \quad (式3)$$

$$F4=-0.037ZX1+0.093ZX2+0.113ZX3+0.067ZX4-0.104ZX5-0.152ZX6-$$
$$0.023ZX7-0.003ZX8+0.056ZX9+0.013ZX10+0.969ZX11+0.188ZX12-$$
$$0.070ZX13+0.002ZX14+0.053ZX15 \quad (式4)$$

（三）农村公共文化供给满意度影响因素的线性回归分析

以农村公共文化供给综合满意度作为因变量，以F1、F2、F3、F4作为自变量，对农村居民公共文化供给满意度影响因素进行线性回归分析。为了提高模型检测的准确性，将性别、年龄、文化程度、身份作为控制变量，模型构建如下：

$$Y = \beta_0 + \beta_1 f_1 + \beta_2 f_2 + \beta_3 f_3 + \beta_4 f_4 + \beta_5 ender + \beta_6 age + \beta_7 education + \beta_8 occupation \quad (式5)$$

使用SPSS 19.0软件对新组合变量进行线性回归。回归模型的优劣检验R^2=0.647，调整后的R^2=0.644，回归拟合度在可接受范围内。回归模型多重共线性检验VIF值全部小于5，变量之间不存在共线性问题；且D-W值为1.631，说明不存在自相关，样本数据之间没有关联关系，模型较好。回归模型的显著性检验结果P=0.000，小于0.05，建立的模型具有统计学意义（见表6）。

表6　回归模型的显著性检验结果

模型	平方和	df	均方	F	P
回归	1006.603	8	125.825	181.543	0.000
残差	548.925	792	0.693		
总计	1555.528	800			

经线性回归如表7所示：

F1显著性检验结果P＜0.05。其包括的农家书屋、文化活动室、电影放映队、文艺演出队、送戏下乡、送电影下乡、送书下乡与农村公共文化供给满意度呈显著正相关。

F2显著性检验结果P＞0.05。其包括的性别、年龄、文化程度、身份，以及文化自组织公共文化供给频率、文化内容、演出能力、演出态度与农村公共文化供给满意度不产生显著关系。

F3显著性检验结果P＜0.05。其包括的农村居民到达农村综合文化服务中心的距离、农村居民对公共文化服务政策了解程度与农村公共文化供给满意度呈显著正相关。

F4显著性检验结果P＜0.05。其包括的农村文化自组织供给形式与农村公共文化供给满意度呈显著正相关。

表7　线性回归结果

模型	非标准化系数		标准系数	t	显著性
	B	标准误差	试用版		
F1	0.181	0.030	0.130	6.009	0.000
F2	0.020	0.030	0.015	0.690	0.490
F3	1.092	0.030	0.783	36.463	0.000
F4	0.170	0.031	0.122	5.566	0.000
性别	0.056	0.059	0.020	0.951	0.342
年龄	0.047	0.024	0.056	1.948	0.052
文化程度	−0.019	0.029	−0.018	−0.637	0.524
身份	−0.013	0.017	−0.017	−0.738	0.460

三、结论与优化策略

（一）政府公共文化供给设施"空转率"偏高影响农村居民满意度

公共文化设施"空转"主要表现在公共文化服务机构、服务场所的去功能化、利用率极低[1]，意味着设施未能发挥自身效用，引发群众满意度不高[2]。实地调研发现，农村公共文化设施"空转率"偏高，是由于公共文化政策执行"悬浮化"造成的。《"农家书屋"工程实施意见》《农家书屋工程建设管理暂行办法》《农家书屋深化改革创新，提升服务效能实施方案》等，以及各地出台的关于农家书屋建设管理的文件等都明确提出，农家书屋要选配一名具有一定文化水平和管理能力的专（兼）职管理人员，每周开放五天，每天开放时间不少于3个小时。但从实际情况来看，绝大多数农家书屋、农村文化活动室并没有落实国家以及地方政策要求：28.7%

① 王列生.警惕文化体制空转与工具去功能化[J].探索与争鸣，2014（5）：16-18.

② 蔡武进，黄舒沁.我国城镇居民公共文化参与的满意度状况及其回应路径：基于9省54市（县）的调研数据分析[J].江汉论坛，2022（6）：136-144.

的被调查者表示农家书屋、农村文化活动室经常开放，高达52.2%的被调查者表示农家书屋、农村文化活动室偶尔开放，还有10.1%和9%的被调查者表示遇到检查时开放、基本不开放。由于农家书屋、农村文化活动室缺乏专人管理，长期"铁将军"把门，农村居民公共文化参与严重受阻，导致农村居民对政府公共文化设施供给满意度产生负面情绪。

（二）政府公共文化政策营销"缺位"对农村公共文化供给满意度产生冲击

所谓的政策营销是以政府为主体的公共部门运用营销技巧，促使公共政策和社会需求"互配"。其价值理念是为了更好地识别、预判、满足公众的需求[①]。政策营销是公共政策执行的重要工具、手段和方法，直接影响公共政策的有效执行，关系到公共政策能否实现预期的目标和效果[②]。当前，农村居民对农村公共文化服务政策了解程度严重过低：40.3%的农村居民表示不太了解，29.9%的农村居民表示一般了解，12.5%的农村居民表示比较了解，8.9%的农村居民表示完全不了解，仅有2.1%的农村居民表示非常了解，还有6.3%的农村居民表示不清楚。在非常了解的农村居民中，以学生和村干部为主。实际上，作为农村公共文化政策营销的重要责任主体，村干部对农村公共文化服务政策了解也相当低。在被调查的25位村干部中，非常了解的占20%，比较了解的占16%，而一般了解和不太了解的分别占32%。由于公共文化政策营销严重"缺位"，导致农村居民公共文化供给信息知情权、获取权渠道受阻，从而对政府公共文化政策供给满意度偏低。

（三）政府公共文化供给体系"结构性固化"降低公共文化内容供给满意度

公共文化供给体系结构性固化是指农村公共文化供给按照国家要求，从上至下的单一渠道进行"建"和"送"，从而忽略了农村居民的真正公共文化需求。长期以来，政府作为农村公共文化供给的唯一主体，形式唯一、标准统一、内容单一已经成为农村公共文化供给内容满意度不高的主要原因（见表8）。以送电影下乡为例，2021年，中国电影数字节目交易平台可供订购影片超4500部，而新增城市放映票房过亿大片只有34部[③]。由于农村电影放映工程所购买的电影内容与实际需求差异

---

① 谭翀."政策营销"：源流、概念、模式与局限[J].中国行政管理，2013（12）：28-32.

② 钱再见.论政策执行中的政策宣传及其创新：基于政策工具视角的学理分析[J].甘肃行政学院学报，2010（1）：11-18，125.

③ 杨雯.2021年农村电影市场共订购961.5万场[N].中国新闻出版广电报，2022-01-21（3）.

较大，供需错位，效果并不理想。"有的地方一场电影不过区区三五个人，甚至出现'有人放无人看'的尴尬局面。"[①]这种自上而下而非自下而上的由政府主导的而非政府主导多元化主体参与合作协商的管理主义或"单中心"基层治理模式的结果自然是非均等化供给[②]，最终导致农村公共文化供给满意度不高。

表8　政府公共文化内容供给满意度状况

满意程度	送戏下乡	送电影下乡	送书下乡
很满意	MSD（2.25±1.376）	MSD（2.16±1.229）	MSD（2.18±1.313）
比较满意	MSD（2.41±1.275）	MSD（2.55±1.202）	MSD（2.32±1.228）
一般满意	MSD（2.26±1.581）	MSD（2.17±1.651）	MSD（2.26±1.566）
不满意	MSD（2.57±1.648）	MSD（2.56±1.472）	MSD（2.60±1.392）
很不满意	MSD（2.60±1.852）	MSD（2.64±1.853）	MSD（2.67±1.792）

（四）农村文化自组织供给形式的"自主性"助推公共文化供给满意度增强

农村文化自组织自主性是指其有极强的乡土性、社会性和文化性，而可能具备相对政府（科层系统）更大的自主性[③]，更能发挥其积极的农村文化治理功能[④]。从实现精神文化生活共同富裕的现实意义来看，农村文化自组织较高的"自主性"意味着对外部环境变化的有效回应，是农村文化可持续发展和高质量发展的内生力量。乡村社会自组织是目前我国乡村社会管理和公共治理领域中农民组织化参与乡村建设的有效形式[⑤]，可以为需求较高的人群提供额外的公共物品，为需求特殊的人群提供特别的公共物品，从而满足政府和市场都满足不了的社会偏好[⑥]。这种积极的行动取向对农村公共文化供给具有显著的正面影响，能够弥补政府公共文化供给不足，造就农村公共文化治理优势，增强农村公共文化供给满意度。在调查农村居民对当前哪类组织提供的公共文化活动更满意。问卷统计结果显示：农村文化自组织占35%，政府占22.7%，互联网占21%，社会团体占19.2%，其他占2%。农村居民对农村文化自组织提供的公共文化满意选择显著高于政府和其他组织。

---

① 吕海波.浅议农村公益电影放映工程的现状与思考[J].大众文艺，2017（11）：17-18.

② 胡志平.从制度匹配检视农村公共服务均等化[J].社会科学研究，2013（1）：15-22.

③ 陆文荣，卢汉龙.部门下乡、资本下乡与农户再合作：基于村社自主性的视角[J].中国农村观察，2013（2）：44-56，94-95.

④ 刘伟.论村落自主性的形成机制与演变逻辑[J].复旦学报（社会科学版），2009（3）：133-140.

⑤ 于建嵘.乡村振兴需要公众有序参与[J].人民论坛，2018（12）：74-75.

⑥ 王绍光.社会建设的方向："公民社会"还是人民社会?[J].开放时代，2014（6）：26-48，5.

（五）提升农村公共文化供给满意度的回应路径

针对当前政府和农村文化自组织农村公共文化供给满意度差异较大的现象。本文认为，在解决政府农村公共文化供给满意度偏低的同时，应通过积极的政策导向和资金扶持，鼓励农村文化自组织参与农村公共文化供给，进一步增强农村公共文化供给满意度，实现精神生活全体人民共同富裕。

一是深化农村公共文化供给体制改革，增强政府农村公共文化供给满意度。农村公共文化基础设施高"空转率"、高"闲置率"，是由于农村公共文化供给体系结构性固化所致。因此，深化农村公共文化供给体制改革，创新农村政府公共文化供给模式，打破农村公共文化供给体系结构性固化应从以下几个方面着手：

首先，优化存量，提高农村公共文化基础设施设备利用率。由于农村"空心化""悬浮化"导致农村人口结构发生了重大变化，妇女、老人、儿童成为农村人口的主要构成。鉴于此，农家书屋、农村文化活动室在供给对象、供给内容方面，应以农村儿童为主，同时兼顾妇女和老人。农家书屋、农村文化活动室要成为农村儿童安全、社会教育的重要场所。要加大农村儿童有关课外读物、科普、动画音像制品，老人、妇女有关健康、文学、戏曲音像制品，以及跳棋、象棋、飞行棋等普适性游艺产品的供给，以此满足不同阶层、不同年龄农村居民的公共文化需求偏好。

其次，破除"一刀切"，丰富农村公共文化产品供给类型。长期以来，农村公共文化供给按照供给主体的生产内容、生产类型、生产时间供给已经成为"定式"，严重脱离了农村居民公共文化的实际需求。因此，要改变当前供给方式。送电影下乡：中国电影数字节目交易平台应加大最新影片的购买力度和购买数量，缩短与城市院线上映的时间差，让农村居民与城市居民享受同等的观影需求。加强儿童电影、戏曲电影的购买，满足农村儿童群体、老龄群体的观影需求。送戏下乡：一方面，各供给主体应加大对经典剧目、优秀剧目的生产，加大对讴歌中国式现代化发展进程中的重大事件、重要人物等题材剧目的生产。另一方面，丰富送戏下乡的种类和形式。加大小品、相声、杂技、话剧、魔术等曲艺的供给。送书下乡：针对当前农村人口结构的特点，加强对农村儿童、老人和妇女的关照。增加儿童文学、绘本、科普、安全教育等读物的配送，解决农村儿童阅读少、阅读难的问题。增加适合农村老人和妇女阅读的书籍、报刊的配送。

最后，落实政策，按照政策要求配备专（兼）职管理员。针对农家书屋、农村文化活动室无专（兼）职管理员的状况，各地应根据实际情况，灵活处理。一方面，经济发达地区的农村可采用聘用具有高中以上学历，具有一定管理经验的农村居民为农家书屋、农村文化活动室管理员。另一方面，经济不发达地区的农村可采用政府购买公共文化服务的方式，聘用本地离退休教师、公务员、村干部作为农家书屋管理员。寒、暑假可邀请返乡大学生作为志愿者，参与农家书屋、农村文化活动室管理。还可以采取村"两委"干部轮流值班的形式加强农家书屋、农村文化活动室的管理。

二是创新公共文化政策营销方式，拓宽农村居民公共文化信息获取渠道。通畅的公共文化信息获取权、知情权，可以有效增强农村居民对政府公共文化供给满意度。一方面，充分发挥现代移动互联网平台在公共文化政策营销方面的优势。通过建立微信群、QQ群、短视频、微信公众号等，快速、及时、精准地将党和国家关于农村公共文化信息传递给农村居民。另一方面，针对农村老人使用智能手机存在一定的困难，无法通过微信群、QQ群等互联网平台接收公共文化信息，应充分发挥农村大喇叭"村村响"的功能和优势，及时将党和国家关于农村公共文化政策、文化活动、文化项目等文化信息通过乡村大喇叭告知广大农村居民，实现农村公共文化信息农村居民知情全覆盖。

三是优化农村公共文化参与方式，鼓励和支持农村文化自组织积极参与农村公共文化供给。促进乡村文化振兴，实现农村精神生活共同富裕，必须紧紧依靠农村内生性文化力量。农村文化自组织作为农村文化主要的内生力量，由于其公共文化供给形式的自主性，增强了农村居民满意度的同时，还有效弥补了政府公共文化供给失衡，匹配度不高的问题。一方面，完善公共文化政策，明确农村文化自组织参与农村公共文化供给的主体责任。在提升他们满意感、获得感、参与感的同时，不断增强他们的国家认同感和社会认同感。另一方面，通过政府购买公共文化服务的方式，支持农村文化自组织积极参与农村公共文化供给。实地调研发现，资金缺乏已经成为制约农村文化自组织发展的主要因素。鉴于农村文化自组织公共文化供给形式得到农村居民广泛认可，以及发展中存在的困境，在不违背社会道德观、价值观的原则下，政府相应降低准入门槛，加大对农村文化自组织文化供给的购买，有效解决农村文化自组织资金缺乏的问题，促进农村文化自组织健康发展，更好地为广大农村居民提供形式多样、内容丰富的公共文化服务。

四、结语

与已有的研究相比，本文将农村公共文化供给满意度置于精神生活共同富裕背景下，并将农村公共文化供给满意度划分为政府供给满意度和农村文化自组织供给满意度两部分，利用探索性因子分析方法提取了农村公共文化供给满意度的制约因素，并借助线性回归方法探讨了影响农村公共文化供给满意度的影响因素，为农村公共文化供给满意度研究提供了新的视角。诚然，本研究还存在一定的不足，主要体现在对农村文化自组织变量的选择上。由于缺乏研究借鉴，对农村文化自组织变量设计、选取缺乏全面的关照。未来，笔者将在当前研究的基础上，对农村文化自组织进行深入调研，并广泛征求专家学者意见，进一步完善农村文化自组织的研究变量设计。

从内容生成到系统生态

——中国电影产业的数字化转型与创新路径研究*

谭博　徐璐　王牧川**

（山西财经大学文化旅游学院）

（太原学院）

（山西财经大学文化旅游与新闻艺术学院）

摘要： 数字化转型下的中国电影产业正在发生深刻的变化。场域建构能力的扩展引致了电影作为传播方式的话语权重构，使传统电影资源也逐渐转化为数字资产，进而通过要素的合理性流动促进了产业升级。大数据、5G等基建为满足需求驱动型的电影市场效率改进提供了基本保障，也催生了网络化、平台化、自组织的商业生态系统，将数字化转型下的电影创作、电影资产和产业结构融合为中国电影产业的"共同体"。本文对电影创作、数字资产、市场运行以及商业模式创新方面对数字化转型下的中国电影产业进行研究，并就中国电影在数字经济时代下面临的机遇和挑战提出了展望。

关键词： 内容生成；系统生态；数字化转型；中国电影；创新

───────────

*基金项目：本文为山西省哲学社会科学规划课题"晋商文化视域下山西影视与旅游产业的深度融合机制"（项目编号：2021YJ054）；山西省社会经济统计科研课题"从影视媒介到遗产廊道——长城国家文化公园山西段的文化形象呈现与传播策略研究"（项目编号：KY[2021]047）阶段性成果之一。

**作者简介：谭博（1987—），男，汉族，山西省太原市，山西财经大学文化旅游学院，讲师，博士，研究方向为电影产业经济、电影企业管理、电影艺术与文化产业，E-mail: tanbo@sxufe.edu.cn；徐璐（1988—），女，汉族，山西临汾，太原学院，中级讲师，硕士研究生，视觉传达设计方向，E-mail: lulu239@126.com；王牧川（2003—），男，汉族，山西省晋城市沁水县，山西财经大学文化旅游与新闻艺术学院，文化产业管理专业，本科生。

From Content Generation To System Ecology

——Research On The Digital Transformation And Innovation Path Of China's Film Industry

TAN Bo   XU Lu   WANG Mu-chuan

（School of Culture and Tourism，Shanxi University of Finance and Economics）

（Taiyuan University）

（School of Culture Tourism and Journalism Arts，Shanxi University of Finance and Economics）

Abstract：In the context of digital transformation，profound changes are taking place in the Chinese film industry. The expansion of The ability to construct domains has led to a restructuring of the discourse power of film as a means of communication，gradually transforming traditional film resources into digital assets，and promoting industry upgrading through the rational flow of elements. The development of big data，5G，and other infrastructure elements provides essential support for improving the efficiency of demand-driven film markets，and has given rise to a networked，platform-based，and self-organizing commercial ecosystem，integrating film creation，film assets，and industry structure into a 'community' within the Chinese film industry in the era of digital transformation. This article conducts research on various aspects of the Chinese film industry under digital transformation，including film creation，digital assets，market operations，and business model innovation，and offers prospects for the opportunities and challenges faced by the Chinese film industry in the digital economy era.

Keywords：Content Generation；Ecosystem Systems；Digital Transformation；Chinese Film；Innovation

一、引言

数字化技术从创作观念、手段、内容和形式等方面重新定义了中国电影产业的发展方式，使数字化的制作成为重构电影创作话语权的驱动力，为新时期电影产业的高质量发展提供新路径。经济学视域下的数字资产、新基建等正逐渐促进电影产业链的优化升级，带动了电影产业的内生性增长。数据驱动下的电影产业正逐渐从单向度市场转变为面向观众需求的互动市场，催生了具有自组织功能的平台化、网络化的商业生态系统。因为技术的进步正逐步渗透于电影产业的所有环节，所以当下的电影产业效率提升便不限于以资本和劳动作为投入变量的增长方式。Solow 提出了并将全要素生产率的提升归结为技术的进步[①]，数字化转型下的电影产业亦是如此。从电影创作的高质量发展到产业结构的优化升级再到市场运行效率提升，数字技术进步引发的全要素生产率提升已经成为引导新时期中国电影产业发展的新动能。要素合理性流动、知识溢出、商业模式创新等结果正在深刻地改变中国电影产业的底层逻辑，为创作哲学、产业结构与市场需求等带来新的发展空间。所以，本文将分别从电影创作的方式与话语权重构、技术赋能与产业优化、数据驱动与市场效率提升三个方面分析了数字化转型下的中国电影产业创新路径，并提出了数字化转型下的中国电影产业面临的机遇和挑战。

二、从场域建构到话语权重构——讲好中国故事，推进中国电影高质量发展

习近平总书记在2014年10月召开的文艺工作座谈会上强调：文艺创作必须把创作生产优秀作品作为文艺工作的中心环节。在2021年12月14日召开的中国文联十一大、中国作协十大开幕式上，习近平总书记也指出：科技发展、技术革新可以带来新的艺术表达和渲染方式，但艺术的丰盈始终有赖于生活。要正确运用新的技术、新的手段，激发创意灵感、丰富文化内涵、表达思想情感，使文艺创作呈现更有内涵、更有潜力的新境界。而如何正确处理新技术与电影本体之间的关系是创作和生产出优秀作品的关键，更是通过新技术构建电影场域、重构电影话语权进而讲好中国故事、增强文化自信的题中之义。

在数字经济时代背景下，新技术、新业态和新模式驱动着中国电影产业从高速发展向高质量发展转变。对电影本体而言，数字化对电影的影响是革命性与根本性

---

①ROBERT M SOLOW. Technical change and the aggregate production function[J]. The Review of Economics and Statistics，1957，39（3）.

的。在技术的影响下，电影艺术的含义发生了量变与质变①，也在一定程度上颠覆了巴赞"摄影影像本体"的电影美学体系②。而数字媒介视域下的电影随着信息传播方式的海量化与碎片化，日渐模糊了虚拟与现实的边界，重塑了电影的时空体验③。构成影像修辞的或本体的界面逐渐由胶片、银幕转向从固定到移动、从接收到互动、从集中到分散④。这种界面的转向是数字技术对传统电影界面的解构与重构，在电影的叙事层级、本体以及现实世界之间建构了可交互的信息接口⑤。而由这种数字影像形成的新的电影本体也通过创造虚拟世界的方式进一步使观众脱离于具体的世界中⑥，或言之游移于现实影像与数字影像之间。使电影变得可以是"虚拟的现实"亦可以为"虚拟的非现实"⑦，为创作者对现实真诚的关照提供了超越时空的方法。同时，在电影由数量增长向高质量发展的过程中，数字化的电影技术依然折射了现实世界的逻辑关系以及人们的价值追求，并且可以通过创造"想象的幻境"反应当下的社会精神风貌与价值体系，这也是麦茨"想象的能指"的进一步延伸。在这种意义上，数字化并未造成影像本体论的完全解体，而是通过超越传统胶片电影表达功能的限制，更好地将影像服务于情感的表达。

文艺创作是观念和手段相结合、内容和形式相融合的深度创新，是各种艺术要素和技术要素的集成，是胸怀和创意的对接。在当下的文艺创作中，如何跨越电影生产由数量到质量、由"高原"到"高峰"的阶段？作为方法和电影实践的数字化转型为新时期的电影创作高质量发展提供了新路径。以"新主流"电影为例，随着中国电影产业化发展程度的提升以及电影作为文化载体所具有历史的和现实的意义，商业电影、艺术电影和主旋律电影的边界日益模糊。主旋律、商业和平民意识⑧在主流商业与主流价值观⑨的张力下融合成为具有时代性与大众性的电影新形态。此时，数字技术便在"新主流"电影的创作过程中扮演了重要的角色。从《我和我的祖国》《我和我的家乡》到《我和我的父辈》，在宏大的历史背景下，无论是

---

① 游飞，蔡卫.电影新技术与后电影时代[J].当代电影，2000（4）.

② 余纪.数字化生存中的电影美学[J].文艺研究，2001（1）.

③ 陈刚.数字媒介生态下中国电影创作的媒介逻辑与影像结构[J].当代电影，2020（9）.

④ 孙绍谊，郑涵.数字新媒体时代的社会、文化与艺术转型[J].文艺研究，2012（12）.

⑤ 徐小棠.界面的消融：电影数字叙事的越界与电影类型[J].电影评介，2020（22）.

⑥ 蓝江.文本、影像与虚体：走向数字时代的游戏化生存[J].电影艺术，2021（5）.

⑦ 曹祎娜.虚拟中的真实：对数字化电影的再思考[J].世界电影，2015（5）.

⑧ 陈旭光.中国新主流电影的"空间生产"与文化消费[J].北京电影学院学报，2021（4）.

⑨ 尹鸿，梁君健.新主流电影论：主流价值与主流市场的合流[J].现代传播（中国传媒大学学报），2018，40（7）.

通过数字技术对于历史事件的重现或是数字声效对于场景的渲染，都增强了影片的现实表现力。而《流浪地球》中大量运用三维数字化的场景和增强现实技术将物理拍摄与计算机制作有机结合，成为中国科幻类型片发展的新技术标杆。此外，《金刚川》的非线性剪辑;《长津湖》CG特效使两部作为抗美援朝题材的代表影片在人物塑造方面更加立体、在战争场景再现方面更加接近真实，增强了沉重的历史题材与残酷的战争对塑造新时期爱国主义与民族情怀的表达功能。所以，数字技术为创作者提供了强大的工具，其功能不仅限于对故事的视觉化呈现，而且成为分析哪种叙事方式更为有效的重要手段[①]。不将技术流于形式，这也是"新主流"电影在近年来获得良好市场反应以及《上海堡垒》与《流浪地球》获得不同结果的深层原因。

所以，数字化与中国电影工业的深度嵌入是适应中国电影市场消费升级新趋势的结果，也是引领中国电影产业向创新的叙事方式转变的供给侧改革。从对电影场域的建构到中国电影话语权的重构，数字技术就像一把双刃剑，在形式和方法上解构了以摄影影像本体为代表的传统电影美学，但也为影片内容的呈现提供了更广阔的表达空间。这样的关系符合马克思主义唯物辩证法的对立统一规律。数字技术作为新时期电影艺术的形式，与中国当下的主流语境相辅相成。从这种意义上讲，数字技术作为电影形式其本身就是一种内容，通过数字化技术改进的叙事能力对于讲好中国故事，增强文化自信具有重要意义，是在中国电影的语境下将中国的发展优势转化为话语优势的时代表达。

三、从技术赋能到产业优化升级——开发数字资产，实现电影要素合理流动

"十四五"规划提出：要建立健全数据要素市场规则。随着数字技术对电影产业链嵌入程度的逐步提升，数字资产已逐渐成为电影产业优化升级的新动能。将影像呈现过程中的视觉与声音信息转化为可被数字化载体存储的电影创意资料是电影数字化的过程，但此过程并不构成电影数字资产化。可共享、可重复利用、可产生效益是电影数字资产的主要特征。以形式的构成角度看，电影数字资产可分为视觉资产与声音资产两类[②]。其中视觉资产包括可被重复使用与资源共享的场景三维模

① BEHRENS R, FOUTZ N Z, FRANKLIN M, et al. Leveraging analytics to produce compelling and profitable film content[J]. Journal of Cultural Economics, 2021, 45(4).

② 孙承健. 电影数字资产的联动效应及其产业价值和意义[J]. 当代电影, 2020(6).

型、动作捕捉与优化、CG角色与道具设计等，以及在数字化拍摄与制作过程中的系统流程；声音资产包括虚拟人声、自然声、音乐、音效以及可标准化的声音与视觉的协调方式。此外，在人工智能高速发展的当下，基于机器学习的自然语言处理技术已经使剧本创作成为可能[①]，进一步将电影数字资产的概念由创意要素扩展至创意系统。

一系列的电影数字资产的生发与协同共同构成了数字资产对电影价值效能提升的动力机制，同时，电影资产数字化的过程也离不开中国电影"新基建"的基础支撑。5G、大数据、增强现实等数字技术逐渐被应用于电影制作和全产业链的运营中，成为新时期中国电影产业发展的新动能。数字技术逐渐推动着中国电影产业新旧动能的转换，面对以技术创新为驱动、以信息网络为基础的数字化转型发展需要，电影"新基建"着力于由银幕数量增长向创作技术升级、电影版权保护与深度开发转变[②]。2021年春节档影片《刺杀小说家》作为我国第一部完整使用虚拟拍摄技术的影片，在获得良好市场反应的同时也是数字化技术应用于电影制作的积极探索。影片通过数据信息收集、动作捕捉与虚拟拍摄、现场拍摄与虚实结合拍摄、后期视效制作四个模块，建立起一套创新的数字化制作流程[③]。无论是影片通过数字化制作的数字生物建模、基于动作捕捉技术的算法或是整个数字化制作的流程，都形成了奇幻动作类影片的重要数字资产，是数字化转型时代下中国电影工业数字资产积累的亲历者与见证者。而在电影产业的"新基建"方面，以5G技术为例，高速率、低功耗、低延时的应用优势为相对独立的电影数字资产提供了超越时空限制的共享网络[④]，使电影创意资源在转换为数字资产的同时联动为具有创意生产和自组织能力的元数据网络。进而在数字资产的重复利用与共享过程中不断获得新的资产价值。此外，如区块链技术的应用将通过构建电影数字资产的去中心化数据库为电影数字资产共享提供开放性、独立性、安全性的交易机制。进一步完善电影数字资产的存储与保护，实现了电影数字资产的开发与利用过程中效率与安全性的平衡[⑤]，为下一步

① 赵海城，陈昌业.人工智能引发电影创作生产变革新浪潮[J].中国文艺评论，2019(11).

② 饶曙光."后疫情"时期，中国电影的发展动能与转型趋势[N].中国艺术报，2020-03-18(002).

③ 徐建.《刺杀小说家》：中国电影数字化工业流程的见证与实践[J].电影艺术，2021(2).

④ 解学芳，陈思函."5G+AI"技术群赋能数字文化产业：行业升维与高质量跃迁[J].出版广角，2021(3).

⑤ 朱岩，甘国华，邓迪，等.区块链关键技术中的安全性研究[J].信息安全研究，2016，2(12).

可能的电影数字资产交易提供了高效的场所与通路，也为电影知识产权保护提供可靠的技术保障。

经过近20年的产业化发展，中国电影产业发展取得了巨大进展。到2021年9月底，国内银幕数量已经突破8万块，居世界首位[①]。在获得巨大增量的同时，中国电影产业亟待由外部增量拉动转变为由内生性质量驱动的增长方式，从而进一步释放具有更高质量需求的市场存量。数字化的新技术为中国电影产业的优化升级提供了内生的发展动力，以数字化转型为方法、借助"新基建"建设中的信息化优势，中国电影产业将通过数字化转型开发并积累电影数字资产，形成资产联动机制。以作品质量提升作为电影产业供给侧改革的方向[②]，平衡电影要素资本与市场的关系，并逐渐形成以数字资产为代表的要素和理性流动的产业发展格局。将新基建的技术优势深度嵌入电影产业链中，在推进影片质量跃迁的道路上逐步实现中国电影产业的优化与升级。

四、从数据驱动到市场效率改进——改进服务质量，把握以人民为中心的创作导向

习近平总书记在2014年10月召开的文艺工作座谈会上强调：文艺创作要坚持以人民为中心的创作导向、文艺创作要紧跟时代发展、把握人民需求。互联网时代的数据信息已经逐渐成为中国电影产业实现数字化转型的重要资源，从影片创作到市场分析，为中国电影产业的效率提升提供了重要支持。

在数字化转型的经济背景下，新的消费群体与消费方式应运而生。年轻化、网络化等新群体的产生催生了电影市场消费方式由传统的影院观影向多媒介融合的方式转变，进而带动电影内容创作也向着时代的发展与观众需求的方向进步。大数据通过前馈的经验分析对包括观影习惯、文化选择偏好等进行结构化整理与计算[③]，降低了电影创作与观众之间的信息不对称性，进而形成了面向观众文化需求的创作方法，而不仅是量化分析在电影产业链中下游的支持系统。以好莱坞为代表的欧美电影制片行业开发出如Merlin、Cinelytics等人工智能系统，通过对剧本、演员、观众

---

① 刘阳.今年以来全国电影总票房已超400亿元 总票房和银幕数量居世界首位（新数据 新看点）[N].人民日报，2021-10-17（1）.

② 赵瑜，范静涵.中国电影的新基建、新业态与新发展："后疫情时代的影视业发展"研讨会综述[J].当代电影，2021（1）.

③ 兰岳云.大数据与电影的交互性研究[J].当代电影，2018（6）.

偏好等要素的分析，机遇"技术+电影"的底层逻辑建立了以市场为导向的影片预测系统①，实现了电影创作由主观判断向科学决策的转变。是面向经济收益的决策支持系统，也是以观众需求为导向的智能算法，更为不同类型影片的市场细分提供参考。所以，大数据时代的电影创作已经成为电影作为媒介的进行文化价值分享的电影思维。此外，以个性化创作为主要特征的用户生成内容（UGC）作为新的创作业态也将进一步促进大数据技术和大数据思维在电影创作中的应用②，在电影的叙事、影像、导演、表演、剪辑与声音要素中逐渐形成数据化生产网络③。面对海量的非结构化数据，电影创作应把握人民需求，以人民作为创作导向。使大数据的算法映射于反映社会发展和时代精神的内容中。将观众的文化需求纳入影片创作中，在受众权利不断放大并向产业链上游逆化的过程中不断满足观众的文化需求④，同时，以时代精神为创作主题，将大数据下的电影创作作为引导新时期先进文化价值生成与转播的重要途径。

在电影宣传和发行方面，大数据时代下的电影宣发已经蜕变为以"受众本位"为特征的新模式⑤。精准化、定制化、专业化和交互性的宣发策略越来越依赖于机器学习对于海量消费数据的统计学分析。依据影片特征的受众分析将潜在观众进行精确定位，在对影片进行市场细分的前提下构建符合目标群体特征的宣发策略，是降低影片与观众信息不对称性的重要方式，也让作为消费者的观众受到了充分重视⑥。以《头号玩家》为例，影片在确定了导演、游戏和原著粉丝的目标观众群体之后，于在线游戏社区Roblox发布了可与社群成员互动的虚拟现实重现、定制线索以及在社群中发布与影片相关的话题视频⑦。此外，基于观众搜索习惯、观影记录以及观看宣传短视频的停留时间等数据的系统性分析可以构建具有用户特征的"观众画像"，进而支持精准营销，降低观众的搜索成本。同时，也应对大数据时代下的精准营销保持审慎的态度，源自搜索平台、社交网络平台、线上票务平台和在线视频网站的

① 王伟，董斌. "机器绿灯系统"与"算法矩阵电影"：人工智能对电影制片业的影响[J]. 当代电影，2020（12）.

② 陈肃，詹庆生. 电影大数据：分众和定制时代的思维方式[J]. 当代电影，2014（6）：4-9.

③ 刘涛. 大数据思维与电影内容生产的数据化启示[J]. 当代电影，2014（6）：9-14.

④ 尹鸿，孙可佳. 后疫情时代下互动电影的机遇与展望[J]. 甘肃社会科学，2021（2）：65-72.

⑤ 周宾. 从"受众本位"的视角看大数据时代的电影营销[J]. 当代电影，2015（7）：188-191.

⑥ 李迅，王义之，杜思梦. 大数据对电影创意和内容管理的意义[J]. 当代电影，2014，221（8）：4-8.

⑦ 余吉安，秦敏，罗健，等. 电影精准营销的大数据基础：以《头号玩家》为例[J]. 文化艺术研究，2019，12（1）：8-16.

海量数据[①]在实施精准营销的过程中是否有碍于用户的整体体验和信息安全，也是大数据的两面性。所以，大数据条件下的电影营销应把握市场效率与发展质量的平衡，以满足人民需求作为技术应用的方向。

经济的发展带动了消费结构的改变。随着居民可支配收入的提升，消费结构的升级也进一步要求电影产业实施面向观众的市场效率提升与服务改进。经过20年的产业化发展，中国电影市场已经跻身世界电影前列，更成为后疫情时期引领全球电影产业复苏的重要增长极[②]。在消费结构升级的环境下，对产品质量与服务质量的改进越发重要。由以数量增长作为目标的粗放型增长向影片质量提升与观影体验改善的精细化发展转型的过程中，大数据既是对面向观众审美偏好的影片创作的供给侧改革，也是通过服务改进提升用户整体消费体验的有效工具。此外，通过大数据思维进行的企业流程再造，是将传统电影企业形象化的管理思维结构转化为离散化的经济活动，将制作场景、发行场景、放映场景以及观众的社会话题场景映射为离散化的信息节点，并在不同节点上重新审视以观众需求为导向的价值主张，进而将原本单向度的电影生产体系重构为以影片、环境、观众作为节点的网络化生产流程。

五、从"互联网+"到产业生态系统——打造协同网络，构建电影产业"共同体"

国家"十四五"规划提出，以数字化转型驱动生产方式、生活方式和治理方式的变革。在云计算、大数据、人工智能、虚拟现实与增强现实等数字经济的重点领域推进产业数组化转型。这些愿景也是中国电影产业在践行"十四五"规划中所提出的发展社会主义先进文化、提升国家文化软实力的现实路径，更是通过实施文化产业数字化战略，加快发展新型文化企业、文化业态、文化消费模式、壮大数字化电影产业，进而实现社会效益与经济效益相统一、健全现代文化产业体系和市场体系的必然要求。中国电影"十四五"规划将"电影科技能力显著增强"作为未来五年的主要目标，不仅是在关键领域的突破创新，也是技术升级下建设高水平电影市场体系的重要手段。其中，数字化转型下的电影产业在互联网技术的加持下也逐渐呈现出高度依赖和共生的特征。片方、发行商、院线作为电影价值链的实现主体，

---

① 刘锐.基于大数据视角的国产电影营销新特征[J].电影评介，2016（7）：104-106.

② 金太军，张桂岳，焦忠祝.论精神共同富裕的意义及实现途径：兼论物质共同富裕与精神共同富裕的辩证关系[J].唯实，1998（3）：18-20.

将观众、投资方、政府等利益相关者联系在一起，共同构成了资本要素流动以及创意价值循环的有机整体。进而逐渐形成具有自组织能力等生态系统。所以，面向数字化转型的中国电影产业在互联网思维下将逐渐由现存的链式产业结构转变为社会网络结构，多主体构成的网络化产业结构将原本垂直的分发结构在扁平化的协作关系中置于同一平台上。原本清晰的职能分离也将进一步模糊，取而代之的是以全产业链经营结构为核心节点和单一业务的专业化企业作为边缘节点的电影产业网络主体结构。其中，网络化的产业结构、互联网企业的平台能力以及面向观众需求的商业模式创新是推进中国电影在产业层面的数字化转型的关键。

首先，技术生产力与技术服务能力的结合是打造具有高制作水平、观影体验、运营监管与服务保障能力为一体的产业生态系统的关键路径。互联网、区块链技术等技术使构建具有自组织能力的电影产业平台商业系统成为可能，借助扁平化的平台商业系统，直线制的电影产业链将进化为具有去中心化特征的社会网络组织[①]，进而形成以创作团队为核心节点、发行部门为网络关系、院线企业作为网络边缘的"核心—边缘"结构。通过平台化的信息与资源互通，不同组织间实现了能力协同与资源共享，在方便内容创作与产业运营的同时，也为主管部门的监管与宏观调控提供科学决策的依据，使原本单向度的电影产业链式结构变为具有内生性增长动力与自我调控能力的产业生态组织。

其次，自2014年始，互联网企业从后端嵌入传统电影产业链，凭借资本和资源信息优势逐渐向产业链前端发展。互联网经济下的数字信息已然成为电影产业发展变革的重要资源。全产业链的发展方式随着互联网技术和数字化经济的到来而超越了以往规模经济与范围经济的增长范畴，资源要素的供给与需求在互联网技术的加持下实现了合理流动与配置，也为传统电影企业提供了转型发展的战略机遇。话语权力的下放与分散使过去单向的行业结构变成了双向的市场[②]。生产、消费和传播方式的改变促进了"结构洞"型企业在电影产业社会网络重要性的提升，催生了传统电影企业向"平台型"企业的转型。

最后，传统电影产业链中相对清晰的职能分离已经在数字化的发展过程中变得模糊。大部分发行商，尤其是互联网发行企业已经开始向产业链上游实行前向一体

---

① 赵益. 区块链·5G·物联网：去中心化思维下电影产业模式前瞻[J]. 当代电影，2020（10）：65-72.

② 王纯. 我国电影生产企业的主体分布、格局与问题：基于2005—2019年度院线市场票房排名前30位影片企业数据分析[J]. 当代电影，2021（3）：87-93.

化战略，参与或主导电影内容制作[①]。影片项目的成功不仅取决于故事、导演、演员、镜头艺术等一系列独立元素，也与各要素的组合与化学反应息息相关[②]。数字化转型为创意要素的组合提供了"科学"的工具[③]。例如，通过对流媒体平台用户的观看习惯进行分析，可以为制片人提供系列影片的创意改进思路，进而实现创意要素的组合与用户需求的一致性。所以，数字化能力为 Amazon Prime 和 Netflix 等流媒体平台的资源整合提供了重要的竞争优势，为构建资源协同的电影商业生态系统打造了要素的流动性平台。

所以，以影片为价值集合，系统中的组织互利共存、资源共享，共同维持电影生态系统等延续和发展，是形成电影生态系统"命运共同体"的组织保障。一方面，相对松散的成员关系有助于要素的合理性流动以及资源的高效利用，进而激发电影产业内的创新行为。另一方面，利益攸关的成员结构也在一定程度上规范和约束了电影企业与个人的行为，为保持生态系统健康而形成系统内参与者的文化自觉行为。此外，拥有自组织能力与柔性结构的生态系统也为电影产业健康发展提供了"自净能力"，通过舆情监督、大数据分析、新媒体传播等方式逐渐完善电影生态系统，避免不顾创作质量的恶性竞争，逐渐形成具有正确文化价值导向的、健康行业环境的、合作共赢的电影产业发展态势。

六、破坏式创新或渐进式改革——坚持守正创新，践行手段为内容服务

习近平总书记在2021年12月14日召开的中国文联十一大、中国作协十大开幕式上的讲话中指出："今天，各种艺术门类互融互通，各种表现形式交叉融合，互联网、大数据、人工智能等催生了文艺形式创新，拓宽了文艺空间。我们必须明白一个道理，一切创作技巧和手段都是为内容服务的。"[④]所以，习近平总书记提出的描

---

① HENNIG-THURAU T，RAVID S A，SORENSON O. The Economics of Filmed Entertainment in the Digital Era. [J]. Journal of Cultural Economics，2021，45（2）：157–170.

② DE VANY A，WALLS W D. Bose–Einstein dynamics and adaptive contracting in the motion picture industry. [J]. Economic Journal.1996，106（439）：1493–1514.

③ BEHRENS R，FOUTZ N Z，FRANKLIN M，et al. Leveraging analytics to produce compelling and profitable film content[J]. Journal of Cultural Economics，2021，45（2）：171-211.

④ 习近平．在中国文联十一大、中国作协十大开幕式上的讲话（2021年12月14日）[N]. 人民日报，2021-12-15（2）．

绘新时代新征程、坚守人民立场、坚持守正创新、讲好中国故事以及坚持弘扬正道的五点希望，是我们面对数字化转型给中国电影产业带来的机遇和挑战时应当始终坚持的发展方向。

面对数字化带来的技术进步，是被动适应还是主动拥抱，对中国电影产业而言是一个亟待解决的问题。如前文所述，技术的进步为电影创作、资产、市场和商业模式带来了新的增长机遇。从话语体系的重构到产业体系升级再到生态系统建构，为传统电影产业链的全过程变革提供了大量创新方案。但我们也应清楚地认识到，数字化转型下的电影产业发展在拥有巨大增长潜力的同时也存在一些问题。

在产业链上游的电影创作方面，数字技术为电影创作者带来了更多的机会和创意空间，例如虚拟现实技术 VR、交互式叙事、大数据的市场分析以及基于机器学习的剧本创作等。自 2015 年前后，虚拟现实技术 VR 开始出现在电影制作直到今天，其发展的现状并不尽如人意。清晰度的提升、眩晕感与沉浸感的权衡、传统剪辑方式与观众感动能力的调动、跨越限制等景别选择对影像叙事功能和视听语言的挑战等都是虚拟现实技术 VR 需要解决的问题。一方面，对技术等积极探索有助于增强作品表现力，但技术吸收并非对于传统的完全颠覆。所以，电影从业者与学者应当尝试找到新的方法利用这项技术来创造价值。"影游融合"的方法值得探索，无论是"身体介入影像"的游戏化电影[1]；还是在游戏体验中越来越多的视听语言逻辑，都体现了数字化转型下二者边界的日渐模糊。其根本原因仍在于数字时代下消费者需求的变化，即对于电影参与性和交互性的需求以及对于游戏故事性和可看性的需求提升。对电影产业而言，这也引发了关于数字时代电影身份危机的讨论[2]。同时，针对海量数据的机器学习，由于数据库的选取或算法算力的差异也使机器学习和其他形式的数据分析存在着算法偏见（Algorithmic bias），进而影响到如流媒体点播推荐、市场细分甚至公司战略。

数字化转型下的影院作为电影产业链的下游，在此过程中也面临着巨大的挑战。传统线下影院的市场份额正逐渐被视频点播或互联网订阅平台所稀释。随着放映渠道的扩充，"窗口期"之于传统影院排他性的保护功能已日渐式微，随之而来

---

① 陈旭光，张明浩. 论后疫情时代"影游融合"电影的新机遇与新空间 [J]. 电影艺术，2020（4）：149-154.

② 孙承健. 被数字视觉化了的世界：虚拟制作时代电影的身份危机 [J]. 电影艺术，2021（5）：128-135.

的是影院可获利时间的缩短以及观众的分流[①]。美国影院业主协会（NATO）的数据显示：1997年至2019年期间，影片在传统影院放映的平均"窗口期"已从最初的23.14周下降至12.29周[②]。且由于2019年新冠肺炎疫情的影响，大量传统制片企业开始拓展其线上业务，尝试线上发行，以至于学术界提出"非院线电影"的概念[③]，并指出了流媒体平台等新业态对传统线下影院的冲击[④]。这预示着相对稳定的产业链结构将被多样化的放映形式所打破。所以，在这种趋势与不确定环境的影响下，院线的概念也随着互联网媒体与移动终端的出现而变得更加宽泛，传统意义的电影院在未来的发展趋势下还会逐渐成为一个利基市场，服务于某些特定观影需求群体或者某种特定类型影片[⑤]。从数据驱动下的商业模式上看，以NETFLIX为代表的流媒体平台已经将用户行为数据视为战略资产，且使用这些数据将其内容与观众偏好进行更好的匹配。但是在传统影院的经营过程中，包括观众流量、观影偏好、用户忠实程度、卖品销售等细粒度数据等仅作为描述性统计的绩效评价方法，而并未用于数据驱动下的科学决策系统的建立，进而服务于影院管理创新。所以，数字化转型下的影院行业可能由于利基市场的影响逐渐聚焦于三个核心要素：（1）独特的视听体验；（2）共同消费与社交空间；（3）点播平台与流媒体无法替代的物理设施条件。

相较于制作和发行环节，数字化转型对影院的影像可称为"破坏式创新"，这种转型不仅依赖于影院行业的服务体验改善、商业模式创新，也与产业链上游在数字化转型条件下的发展方向有关，如制片行业是否更多生产奇观化视听体验更高的影片、发行方对传统线下影院在未来产业发展中的预期等。所以，数字化转型下的产业联动也是为电影产业整体创造新机遇的重要手段。此外，信息安全、数字化盗版与电影版权保护，也为数字化转型下的电影产业创新提出了更多挑战。

---

① 张志平，高福安. 媒介融合背景下传统影院发展的挑战与机遇[J]. 中国电影市场，2021（12）：34-40.

② https://www.natoonline.org/wp-content/uploads/2019/09/Major-Studio-Release-Window-Averages-8_28_19.pdf.

③ 黄兆杰. 超越"非院线电影"：网络视频的逻辑[J]. 电影艺术，2020（4）：8-13.

④ 马瑞青. 美国流媒体平台与非院线电影的兴起和冲击[J]. 电影艺术，2020（4）：14-21.

⑤ WEINBERG C B，OTTEN C，ORBACH B，et al. Technological change and managerial challenges in the movie theater industry[J]. Journal of Cultural Economics，2021，45（6）：239-262.

七、结语

在这场面向技术革命的适应性变革中，中国电影产业的发展仍存在许多不确定性。一系列的创作革新、商业模式创新和数字化实践，在技术与艺术此消彼长的张力下推进了电影产业不断进步。包括电影全产业链在数字化转型背景下的机会与风险需要得到科学决策的支持。面向观众感知与观影习惯的转型、面向创作与叙事的方法革新、面向市场的组织重构等创新行为都需要在数字技术与电影艺术的关系中进行观念的重构。电影人才档案的数字标准化、创作素材的数字资产化、创意资源的数字共享化、服务改进的智能化、管理流程的科学化、数据可更新与流程的持续改进、版权保护的封闭化管控、市场分析与决策的科学化、受众分析的可视化等一系列数字化管理创新，是推进电影产业数字化转型以及构建具有可持续创新能力的自组织产业结构的重要手段。此外，数字人文对电影产业研究范式的改变、数字化转型下的人才培养与社会需求的能力对接等也为中国电影产业的数字化转型提供了高质量发展的内生型动力。但作为电影产业发展过程中影响最为深远的一场创新，不论影像本体的美学体系是否被数字化的创作语言颠覆，人们对于电影的渴望和期待依然且将持续下去。

数字化水平对文化企业绩效的影响研究

张睿　李雪飞[*]

（对外经济贸易大学政府管理学院）

摘要： 新一轮的技术革命正在席卷全球，现代社会已正式进入数字经济时代。国家在"十四五"规划纲要中将"建设数字中国"单独成篇，在顶层设计中明确了数字化转型的战略定位。本文以2012—2020年沪深A股上市公司文化、体育和娱乐业板块的企业为研究样本，实证检验了数字化水平对文化企业绩效的影响。研究发现，数字化水平对文化企业的财务绩效和市场绩效都有显著的提升作用，其中对非国有企业和小规模企业财务绩效的促进作用更强。本文的研究为理解文化企业数字化提供了新的实证证据，并为文化企业如何合理进行数字化转型、政府如何制定引导政策提供了参考，具有一定的理论和现实意义。

关键词： 数字化转型；文化企业；企业绩效

---

*作者简介：张睿（2002—），女，汉族，对外经济贸易大学政府管理学院本科生，研究方向为文化产业管理；李雪飞（1989—），男，汉族，山东莱芜人，对外经济贸易大学政府管理学院副教授，美国俄亥俄州立大学哲学博士，研究方向为文化经济和文化政策，E-mail: xuefei.li@hotmail.com。

Research on the influence of digitalization level on the performance of cultural enterprises

ZHANG Rui　Li Xue-fei

（School of Government，University of International Business and Economics）

Abstract：A new round of technological revolution is sweeping the world，and modern society has entered the era of digital economy. China has made "Building Digital China" a separate chapter in the outline of the 14th Five-Year Plan，and clearly defined the strategic position of digital transformation in the top-level design. This paper empirically examines the impact of digitalization on the performance of cultural enterprises by using the culture，sports and entertainment sector of A-share listed companies from 2012 to 2020 as the research sample. It finds that the level of digitization has a significant effect on the financial and market performance of cultural enterprises，with a stronger contribution to the financial performance of non-state-owned enterprises and small-scale enterprises. The research in this paper provides new empirical evidence for understanding the digitization of cultural enterprises，and provides references for how cultural enterprises can reasonably carry out digital transformation and how the government can formulate guiding policies.

Keywords：Digital Transformation；Cultural Enterprise；Corporate Performance

一、引言

随着大数据、区块链、云计算、人工智能等数字技术的迅速发展，现代社会已迈入数字经济时代。根据中国信通院所发布的《中国数字经济发展白皮书（2022年）》，我国数字经济规模在2021年已达45.5万亿元，数字经济年均增速为15.9%，显著高于同期的GDP平均增速。这说明数字经济在国民经济中占据重要地位，已成为促进我国经济高质量发展的关键力量[1]。在国家"建设数字中国"的战略指导下，

---

[1] 中国信息通信研究院.中国数字经济发展报告[R/OL].（2022-07-08）. http://www.caict. ac.cn/ kxyj/qwfb/bps/202207/ t20220708_405627.htm.

近年来例如双循环、"十四五"规划等政策不断深化了数字化转型在激活企业发展潜能、推动行业创新和实现可持续高质量发展方面的重要作用。埃森哲发布的《2022中国企业数字化转型指数研究》指出，近六成受访的企业表示未来1~2年将加大数字化投资力度，数字化转型已成为企业应对具有高度不确定性的外部环境的"必选题"，引起了学界与实践界的广泛关注[①]。

关于企业数字化转型的现有研究大多集中在制造业，如戚聿东和肖旭（2020）、赵宸宇（2021）和白福萍等（2022）的研究。近年来，党中央高度重视文化产业的发展，在数字经济的背景下，文化和旅游部大力支持数字文化产业的发展，计划培育出一批具有核心竞争力的大型数字文化企业。与制造业不同，文化企业往往拥有一定的数字化基础，数字化对文化企业的影响很可能与其他行业不同。因此，本文将在现有研究的基础上，从文化企业的方面进一步深化对数字化转型影响的认识。

本文的研究贡献：第一，从文化企业的角度进一步验证了数字化水平对企业绩效的影响，提供了新的实证证据。第二，通过分析本文的研究结论，可以为文化企业如何合理进行数字化提供建议，对促进文化产业与数字经济和实体经济融合发展[②]、推进文化产业数字化具有重要意义。

二、文献综述与研究假设

（一）数字化转型的定义

近年来，数字化已经逐渐成为全球技术变革的核心战略方向（陈冬梅 等，2020），在此背景下，越来越多的企业开始进行数字化转型。严子淳等（2021）将数字化转型的演进过程分为三个阶段：萌芽期——数字技术的创新发展（1998—2002年）、发展期——基于数字技术的产业发展（2003—2014年）以及高速增长期——产业与数字化融合发展（2015年至今）。目前，学者对数字化转型的概念界定还缺乏共识，不同的定义之间存在巨大的差异（Vial，2019），不存在一个被普遍认同的定义。总结来看，学者对数字化转型的概念界定主要侧重于技术的应用和由技术升

---

① 埃森哲.数字化转型：可持续的进化历程[R/OL].（2022-10-28）. https://www.accenture.cn/content/dam/accenture/final/markets/growth-markets/document/Accenture-China-Digital-Transformation-Index-Report. pdf#zoom=50.

② 文化和旅游部.文化和旅游部关于推动数字文化产业高质量发展的意见.[R/OL].（2021-01-20）. http://www.gov.cn/gongbao/ content/2021/content_5581079.htm.

级引发的变革两个角度。

大部分学者在对数字化转型进行定义时，会提及数字技术的发展以及不同主体如何应用数字技术，可见数字技术是数字化转型的基础，具有战略性价值（曾德麟等，2021）。如Li等（2018）认为，数字化转型强调了数字技术对组织结构、惯例、信息流以及适应数字技术的组织能力的影响。

在数字化转型所带来的变革方面，大部分学者认为数字化转型会推动企业内部管理模式的一系列变革（戚聿东、肖旭，2020）。Hess等（2016）提出数字化转型是指数字技术能够给公司的商业模式带来变化，这些变化会改变产品和组织结构，或者实现业务流程的自动化，从而导致整个商业模式的改变。吴江等（2021）认为，企业在数字化转型过程中利用信息、计算、沟通和连接技术的组合，将会重构企业的产品与服务、业务流程、组织结构、商业模式等。

同时，学者关注到数字化转型也给组织层面带来了变革。Vial（2019）提出，数字技术使得企业的运营环境日益复杂，这一新的现实为组织的创新和绩效提供了巨大的潜力，并且超越了组织的界限，影响到个人、行业和社会。曾德麟等（2021）通过对101篇文献的梳理与总结，将数字化转型定义为：以数字化技术、数字化产品和数字化平台的基础设施为支撑点，进而引发产业、组织、个人等多个层面的变革。并且提出数字化过程对组织既有积极影响，也有消极影响。

（二）数字化对企业绩效的影响研究

在组织层面，现有研究多关注数字化转型对企业绩效的影响。部分学者用数字化对企业绩效的影响来定义数字化转型，如Westerman等（2011）将数字化转型定义为利用技术从根本上提高企业的绩效或者影响力，Bekkhus（2016）认为，数字化转型是利用数字技术从根本上改善企业的绩效。白福萍等（2022）通过实证研究，发现数字化转型可以显著提高制造业企业绩效。

但同时也有学者发现，数字化并不能显著提升企业的绩效。Hajli等（2015）发现，数字化转型的正向影响仅对部分企业成立，另一部分企业并未从中获益。这是因为数字化转型需要对技术、人才、基础设施等进行大量投资，同时也会给企业原有的业务流程带来挑战。戚聿东和蔡呈伟（2020）通过实证研究发现，企业在进行数字化转型时，促进商业模式创新的同时增加了管理费用，这两种中介效应相互抵消，导致数字化程度对企业绩效没有显著影响。黄节根等（2021）通过面板门限回归发现，数字化水平对企业创新绩效的影响具有显著的行业差异，其中传播与文化业呈现门限收敛效应，即进一步加大数字化投入很可能会对这些企业的创新绩效带来负面影响。

（三）研究假设

数字化的影响能够通过不同的方式辐射到企业运营的各个环节，对生产、销售、研发等环节实现全方位赋能，最终提升企业的财务绩效（白福萍 等，2022）。在生产环节，数字化转型可以帮助企业自动化和优化流程，提高生产效率和质量。例如，使用自动化系统和机器人可以降低生产成本和错误率，从而提高生产速度和精度，对企业绩效产生积极影响。

数字化转型帮助企业能够更好地收集、存储和分析数据，从而更准确地预测市场趋势、消费者需求和业务机会。这使企业能够更快地做出决策，更好地进行战略规划。胡青（2020）认为在数字化转型过程中，企业会利用数字技术，对现有的产品与服务进行数字化改造，或者使企业更快地发现新的商业机会和市场趋势，从而开发出更具创新性和差异化的产品与服务，解决客户需求的长尾现象，进一步拓展基于数字平台的商业模式，从而提高企业绩效。

进一步分析，对文化企业来说，数字化转型能够帮助文化企业探索新的商业模式和收入来源。例如，数字内容和体验可以通过订阅模式、按次付费模式或广告模式等来实现货币化。数字技术可以帮助文化企业接触到更多的目标客户，并为他们的产品、服务和内容提供更多的展示和交易的机会。线上平台和虚拟现实技术等可以使文化企业向全球观众展示他们的藏品和展览，并提供虚拟参观和互动体验以提高客户参与度。数字技术可以帮助文化企业更好地与客户交流、收到更多有效反馈以了解客户需求，进而改善客户体验、提高客户忠诚度和绩效。例如，社交媒体、移动端应用程序和其他数字平台可以使文化企业在客户参观之前、期间和之后与他们联系，进而创造更多个性化和沉浸式的体验。综上所述，本文提出假设一：

H1：数字化水平与文化企业的财务绩效正相关。

吴非等（2021）认为，企业数字化转型可以有效改善信息不对称的问题，增强市场的积极预期。并且数字化转型正在成为新发展阶段的社会建设热点，正在进行数字化转型的企业往往会向外界释放出积极信号，市场投资者对于这部分企业往往会有较高的预期。基于此，提出本文的第二个假设：

H2：数字化水平与文化企业的市场绩效正相关。

此外，在我国的资本市场上，国有企业和非国有企业的资源与治理均存在显著的差异（宋常　等，2020）。国有企业一般会积极响应国家号召，实施数字化转型战略，具有较高的数字化水平。同时，进行数字化转型需要对基础设施、数字技术、人才等进行大量的投资，因此数字化水平对不同规模的企业产生的影响也可能不同。为了进一步的研究，本文提出假设三：

H3：数字化水平对不同产权性质、规模的文化企业的影响存在差异。

三、研究设计

（一）数据来源

本文选择2012—2020年沪深A股上市公司文化、体育和娱乐业板块企业的相关数据作为初始研究样本，并对数据进行如下处理：（1）剔除ST和ST*的企业；（2）剔除数据缺失严重的企业。样本企业的财务状况数据与公司治理数据均下载自CSMAR数据库，部分缺失的数据通过Wind数据库进行补充。主要使用Excel以及Stata软件进行数据的整理与分析。

在研究期间的选择方面：第一，国家从2012年开始，颁布了一系列以科技导向的政策，初步建立了数字技术研发和支持机制，并推动了数字技术的实际应用（何帆　等，2019）。受到政策影响，部分企业开始深入探索数字技术，为企业的数字化转型奠定了基础。第二，考虑到数据的可得性，研究期间截至2020年。

（二）变量说明

在被解释变量方面，本文选择财务绩效和市场绩效两个变量来衡量企业财务表现与市场表现。在核心解释变量的测量方面，本文参考张永珅等（2021）与黄节根等（2021）的实证研究中采用的方法，筛选上市公司财务报表附注中所披露的年末无形资产明细中与数字化转型相关的部分，并计算其占期末无形资产总额的比例（DIG）来度量企业的数字化水平。

在控制变量的选择方面，本文参考了何帆和刘红霞（2019）以及张吉昌和龙静（2022）的研究，控制了以下变量，包括上市年限（Age）、产权性质（SOE）、流动资产周转率（Liq）、企业营收规模（Size）、权益乘数（Stock）、股东集中度（SD）、董事会独立性（Dir）和两职合一（Dual）。为了控制年份固定效应，本文还设置了年度虚拟变量。对本文所有变量的详细说明见表1。

表 1 变量说明

变量性质	名称	符号	定义
被解释变量	财务绩效	ROA	资产收益率
	市场绩效	PE	市盈率（股票价格/每股盈利）
核心解释变量	数字化水平	DIG	企业无形资产中构建数字化资源的比例，来源于财务报表附注中筛选与手工计算
控制变量	上市年限	Age	企业上市的年限
	产权性质	SOE	国有企业为1，否则为0
	流动资产周转率	Liq	主营业务收入净额/平均流动资产总额
	企业营收规模	Size	期末总资产取对数
	权益乘数	Stock	资产总计/所有者权益合计
	股权集中度	SD	第一大股东持股比例
	董事会独立性	Dir	独立董事人数和董事会总人数的比例
	两职合一	Dual	董事长和总经理是同一人为1，否则为0

（三）模型设定

根据研究假设，为检验文化企业数字化水平与财务绩效之间的关系，本文设定模型（1）：

$$ROA_{i,t} = \alpha_0 + \alpha_1 DIG_{i,t} + \sum \gamma Controls_{i,t} + \sum year + u_{i,t}$$

为检验文化企业数字化水平与市场绩效之间的关系，本文设定模型（2）：

$$PE_{i,t} = \beta_0 + \beta_1 DIG_{i,t} + \sum \delta Controls_{i,t} + \sum year + d_i + \varepsilon_{i,t}$$

此外，本文利用企业的产权性质以及企业规模对样本进行分组，分别进行回归分析以探究数字化对文化企业绩效影响的异质性。

四、实证结果及分析

（一）描述性统计分析

变量的描述性统计情况见表2。解释变量数字化水平（DIG）的均值为22.6%，说明样本文化企业的无形资产中用于构建数字化资源的部分约占22.6%。张永珅等（2021）的研究中以所有上市公司为样本，得出数字化水平的均值为11.7%，这说明文化企业具有一定的数字化优势。此外，本文主要控制变量的均值与现有文献基本保持一致。

表 2 主要变量的描述性统计

变量	样本数	平均值	标准差	最小值	最大值
ROA	288	0.0618	0.0295	0.00366	0.144
PE	288	55.75	89.10	4.610	867.2
DIG	288	0.226	0.331	0	1
SD	288	44.58	20.01	7.140	80.35
Age	288	1.985	0.962	0	3.258
Stock	288	1.602	0.611	1.034	6.964
Liq	288	0.851	0.435	0.147	3.102
Dir	288	36.70	4.201	20	60
SOE	288	0.590	0.493	0	1
Size	288	22.41	0.912	19.16	23.97
Dual	288	0.198	0.399	0	1

（二）多重共线性诊断

由表3可知，本文采用的解释变量与控制变量的方差膨胀因子（VIF）均值为1.39，且均在2.0以内，说明不存在多重共线性问题，可以对样本数据进行回归分析。

表 3 方差膨胀因子

变量	VIF	1/VIF
SD	1.760	0.567
Age	1.700	0.588
SOE	1.590	0.627
Dual	1.540	0.650
DTI	1.510	0.662
Size	1.320	0.759
Stock	1.210	0.825
Liq	1.140	0.874
DIG	1.080	0.928
Dir	1.040	0.965
Mean	VIF	1.390

（三）回归结果分析

1.数字化水平对财务绩效的影响

F检验和豪斯曼检验的结果显示，随机效应模型更适合样本数据。回归结果表明，数字化水平对文化企业财务绩效的影响在10%的置信水平下显著为正，本文的H1得到验证。此外在控制变量组中，权益乘数越高企业的财务绩效越差、国有企业的财务绩效表现更差，这与以往一些研究的结论一致（见表4）。

表4　数字化水平对财务绩效的影响回归结果

变量	混合回归 ROA	固定效应 ROA	随机效应 ROA
DIG	0.006 （0.005）	0.011 （0.007）	0.010* （0.006）
SD	0.000*** （0.000）	0.001*** （0.000）	0.001*** （0.000）
Age	−0.004* （0.002）	0.002 （0.006）	−0.002 （0.003）
Stock	−0.013*** （0.003）	−0.009*** （0.003）	−0.011*** （0.003）
Liq	0.005 （0.004）	0.015** （0.006）	0.007 （0.004）
Size	0.005** （0.002）	0.002 （0.004）	0.002 （0.002）
Dir	−0.001** （0.000）	−0.001*** （0.000）	−0.001** （0.000）
SOE	−0.018*** （0.004）	0.016 （0.011）	−0.013** （0.005）
Dual	−0.009** （0.005）	−0.008 （0.006）	−0.008 （0.005）
年份	Yes	Yes	Yes
_cons	0.007 （0.043）	0.009 （0.087）	0.047 （0.054）
N	288.000	288.000	288.000
R^2	0.305	0.219	0.177

注：括号内数值为标准误，* $p < 0.1$，** $p < 0.05$，*** $p < 0.01$。

2. 数字化水平对市场绩效的影响

此部分样本数据通过了F检验和豪斯曼检验，因此选择固定效应模型。回归结果显示模型总体上显著，数字化水平对文化企业市场绩效的影响在10%的置信水平下显著为正，本文的H2得到验证（见表5）。

表5 数字化水平对市场绩效的影响回归结果

变量	混合回归 PE	固定效应 PE	随机效应 PE
DIG	−3.416 (14.145)	41.090* (22.401)	17.368 (17.374)
SD	−0.648** (0.303)	−0.776 (0.825)	−0.530 (0.424)
Age	−0.956 (5.856)	−12.282 (17.550)	2.253 (8.101)
Stock	8.038 (8.036)	18.791* (10.335)	12.871 (8.768)
Liq	−15.715 (10.952)	−29.979* (18.079)	−15.985 (13.014)
Size	−28.324*** (5.699)	−49.900*** (12.046)	−33.407*** (7.418)
Dir	1.407 (1.087)	−0.024 (1.356)	0.742 (1.171)
SOE	20.847* (11.386)	12.309 (36.404)	18.912 (16.228)
Dual	28.009** (13.628)	45.924** (20.399)	29.981* (16.277)
年份	Yes	Yes	Yes
_cons	621.173*** (126.945)	1146.881*** (275.080)	732.970*** (163.477)
N	288.000	288.000	288.000
R^2	0.333	0.312	0.290

注：括号内数值为标准误，$*p<0.1$，$**p<0.05$，$***p<0.01$。

（四）异质性检验

1. 产权性质的影响

表6中的结果显示，在非国有企业组中，数字化水平对文化企业的财务绩效（ROA）具有显著的促进作用，而国有企业组的回归系数未通过统计显著性检验。在

数字化水平对市场绩效（PE）的影响方面，国有企业与非国有企业之间没有表现出明显的差异性。本文认为，非国有企业往往比国有企业更晚开始数字化转型，因此，大部分非国有企业仍处于数字化的初级阶段，此阶段适当的投入会给企业绩效带来显著的正向影响。然而数字化转型是一个长期过程，大部分国有企业的转型已经进入分水岭，持续发展需要突破更多技术与其他现有业务流程协同发展的难题。此外，国有企业虽然具有一定的资源优势，但国有企业的决策过程往往会受到政府等利益相关者的限制与影响，这导致国有企业无法充分发挥数字化快速获取信息、把握市场动向的优势。

表 6　产权性质差异性检验

变量	SOE=1 ROA	SOE=0 ROA	SOE=1 PE	SOE=0 PE
DIG	−0.018 (0.015)	0.021** (0.010)	27.929 (31.492)	51.472 (37.038)
SD	0.001*** (0.000)	0.001 (0.001)	−0.460 (0.558)	−2.204 (3.185)
Age	0.006 (0.006)	−0.005 (0.011)	4.950 (12.673)	−42.054 (43.049)
Stock	−0.007 (0.005)	−0.010 (0.008)	5.779 (9.193)	65.598** (29.656)
Liq	0.018*** (0.007)	0.014 (0.015)	−40.734*** (14.009)	67.754 (55.525)
Size	0.009 (0.006)	−0.007 (0.010)	−48.424*** (11.382)	−79.870** (37.723)
SOE	0.000 (．)	0.000 (．)	0.000 (．)	0.000 (．)
Dir	−0.001** (0.000)	−0.002 (0.001)	0.444 (0.948)	−3.438 (5.011)
Dual	0.001 (0.011)	−0.009 (0.010)	10.109 (21.564)	68.657* (37.673)
年份	Yes	Yes	Yes	Yes
_cons	−0.150 (0.126)	0.267 (0.211)	1123.409*** (257.404)	1820.548** (801.893)
N	170.000	118.000	170.000	118.000
R^2	0.280	0.301	0.379	0.442

注：括号内数值为标准误，* $p<0.1$，** $p<0.05$，*** $p<0.01$。

2. 企业规模的影响

本文借助企业规模（Size）的平均数将样本分为两组进行检验，实证结果显示，数字化水平对规模较小文化企业的财务绩效有显著的促进作用。在数字化水平对市场绩效（PE）的影响方面，不同规模的企业之间没有表现出明显的差异性（见表7）。

表 7 企业规模差异性检验

变量	小规模 ROA	大规模 ROA	小规模 PE	大规模 PE
DIG	0.014* （0.008）	−0.001 （0.008）	66.203 （42.761）	−26.267 （17.178）
SD	0.000* （0.000）	0.000*** （0.000）	1.498 （2.502）	−0.345 （0.527）
Age	−0.004 （0.004）	−0.004 （0.003）	−15.670 （32.464）	−6.334 （11.722）
Stock	−0.008* （0.004）	−0.021*** （0.005）	44.695 （35.212）	7.719 （12.175）
Liq	0.005 （0.007）	0.008* （0.005）	40.526 （45.810）	−20.061* （11.646）
SOE	−0.019** （0.008）	−0.011* （0.006）	53.840 （82.763）	−25.534 （22.790）
Dir	−0.001** （0.001）	−0.001 （0.001）	2.598 （2.752）	−0.523 （0.852）
Size	0.007 （0.005）	0.008 （0.006）	−90.918*** （28.693）	−24.064 （18.743）
Dual	−0.012 （0.007）	0.002 （0.009）	102.584** （40.771）	−13.613 （21.632）
年份	Yes	Yes	Yes	Yes
_cons	−0.042 （0.102）	−0.073 （0.145）	1650.571** （642.741）	651.764 （430.847）
N	145.000	143.000	145.000	143.000
R^2	0.2745	0.0932	0.493	0.295

注：括号内数值为标准误，* $p < 0.1$，** $p < 0.05$，*** $p < 0.01$。

（五）稳健性检验

本文的稳健性检验通过改变样本容量来完成。考虑到新冠病毒对经济带来的冲击的影响，在疫情暴发后可能有更多的企业加大数字化投入，以应对具有高度不确定性的外部环境。因此，本文剔除2019年后的样本数据进行稳健性检验。表8显示，数字化水平对文化企业市场绩效和财务绩效的影响仍然显著为正，与上文的结果保持一致，说明本文的研究结果具有较好的稳健性。

表 8　稳健性检验

变量	（1）	（2）
	ROA	PE
DIG	0.013**	40.719*
	（0.006）	（23.478）
SD	0.000***	−0.815
	（0.000）	（0.888）
Age	−0.002	−7.565
	（0.003）	（19.927）
Stock	−0.011***	17.824*
	（0.003）	（10.600）
Liq	0.008*	−32.354*
	（0.004）	（19.014）
Size	0.001	−56.879***
	（0.003）	（12.735）
Dir	−0.001**	0.322
	（0.000）	（1.433）
SOE	−0.012**	13.291
	（0.006）	（37.498）
Dual	−0.008	56.422**
	（0.006）	（23.876）
年份	Yes	Yes
_cons	0.067	1281.116***
	（0.056）	（290.340）
N	264.000	264.000
R^2	0.190	0.324

注：括号内数值为标准误，* $p < 0.1$，** $p < 0.05$，*** $p < 0.01$。

五、结论

本文就数字化水平对文化企业绩效的影响展开研究，以2012—2020年沪深A股上市公司文化、体育和娱乐业板块的企业为研究样本，实证检验了数字化水平对文化企业绩效的影响。主要得到了以下研究结论：

第一，数字化水平对文化企业的财务绩效有提升作用。此外，这种影响在企业具有不同特征时有着显著的差异性:数字化水平对非国有企业与规模较小企业的财务绩效有更加显著的促进作用。第二,数字化水平的提升可以有效改善信息不对称的问题,提高市场积极预期,有助于提升文化企业的市场绩效。并且数字化水平对市场绩效的影响在不同类型的企业中没有表现出显著的差异。

基于以上结论,本文提出如下政策启示:第一,政府应出台配套政策支持和引导企业进行数字化转型。当前,公共卫生事件与百年变局交织,世界进入动荡变革期[①],各国相继发布数字化战略,完善数字经济顶层设计。中国应积极顺应数字经济时代下新一轮技术革命发展的热潮,抓住发展机遇,增加对数字化转型企业的专项补贴、资源倾斜力度等,引导支持文化企业加大对数字基础设施、数字技术创新应用的研发投入。第二,文化企业继续主动推进数字化转型,提高自身数字化水平,与文物、旅游、娱乐合作发展,推动文化产业数字化。第三,文化企业应注重数字化水平提升的系统性,谨慎决策。文化企业的数字化水平高于上市公司整体,说明文化企业的数字化转型速度较快,大部分企业已经突破了数字化发展初期。文化企业在实施数字化战略时,应结合自身组织架构特点、数字基础、转型目的等谨慎决策,注意数字化资源与企业其他资源发展的协调性,尽可能降低数字化转型可能给企业带来的风险。第四,本文的研究结论显示,数字化对国有文化企业绩效的影响并不显著。因此需要对国有文化企业适当地放松约束,减少决策环节,放大数字化的优势以帮助其更好地适应数字经济时代的发展。第五,企业不能使用单一的经济效率指标评价数字化战略的实施效果。文化企业由于其产品和服务的文化内容属性,更需要将自身置于广阔的社会背景中,在提高自身绩效的同时也要关注社会效益,主动承担社会责任以实现全面可持续发展。

六、局限性与未来研究展望

本文的研究存在一些有待未来进一步完善的地方。首先,我国目前正处于数字化加速发展阶段(白福萍　等,2022),企业数字化转型方面的政策、法律法规、会计准则等还不完善,企业普遍缺乏对数字化转型情况的详细披露。这导致测量数字化水平的指标不易获取,本文选择的测量方式可能并不能准确衡量企业的数字化水平。此外,上市的文化企业总体数量较少,导致本文研究的样本量较少,研究结论

---

① 中国信息通信研究院.全球数字经济白皮书(2022年)[R/OL].(2022-12-07).http://www.caict. ac.cn/kxyj/qwfb/bps/202212/P020221207397428021671.pdf.

的可推广性有待进一步验证。未来的研究可以借助问卷法来获取包括民营企业在内的样本，并对数字水平对文化企业绩效的影响机制进行探究，从而形成更加系统、深入的理解和更具有普适性的结论。

参考文献

（一）中文部分

[1] 白福萍，刘东慧，董凯云. 数字化转型如何影响企业财务绩效：基于结构方程的多重中介效应分析[J]. 华东经济管理，2022，36（9）：75-87.

[2] 曾德麟，蔡家玮，欧阳桃花. 数字化转型研究：整合框架与未来展望[J]. 外国经济与管理，2021，43（5）：63-76.

[3] 陈冬梅，王俐珍，陈安霓. 数字化与战略管理理论：回顾、挑战与展望[J]. 管理世界，2020，36（5）：220-236，20.

[4] 何帆，刘红霞. 数字经济视角下实体企业数字化变革的业绩提升效应评估[J]. 改革，2019（4）：137-148

[5] 胡青. 企业数字化转型的机制与绩效[J]. 浙江学刊，2020（2）：146-154.

[6] 戚聿东，蔡呈伟. 数字化对制造业企业绩效的多重影响及其机理研究[J]. 学习与探索，2020（7）：108-119.

[7] 戚聿东，肖旭. 数字经济时代的企业管理变革[J]. 管理世界，2020，36（6）：135-152，250.

[8] 施凡成. 数字化程度对于企业经营绩效的影响[D]. 上海：上海财经大学，2020.

[9] 宋常，王丽娟，王美琪. 员工持股计划与审计收费：基于我国A股上市公司的经验证据[J]. 审计研究，2020（1）：51-58，67.

[10] 吴非，胡慧芝，林慧妍，等. 企业数字化转型与资本市场表现：来自股票流动性的经验证据[J]. 管理世界，2021，37（7）：130-144，10.

[11] 吴江，陈婷，龚艺巍，等. 企业数字化转型理论框架和研究展望[J]. 管理学报，2021，18（12）：1871-1880.

[12] 严子淳，李欣，王伟楠. 数字化转型研究：演化和未来展望[J]. 科研管理，2021，42（4）：21-34.

[13] 张吉昌，龙静. 数字化转型、动态能力与企业创新绩效：来自高新技术上市企业的经验证据[J]. 经济与管理，2022，36（3）：74-83.

[14] 张永坤，李小波，邢铭强. 企业数字化转型与审计定价[J]. 审计研究，2021，221（3）：62-71.

[15] 赵宸宇. 数字化发展与服务化转型：来自制造业上市公司的经验证据[J]. 南开管理评论，2021，24（2）：149-163.

（二）英文部分

[16] BEKKHUS R. Do KPIs used by CIOs decelerate digital business transformation[J]. The case of ITIL，2016.

[17] HAJLI M，SIMS J M，IBRAGIMOV V . Information Technology（IT）Productivity Paradox in the 21st Century[J]. International Journal of Productivity and Performance Management，2015，64（4），457–478.

[18] LI L，SU F，ZHANG W，et al. Digital transformation by SME entrepreneurs：A capability perspective[J]. Information Systems Journal，2018，28（6）：1129-1157.

[19] VIAL G. Understanding digital transformation：A review and a research agenda[J]. The journal of strategic information systems，2019，28（2）：118-144.

[20] WESTERMAN G，CALMÉJANE C，BONNET D，et al. Digital Transformation：A roadmap for billion-dollar organizations[J]. MIT Center for digital business and capgemini consulting，2011，1：1-68.

"流动"的内容生产者：从UP主的迁移看创意人才的区位选择偏好

——基于对哔哩哔哩 20 位UP主的视频文本分析

吴一迪[*]

（对外经济贸易大学政府管理学院）

摘要： 针对内容生产者频繁流动的现象，以20位哔哩哔哩视频UP主为研究对象，对其相关视频内容进行文本分析，探究其迁移的路径偏好与影响因素。研究发现，UP主流动的主要影响因素可划分为文化环境、物质基础和个体感知三大层面。创意人才的区位选择偏好和城市吸引创意人才集聚的双向互动印证了创意阶层理论中的3T模型，但也表现出了一些新趋势。此外，上海因其在提供给创意人才更具包容性、多样性的文化环境和丰富创作资源方面的优势，成为样本内容生产者的首选迁移目的地之一。根据这一趋势，可以通过完善舒适物配置构建一个更加开放包容的文化环境以提升一个城市或地区的吸引力，把更多潜在的内容生产者整合进创意群体中来，释放创意潜力。

关键词： 创意人才；内容生产；区位偏好；文本分析

---

*作者简介：吴一迪（2000—），女，汉族，河南三门峡人，对外经济贸易大学政府管理学院硕士研究生，研究方向为文化产业管理，E-mail: VVVVidy@163.com。

"Flowing" Content Producers：To Explore the Location Preference of Creative Talents from the Mobility of Up-loaders

——Based on Text Analysis of 20 Up-loaders' Videos in bilibili

WU Yi-di

（School of Government，University of International Business and Economics）

Abstract：In view of the phenomenon of frequent flow of content producers，20 up-loaders from bilibili were taken as the subject of the study. The primary object of this study is to survey the preference and influencing factors of their migration. The results show that the main influencing factors of the up-loaders include three dimensions：cultural environment，material basis and individual perception. The interaction of creative talents' location preference and the attraction of a city for creative talents confirms the 3T-model in the theory of creative class，but also shows some new trends. Additionally，Shanghai has become one of the preferred migration destinations for sample content producers due to its advantages in providing a more inclusive and diverse cultural environment as well as rich creative resources for the talents. According to this trend，a more open and inclusive cultural environment can be built by improving the configuration of comfort objects to enhance the attractiveness of a city or region，integrate more potential content producers into the creative community，and unleash the creative potential.

Keywords：creative talents；content producing；location preference；text analysis

一、引言

随着创意时代人口结构改变，"文化转向"将城市核心竞争力从经济战争变为人才抢夺，因为人才往往是知识型和创意型的，对城市增长的贡献不容小觑，创意人才正变为当今社会最宝贵的资源之一。斯科特在针对地方经济发展的思考中反对传统的经济基础决定论和增长极理论，指出城市文化环境与地方经济发展之间的联系日趋密切，利用当地文化资源的升级和再开发来吸引人才是促进城市发展的关键因素[①]。而根据佛罗里达的创意阶层理论，创意人才作为新兴阶层正在以惊人的速度崛起，通过和各类产业的广泛融合，成为推动城市发展的新动力，改变着地区的发展轨迹和整个城市的形态面貌。如果一个城市想要获得这种动力，就需要找到吸引创意人才的关键因素，因为人才会受到内部和外部环境的双重影响，会随着环境的变化而不断流动，做出"用脚投票"的选择行为。人才的移动并非随机的，而是存在着某种独特的动力机制，佛罗里达认为人才的移动深受舒适物（amenities）以及生活方式反映出来的宽容度及文化多样性的影响，一个城市所能提供给创意人才的舒适物越充足，城市的宽容度和文化多样性程度越高，就越能吸引人才集聚。

在文化产业中，新媒体技术的飞速发展正在重塑文化生产的模式，从"内容为王"和"流量经济"盛行到圈层分化和"注意力经济"崛起，用户生产内容打破了原有的高度中心化生产系统，文化产业不断形成新的业态，内容生产者的从业门槛降低，仅需依靠独树一帜的个人风格、差异化的生活方式、一定的拍摄制作技术再结合创意加成，就能产生价值并完成变现，相较于之前需要依赖物质资源才能完成产出的模式，内容产业的生产成本大大降低，更多反映在对文化资源和创意资源的要求上。哔哩哔哩视频率先抢占用户生产内容的市场，成功探索出一条在视频生产领域的"生产者"和"消费者"互动桥梁的双边商业模式发展路径，形成了文化生产的内生动力。这种模式使用户的身份转化更加便利，每个用户都可以发布自己制作的视频，从"观众"摇身一变成为"UP 主"。包括 UP 主在内的视频生产者既是文化创意产业的从业者，也是创意阶层的重要组成部分，面对创意经济时代产生的种种新动向，创意人才的流动也表现出新的趋势。本次研究以 UP 主为研究对象，通过 UP 主的流动机制和区位选择偏好来探究创意城市吸引创意人才集聚的作用过程及影响因素。

二、研究方法与研究过程

（一）研究对象

本次研究的研究对象是 20 位哔哩哔哩视频的 UP 主。样本选择的依据是，粉丝量在 50 万以上的职业 UP 主，即拥有一定的粉丝基础说明其在行业内有一定代表性

---

① ALLEN J. SCOTT. CULTURAL-PRODUCTS INDUSTRIES AND URBAN ECONOMIC DEVELOPMENT Prospects for Growth and Market Contestation in Global Context[J]. Urban Affairs Review，2004，39：461.

或是以拍摄和制作视频为主业，视频及相关收益为其收入的主要来源。首先根据以上标准制作UP主花名册并通过随机抽样的方式筛选出一定数量的UP主，进入备选区。再从筛选出的UP主中寻找发布过的视频中直接或间接涉及"搬家""搬迁"等词条内容的UP主，即保证该UP主能提供一定的信息和数据。经过以上两轮筛选，得到的样本如下：

表1　样本信息表

样本序号	UP主名称	当前IP属地	搬家次数	搬家流程（不完全整理）
X_1	欣小萌	浙江	7	北京—杭州—苏州—上海—杭州—苏州
X_2	雨哥到处跑	上海	2	杭州—上海
X_3	-谢安然-	浙江	4	杭州—上海
X_4	徐大虾咯	重庆	2	重庆—上海—重庆
X_5	达达达布溜-	北京	4	深圳—北京—长沙
X_6	贤宝宝Baby	浙江	3	嘉兴—杭州
X_7	力元君	上海	4	深圳—上海
X_8	盗月社食遇记	上海	3	北京—上海
X_9	vivi可爱多	湖南	未知	河北—长沙
X_{10}	托马斯家的	天津	9	杭州—天津
X_{11}	淦淦惹	浙江	未知	未知
X_{12}	视脚姬	上海	未知	未知
X_{13}	啊吗粽	上海	3	未知
X_{14}	肖恩看	云南	2	上海—成都
X_{15}	福乐小哥	上海	3	深圳—上海
X_{16}	楼上的老张	上海	未知	海宁—上海
X_{17}	能量君andy	江苏	3	河南—江苏
X_{18}	俊晖JAN:	海南	4	北京—杭州
X_{19}	聂小倩她老板	四川	未知	上海—程度
X_{20}	撸sir兰陵郡	安徽	未知	未知

（二）研究方法与研究过程

本研究采用文本分析法和质性研究分析法对收集的资料进行整理和深入分析。首先通过收集20位UP主有关"搬家"视频的文本内容和评论区互动留言获得所需数据信息，主要包括搬家的次数、搬家的原因、搬迁的路径和过程以及搬家的感受等内容，然后利用ROST CM6软件对以上文本内容进行分词整理。关于网络文本资料编码的详细步骤：第一步对原始资料进行编码，根据原始资料中语句的特点提炼主题，依据主题对编码初始命名，比如"为了做生活区的视频，认识更多的UP主""生活非常不方便""深圳比北京包容性更强""提高一下生活质量"等，将这些语句作为自由节点；第二步对UP主的搬家视频内容文本进行主轴编码，通过观察和剖析提取出来的自由节点，通过自由节点间的内在联系进行对比和归类，将同类型的讨论内容整合概括成一个维度，本次研究将其划分为十一个独立群组：文化包容性、文化多样性、创作资源、创意场景、生活成本、基础设施、经济发展、工作机会、家庭变动、个人追求、人际关系；最后对独立群组进行选择编码，将其概括为文化环境、物质基础和个体感知三个层面（见表2）。

表2　UP主迁移影响因素的主轴编码与选择编码

选择编码	主轴编码	参考点数	参考点示例
文化环境	文化包容性	5	我感觉这里比北京的包容性更强
	文化多样性	8	搬到亚文化天堂成都生活
	创作资源	11	最怕遇到创作瓶颈，找素材真的很难
	创意场景	16	为了做生活区的视频，认识更多的UP主
物质基础	生活成本	18	由于预算紧，就折中选了苏州
	基础设施	24	这个房子的安全性不是很好
	经济发展	11	天津在京津冀圈里，并且也有一线城市的样子
	工作机会	9	找到工作的概率会比在北京大
个体感知	家庭变动	7	有了儿子之后，需要更大的生活空间
	个人追求	3	让人积极向上，心情很好
	人际关系	2	突然打视频电话邀请我去上海同住

其中"文化环境"包括"文化包容性""文化多样性""创作资源""创意场景"四个群组，"文化包容性"指一个城市或者地区对不同群体不同阶层的外来人口的包容度，文化包容性更强的城市迁入门槛更低，外来人员在刚刚进入一个地区时往往面临着文化差异和基础资源不足造成的边缘感，地区内部文化环境越封闭、文化模式越固定，造成的边缘感越强，当边缘感积累到一定程度时，可能会将处于适应期的外来人员挤出。"文化多样性"指一个城市或地区内共存的文化种类与数量，一般来说，一个城市或地区越开放，吸纳的外来人口越多，文化多样性程度越高。"创作资源"也就是UP主常说的"视频素材"是内容生产者进行创意产出的必要投入

要素，就像工厂进行生产所需要的物质资本和人力资本投入，UP主在拍摄和制作视频时需要选择可供拍摄的题材，并围绕这一题材收集可用素材，再经过一系列创意加工形成完整的视频。以生活区的UP主为例，想要拍摄出新颖有趣的视频，就需要对生活中发生的点点滴滴有敏感度，成为一个敏锐的生活观察者，捕捉到日常发生的经历再通过叙事技巧将其情节化、戏剧化。如果生活节奏过于稳定单一，经历的事情也过于规律，无法形成跌宕起伏的戏剧效果，便无法制作出高质量视频。"创意场景"也指创意环境。兰德利指出，创意环境让非正式的与随机性的沟通都可以轻易地发生，因此创意场景可以用来衡量UP主进行创意交流沟通的便捷程度和创意氛围营造的程度，具有好的创意场景的城市可以让UP主进行即时的沟通交流，并且随时开展创意活动。

"物质基础"包括"生活成本""基础设施""经济发展""工作机会"四个群组，表明UP主在选择居住地和工作场所时受到租金、物价、城市发展水平等基本的物质条件制约，同时，是否具有充足的就业机会也会影响UP主的区位选择偏好。

"个体感知"则主要概括了UP主迁移的内因，即家庭变动、人际圈的变动以及个人对理想职业和生活状态的追求，"物质基础"和"文化环境"对个体的影响也会间接通过"个体感知"显现出来。

三、研究结果分析

（一）UP主的迁移路径分析

从"去向"来看，一半以上的UP主选择迁移至上海，也有少量UP主选择去往长沙、重庆、成都和天津等新一线城市，还有部分UP主去往上海周边省份的三线、四线小城。从"来向"来看，迁往上海的UP主此前分布在全国各个省份，但大部分位于浙江杭州和广东深圳。从不同阶段的迁移情况来看，2020年之前迁往上海的UP主较多，尤其是2018年至2019年，爆发上海迁移热潮，大批的UP主从全国各地迁往上海，这个趋势到2020年后开始放缓，从2020年之后发布的有关"搬家"的视频内容来看，2020年之后的UP主已经开始展现出从上海迁出的趋势，这可能与疫情造成的生活成本抬高而创作空间局限有关，以租房为主的UP主们因创作受阻无法承受上海高昂的生活成本而选择离开。

从内容生产者的迁移频率来看，明确指出搬家次数的14位UP主中，搬家次数至少为两次，多至9次。此外还有许多UP主虽未明确指出迁移的次数，但使用了"很多次""经常"等表示频率的词语。内容生产者迁移频繁，更换居住地和生活环境的行为频发，因为内容生产者多数为短租者，房屋正常到期后便会重新选择居住地。相较于稳定和规律的生活，自媒体人更倾向于一种高灵活度的模式，能够在不断的动态比较中找到最适合内容生产的居所，这一看似漫长的过程对于创意人群来说是十分必要的，甚至不惜以高昂的机会成本和时间成本为代价。

从视频发布的时间来看，UP主在成长的不同阶段表现出不同的区位偏好。刚步入自媒体行业的UP主们作为"开发者"需要积累更多的人脉，获取更多的活动资源，接触更多的工作机会。

"就是一个UP主需要和其他的UP主联动，如果你在一个UP主比较少的地区，就比较难联动起来，因为基本50%以上的知名UP主都在上海。"

——样本 X_3

由于哔哩哔哩的总部位于上海，处于成长初期的UP主们大量涌入上海以加快融入圈子的速度。在积累了一定的经验进入稳定发展期后，UP主从"开发者"转变为"建设者"，从视频存量之争转变为增量之争，为了进一步提升视频内容质量，UP主们对居住和工作的环境的要求提高了，需要寻找更能服务于个人视频创作的住所，UP主们会通过多次迁移直至找到最合适的居住地，关注的重点也从创作资源是否丰富转向居住环境和生活质量。当UP主进入最后的成熟期后，此时已经形成了鲜明固定的个人风格和视频生产的主要模式，标志着UP主在事业上已经获得了一定的成就，关注的重点又从居住地是否服务于视频生产过渡到个人家庭等长期性规划上，甚至出现了"返乡潮"，上海、北京等资源最充足的一线城市不再作为首选，UP主们开始向二线和新一线以及临近上海的周边城市转移，也有UP主选择回到家乡延续职业生涯。

（二）UP主区位选择偏好分析

"物质基础"层面的参考点数最多、词频排序也位于前列，说明UP主在进行区位选择的时候仍然将区域经济发展等硬件作为首要参考，同其他职业群体相同，大都从成本收益的角度做经济理性的思考，力图在发展机会和生活成本之间找到平衡点。但同时，"创意场景"和"创作资源"的相关表述在样本中的出现频率较高，说明尽管物质基础依然是UP主流动的主要影响因素，文化环境也在一定程度上影响着UP主的区位选择偏好，丰富的创作资源、核心的行业交际圈、开放包容的创作环境、便于交流互动的创意空间都是 UP 主迁移时需要纳入考虑范畴的重要标准。

研究显示的结果与佛罗里达提出的影响机制稍具差异：比如"舒适物"在影响 UP 主的偏好时，并没有以具体的音乐、艺术或是休闲娱乐设施等形式出现，而是以"创作资源"的形式间接展现，即一个城市的音乐、艺术气息是否浓厚、休闲娱乐设施是否完善、气候是否适宜既作为提高生活质量的要因影响着 UP 主的选择，又构建着 UP 主们的创作环境。

"因为经常需要直播，拍摄视频，需要安静的环境，但经常会碰见装修的，之前的房子邻居装修了三个月，然后我一气之下搬家了，结果刚搬进来第二天新邻居又开始装修了。"

——样本 X_{17}

UP 主的工作需要经常进行视频摄制和直播活动，对于工作环境具有较高的要求，需要安静的环境、良好天气条件以提供充足的光线服务于内容制作。同时，对于 UP 主一类的内容生产者来说，"舒适物"并非提高生活质量和营造工作环境的附加因素，"舒适物"的存在本身就是一种必备资源，丰富的音乐、艺术和休闲娱乐设施作为其进行拍摄活动和内容生产的素材，以"舒适物"为基础搭建的休闲产业恰恰代表着一种创意时代的生活模式。

但同时根据视频文本内容整合出的"文化多样性"与"文化包容度"群组与创意阶层理论中提到的开放度、宽容度影响创意人才集聚的观点耦合。因为创意阶层不等于精英阶层，也并非有闲阶层，创意精神不等于智力，创意不属于精英阶层或者少部分人，大众的创意亟须得到广泛的开发，UP 主们的内容创作类型千姿百态，职业、学历和身份特征也呈现出很大的差异，因此一个城市是否足够宽容开放，直接影响着 UP 主的选择。

"我刚刚从'内卷之王'上海搬到'亚文化天堂'成都生活，这里的气氛和环境都让人感觉很舒适，这里的人都很接地气，也有很多像我一样的人……"

——样本 X_{12}

（三）UP 主迁移行为产生与区位选择偏好的原因分析

1. UP 主创意社区构建

创意社区不同于一般的文化创意产业集聚区、文化功能区或创意园区，是从人的视角出发的新型创意发展路径，也是城市文化与创意城市建设进程中一种尚较少实践的社区文化构建模式，它强调社区化，社会性、公共性、多样性的空间结构，通过社区内创意社群、创意网络、创意氛围的营造而提升社区的创意能力，促进地区和城市创意产业和创意文化的发展提升。

构建起以创意沟通为核心的"发生环境"，需要将隐性的和显性的创意要素嵌入社区中，形成紧密的联系，每个人都可能成为创意社区的一员，这种环境本身具有强大的吸引力、包容性，还可以生成一个内部自我更新的动力机制，实现从生产性到生活性逻辑演绎过渡，搭建一个具有活力的创意共同体①。创意社区的门槛很低，与封闭的文创园区、文化企业等不同，创意社区是开放性的，面向创意人群、产业、政府和第三部门等，没有固定的样板和模式，进入的成本很低。内容生产者的"工厂"不是固定的，而是灵活的、流动的，有创意、有简单的设备就可以实现创意转化，不管身份如何，是"草根"还是精英，是物质资源携带者还是创意生产者，都可以入驻创意社区，广泛参与创意交流。

一方面，哔哩哔哩视频搭建起一种新的社区形态——线上社区，无需实体空间作为依托，突破了时空局限，将处于不同节点的自媒体连接起来，通过实施弹幕、评论区互动等方式进行创意交流甚至实现二次创作。另一方面，UP 主们自发的形成集聚，形成"职业圈子"型的创意社区，创意经济活动是被嵌入于此社区内，维系这种嵌入的就是重复博弈而来的信任体系②，这种信任同时降低了创意交流和开展创意经济活动的成本，让创意人群能够更加高效地在灵感的交织碰撞中生成新的创意。

2. 工作环境和生活界限模糊

对于自媒体人来说（或者说是内容生产者），新时代的创意人才面临着生活和工作场景模糊化的趋势，即生活和工作的环境并没有明显的边界，这种"无领办公"一改传统的必须在固定场所、固定时间内接受监督的办公模式，工作的时间和地点更加灵活，工作计划几乎完全由自己安排，这样看来与"个体户"无异③。但同时这种灵活性不代表工作时间的减少，相反由于工作和生活的边界消弭了，工作逐渐变为日常生活的一部分。脱离了传统工作场景的自媒体人在流动时面临更小的阻力，成为 UP 主频繁的迁移行为得以产生的基础条件。

3. "为爱发电"的自我激励机制

在创意经济时代，薪资不再作为激励人才的唯一指标，"为爱发电"的职业追

---

① 徐翔."创意社区"：转型机理与发展路径[J].社会科学，2015（5）：45-50.

② 陈能军，WONG，Mark. Y. 城市创意文化生态社区：创意街区升级转型的资本路径[J].深圳大学学报（人文社会科学版），2017，34（6）：47-53.

③ 佛罗里达. 创意阶层的崛起[M].司徒爱琴，译.北京：中信出版社，2010：142-142.

求本身就是最有效的动力机制。以 UP 主为例的自媒体行业和内容生产者尽管对技能和成本的要求并不高，但需要面对种种不确定性，并非所有 UP 主在入行时就能自主携带资源或是由 MCN 机构和资本方作为背后推手，前期探索风格和累积受众是一个漫长的过程，在播放量不足以获得创作奖励和形成一定规模的流量以完成变现的时期难免会出现低受益甚至无收益的入不敷出的状况，许多出于"个人兴趣"而入行的人前期无法将拍摄制作视频作为主业，而是需要另外一份工作获得的收入来补贴摄制视频所花费的成本。进行创意类型的工作过程无法通过一般的劳动力供给函数来衡量①，因为目前的市场还未能形成一套同创意产业（或者与其他产业融合）所产生的附加值完全匹配的衡量机制，供需双方之间存在一个较大的自由裁量区间，也就是说并非所有从事创意工作的人都能获得与创意产出匹配的报酬。因个人追求产生的满足感和荣誉感相较于外部激励更加有活力，能够灵活自主的安排自己的工作、工作能带给他们需要的挑战性和责任感，也是内容生产工作所具备的吸引力优势。

（四）创意人才区位选择偏好与创意城市发展模型

根据佛罗里达的 "3T" 理论，创意城市的发展受到人才（Talent）、宽容（Tolerance）和技术（Technology）的影响，区域经济增长的驱动力在于创意人才，而创意人才更容易在具有高宽容度和多样化的地区聚集（见图1）。创意人才区位选择偏好受到一个地区文化环境和物质基础的影响，并通过个体感知反映在迁移行为中。城市的宽容和开放程度影响着该地区的文化环境，以 UP 主为例的创意人才要求更加开放包容、适宜沟通和充满活力的文化环境来配合创意生产。创意人才不再执着于单一的薪资水平，受基础设施建设和生活成本影响的生活质量甚至比薪资更为重要，对生活质量的追求也催促着一个城市舒适物配置的完善，城市建设的完善又吸引着更多创意人才的集聚，形成一种相互促进的良性循环机制。

上海依托内城更新打造出大都市创意空间，形成"空间营造—产业升级—社会转型"的三位一体格局②，同时创意产业向城市中心集聚的趋势近年来仍在加剧，创意产业集群形成规模效应，更新着上海的文化环境与创意生态，文化舒适物配置也

---

① DAVID THROSBY. Handbook of the Economics of Art and Culture [M]1st ed. North Holland: Victor A. Ginsburgh, 2006: 775.

② 马仁锋. 大都市创意空间识别研究: 基于上海市创意企业分析视角 [J]. 地理科学进展, 2012, 31（8）: 1013-1023.

随之完善。上海作为一个典型的移民城市，根据第七次全国人口普查的结果，全市常住人口中，外来人口占42.1%，上海在对移民的广泛吸纳中形成了流动、开放、包容的新型都市文化圈，社会的强包容性能够容纳多样化的看法和意见，营造出适合创意生成的良好环境。哔哩哔哩将总部选址在上海，与其他互联网巨头邻近，开展广泛的竞争与合作，同时每年举办BW、BML等大型的品牌活动，能够在短时间内吸引大量的粉丝和用户集聚上海，UP主们向上海集聚以获得哔哩哔哩释放的大量文化资源，而UP主自身作为一种资源，吸纳着更多的UP主向上海集聚，带给上海多元的文化和人才，从而充分激发这里的创意活力。

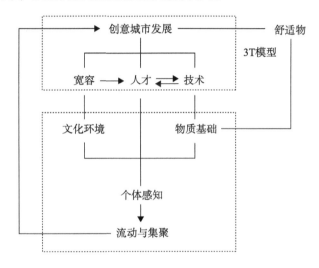

图1 创意人才区位选择偏好与创意城市发展互动模型

四、结论

查尔斯·兰德利在接受采访时说"如果人们问我什么是创意城市，我可能会这样回答：一个创意城市是这样的一种空间，在这个地方，人们能够成为最好的自己"。[①]创意人才和创意城市之间不是非此即彼，也没有明确的先后关系，创意城市所展现的图景恰恰就是创意人才所渴望的，宽容开放的环境、丰富的资源、良好的生态、高质量的生活，共同构成了吸引创意人才的要素集合。

本次研究通过对抽取样本的视频文本内容分析，发现影响UP主区位选择偏好的因素包括文化环境、物质基础和个体感知三大主要层面，其中最主要的两个原因

---

① 金元浦.创意城市的3.0版本：中外城市创意经济发展路径选择：金元浦对话查尔斯·兰德利（二）[J].北京联合大学学报（人文社会科学版），2017，15（1）：77-81.

是 UP 主对创意资源和生活质量的追逐。大量的 UP 主选择在事业初期和上升期迁往上海，与上海拥有宽容开放的文化环境有关——包括丰富的创意资源与已经在上海搭建起的 UP 主生态圈，为了进入这个圈子寻求更多合作机会联动产出，自发地进行集聚。利用创意阶层理论框架进行分析，创意人才的区位选择偏好和城市吸引创意人才集聚的双向互动印证了创意阶层理论中的"3T"模型，但也表现出了一些新的趋势，比如"舒适物"在吸引创意人才时不仅作为提升生活质量的外部环境发挥作用，更作为创意资源本身服务于 UP 主等创意从业者的创意生产活动。根据这一趋势，可以通过完善舒适物配置，立足一个地区的文化资源开发，实现文化资源从无形到有形的转化，同时构建一个更加开放包容的文化环境以提升一个城市或地区的吸引力，把更多的潜在创意人才整合进创意群体中，开发创意资源，释放创意潜力。

此次研究的局限性体现在，由于样本数量较少，参考点数不足，仅通过抽取发布了"搬家视频"的 UP 主们的内容文本分析使得研究对象的普遍性较低，因为发布了"搬家视频"的 UP 主本身就存在迁移的需求，而其他未发布有关"搬家"和"迁移"视频的 UP 主是否有过迁移行为，又是处于何种目的迁移等问题无从得知，未来需要通过结合更多数据和量化分析的手段以深化关于我国创意人才区位选择偏好的影响因素研究。

政策工具视角下我国网游产业政策文本分析与对策研究

李军红　吴承跺*

（山东财经大学文学与新闻传播学院）

摘要：本文使用Rothwell和Zegveld的政策工具分类方法，对收集到的网游产业政策文本进行编码分析。在供给型、需求型和环境型政策工具分类的基础上，细化设置若干个二级指标，并将其映射到产业价值链的维度上，以揭示政策工具在网游产业链不同环节的运用情况。研究发现，供给型和需求型政策工具运用中处于弱势地位，环境型政策工具占比过高且内部不均衡；政策对网游产业链的每个环节均有关注，但需要加强针对不同主体的政策工具运用。建议优化政策工具的结构，减少对环境型政策工具的依赖，完善政策的顶层设计，促进政策工具的内部均衡，激发产业链主体的活力，延伸网游产业链。

关键词：网游产业；网游产业政策；政策文本；政策工具

---

*作者简介：李军红（1974—），女，汉族，山东莱州人，山东财经大学文学与新闻传播学院副院长、教授，研究方向为文化资源开发与文化产业管理；吴承跺（1998—），男，汉族，山东泰安人，山东财经大学文学与新闻传播学院硕士研究生。

Quantitative Research And Countermeasure Research on Chinese Online Game Industry Policy from The Perspective of Policy Tools

LI Jun-hong   WU Cheng-duo

（School of Literature and Journalism，Shandong University of Finance and Economics）

Abstract：This article uses Rothwell and Zegveld's policy tool classification method to encode and analyze the collected online gaming industry policy texts. Based on the classification of supply，demand，and environmental policy tools，several secondary indicators are refined and mapped to the dimensions of the industrial value chain to reveal the application of policy tools in different links of the online gaming industry chain. Research has found that supply and demand oriented policy tools are in a disadvantaged position in their use，with an excessively high proportion of environmental policy tools and internal imbalances. In addition，policies pay attention to each link of the online gaming industry chain，but it is necessary to strengthen the application of policy tools targeting different entities. It is recommended to optimize the structure of policy tools，reduce reliance on environmental policy tools，improve the top-level design of policies，promote internal balance of policy tools，stimulate the vitality of industry chain entities，and extend the online gaming industry chain.

Keywords：Online gaming industry；Policies for the online gaming industry；Policy text；Policy tools

经过20多年的发展，我国网游产业取得了令人瞩目的成就，其市场规模庞大、用户数量众多、创意能力出众、国际竞争力极强，是我国文化产业中最具有活力的部分。据中国音数协游戏工委统计，我国的游戏产业的市场营收于2021年达到峰值的2965.13亿元，同时游戏用户规模最高达到6.67亿[①]。自网游产业出现以来，政府部门一直在网游产业的政策领域进行探索。加强我国网游产业内容监管、营造健康的网络游戏环境、保护未成年人身心健康的同时，最大限度地减少政策对网游产业

---

① 张毅君.2022年1—6月中国游戏产业报告[R].北京：中国音数协游戏工委，2022.

发展的限制、发挥政策对网游产业的扶持作用，是我国网游产业政策制定的最终目标，也是网游产业政策研究需要解决的难题[①]。从政策工具维度和产业价值链交叉维度进行文本分析，将理论研究与业界实践紧密结合，有利于政府部门更好地把握游戏产业政策的发展脉络和产业政策重点，弥补政策分析的不足，提高我国网游产业政策效率。

一、文本选择与框架构建

（一）数据来源

目前尚未有学界公认的足够全面且权威的网游产业政策文件汇编集。本文通过政府官网以及"北大法宝""北大法意"等中国法律检索系统，以"游戏""网游""电子出版物""网吧"为关键词进行了详尽的收集和筛选工作。所收集的政策文本时间跨度从2000年至2022年，涵盖了国务院、文化部、信息产业部和新闻出版总署等多个部门单独或联合下发的通知、规定、意见等。文章检索的过程考虑了关键词、发文部门、产业相关及文本关联等多个方面，尽量确保收集的政策文本连贯、完整、权威且强相关。由于时间跨度较大，所收集的网游产业政策文本仍不可避免地可能存在遗漏的情况。本研究最终获得涉及网游产业政策文件共161项，已具备一定典型性与代表性。

（二）分析框架构建

分析框架的构建，可以帮助我们理解政策作用于网游产业的哪些方面，并揭示政策工具在不同产业价值链环节中的影响和运用。本文的X维度（政策工具维度），在供给型、需求型和环境型政策工具分类的基础上，细化设置若干个二级指标，并对收集到的政策文本进行编码与统计分析。针对Y维度（产业价值链维度），本文总结网游产业价值链的构成环节，并根据其环节的不同对收集到的政策文本进行编码与统计分析。最终以对X维度与Y维度的编码与统计分析结果为基础，对X—Y维度（政策工具—产业价值链维度）进行交叉分析。

---

① 韩悦. 未成年人保护视域下网络游戏监管政策的演进与前瞻：基于2000—2020年政策文本的分析[J]. 上海教育科研，2021（12）：16-22.

1. X维度——政策工具维度

政策工具是人们为解决某一社会问题这一政策目标而采用的具体手段和方式[①]。应用最广泛的、涵盖范围最广的是Rothwell和Zegveld政策工具分类法。他们将政策工具按照其产生着力面的不同，将其分为供给型、需求型和环境型三种政策工具。供给型政策工具可以对网游产业起到直接推动作用，需求型政策工具可以发挥直接拉动作用，环境型政策工具则更多地表现为间接的影响作用。

供给型政策工具是指政府通过政策手段，扩大人才、资金、技术及信息等要素供给，激发产业主体的积极性与主动性，进而推动网游产业的发展（见表1）。

表1　供给型政策工具分类及定义

工具类型	次级工具名称	政策工具描述
供给型	人才培养	根据市场需求，扩大网游产业技术人才及管理人才的培养规模，建立和完善人才培养体系，提高人才培养质量
	技术扶持	鼓励数字和网络等核心技术的研发与在网游产业中的应用，推动技术成果产业化
	基础设施建设	促进网游产业的发展而提供配套服务设施，包括园区、场馆等公共设施的建设及互联网接入及安全建设
	财政支持	为网游产业的发展提供财政支持与资金的补贴，如提供研发经费和基础设施建设经费等
	资讯服务	搭建信息公共服务平台，促进网游企业间的资源整合和信息共享，大力扶持平台企业
	行业标准建设	鼓励成立不同层次的网游产业行业协会，支持行业协会配合政府部门制定行业标准和分级制度

需求型政策工具是指政府通过政策手段，积极扩张并稳定网游产业的市场需求、减少外部因素对市场行为的干扰，实现对产业发展的拉动作用（见表2）。

表2　需求型政策工具分类及定义

工具类型	次级工具名称	政策工具描述
需求型	政府采购	由政府出资购买网游产品和服务，一般分为两种形式，政府直接购买并消费，或政府组织补贴协调其他购买者购买
	贸易管制	通过行政手段对网游产业有关进出口的各项贸易进行监督与管理，规范市场秩序
	服务外包	政府鼓励企业进行设计外包、技术外包、服务外包，支持相关外包企业发展，培育企业外包能力，打造外包品牌
	市场培育	培育市场需求，扶持文化市场主体，扩大文化消费规模，健全市场准入制度，鼓励良性竞争

---

① 陈振明. 公共管理学[M]. 北京：中国人民大学出版社，2006.

续　表

工具类型	次级工具名称	政策工具描述
需求型	国际交流	鼓励企业与海外企业进行技术交流，积极开拓国际市场，参与国际市场竞争，向国际市场开发产品、提供服务

　　环境型政策工具是连接供给端与需求端的桥梁，其通过政策手段为产业的发展创造外部环境，这些环境会间接地影响网游产业的整体发展状况[①]（见表3）。

表3　环境型政策工具分类及定义

工具类型	次级工具名称	政策工具描述
环境型	目标规划	根据网游产业的发展需要，出台的战略定位、产业规划、实现路径等，对网游产业预期达成的目标做整体的规划与设计
	策略性措施	基于网游产业发展的需要采取的优化政府管理机制、提高政府服务效能、优化产业结构、促进企业合并或联盟、鼓励技术引进和创新以及培育新产业业态等措施
	规范制定	通过相关政策规范网络游戏市场经营行为，为网游产业的发展提供良好的政策环境
	监督管制	依照规章制度打击违法犯罪活动，实现对网游企业的监督管理，规范网游市场秩序
	组织协调	组织协调网游产业各相关部门以及媒体、群众的工作，明确各部门的具体职责，确保各项任务的落实
	金融服务	拓宽融资渠道，通过提供贷款保证和信用贷款，创新金融产品和服务等方式推动网游产业发展
	税收优惠	为支持文化产业发展，给予从事网游产业重要领域的企业和个人以税收上的优惠
	知识产权保护	鼓励研发具有自主知识产权的网游技术，培育具有中国文化特色的原创IP，并完善知识产权保护相关法律法规

2. Y维度——产业价值链维度

　　考虑到单一政策工具维度不能全面涵盖网游产业政策的所有特点，本研究引入产业价值链维度来分析网游产业政策在不同环节中的着力点。所谓产业价值链是指某一产业中的每个企业都处在产业链中的某一个环节，其内部的价值链同其供应商、销售商以及顾客价值链之间相互联结。位于网游产业上游的是网络游戏的开发商，位于中游的是游戏运营商和电信运营商，位于下游的是网络游戏的渠道商和周边服务商，从整个网络游戏产业链的价值走向来看，无论产业链的链条如何复杂，整个产业链的最终指向还是游戏消费者（如图1所示）。此外，某些政策内容虽未明确指向网游产业链的某个具体环节，但对整个网游产业甚至文化产业都有所影响，

---

　　① 陈丽君.我国职业教育治理体系和治理能力现代化的Nvivo研究[J].教育与职业，2020（21）：5-12.

因此本维度的二级指标额外增加了整个产业链指标。

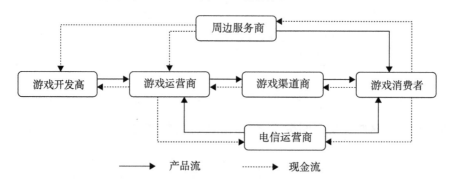

图1　网游产业价值链概述图

3. X-Y——二维交叉维度

在政策工具维度的基础上加上产业价值链维度，二维交叉可以比较直观地看出政策工具如何作用于产业价值链的不同环节。综合X-Y维度可以构建出网游产业政策二维空间分析框架（如图2所示）。

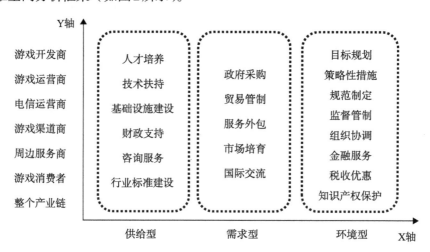

图2　网游产业政策 X-Y 二维分析框架

（三）内容编码

本文采取文件编码的方式，对筛选后的网游产业政策的政策工具类型进行精确划分。本文把政策文件中的具体条款作为基本分析单位，将文件内容按照"政策编号—章节编号—条款编号"的格式进行编码（见表4）。其编码后的结果将依托于二维框架，映射至政策工具维度与产业价值链维度，形成可供量化分析的政策文件编码结果。

表4　网游产业政策文本内容编码示例

政策编号	章节编号	条款编号	政策工具类型	二级指标	价值链位置
1	1	1	环境型	税收优惠	游戏开发商
1	1	2	环境型	税收优惠	游戏开发商
		……	……	……	
161	15	3	环境型	策略性措施	整个产业链
161	15	4	环境型	策略性措施	整个产业链

三、内容分析

（一）X维度内容分析

通过对政策文本编码映射后的结果分析，我们可以得到以下结论：虽然网游产业政策兼顾了对供给型、需求型和环境型政策的运用，但在其权重表现上存在着显著的差异。其中，环境型政策工具的占比高达80.58%，占据绝对的主导地位，这说明政府更愿意通过间接的政策手段来影响网游产业的发展。供给型政策工具与需求型政策工具的运用相对来说比较平衡，分布占比9.98%与9.43%，说明政府对于网游产业的供给端与需求端并没有明显的倾向性。

1. 供给型政策工具

供给型政策工具内部各个子项的运用相对比较均衡，其中占比最高的行业标准建设只有22.66%，其次分布是占比19.22%的人才培养、占比18.75%的技术扶持、占比14.84%的资讯服务、占比13.28%的财政支持，占比最低的基础设施建设也有10.55%。这说明我国政府在增加网游产业要素供给方面，是从人才、技术、基础设施、资金、信息与组织管理六大层面全方位发力。行业标准建设的占比最高，说明政府非常看重上、下游网游企业的自律，防止网游产业的碎片化，推动网游产业的规范化、高质量化。基础设施建设占比最低，不是说其在网游产业的发展中不重要，而是因为网络基础设施与网游产业在政策领域不具备强关联性，虽然网游产业的发展依赖于成熟的网络基础设施，但与之相关的网游产业政策多集中在产业本身，并不会过多涉及基础设施建设的内容。

2. 需求型政策工具

相较于供给型与环境型，需求型政策工具对产业的拉动状况更为直观。其中，贸易管制和国际交流占据了主导地位，分别占比40.08%和32.64%。这表明政府正在利用政策手段来降低网游产业市场的不确定性，进而稳定市场。同时，政府也在积极推动网游产业的"走出去"战略，以促进产业的发展。市场培育和政府采购虽然占比相对较小，分别为16.12%和7.85%，但对于拉动网游消费、扩大网游产业市场起到了重要作用。市场培育措施能够激发消费者的购买欲望，提高市场活跃度；政府采购则可以扩大市场需求，促进产业规模的扩张。服务外包在需求型政策工具中的占比仅为3.31%，这可能与中国的网游产业发展较晚、起步较慢有关，尽管近年来中国游戏企业在国际市场上逐渐崭露头角，但寻求中国游戏企业外包服务的案例仍然较少，因此在政策领域也缺乏相应的重视。

3. 环境型政策工具

环境型政策工具在三类政策工具中的占比最高，而其内部各子项的分布也不平衡。其中规范制定的占比最高，占比45.96%，展现了政府对于网游产业的谨慎态度，希望通过明确具体的条款，规范网游产业各主体的行为，保障产业积极健康发展。策略性措施与监督管制则分别占比12.63%和16.74%，证明政府一方面通过政策的指向和引导，影响网游产业的发展；另一方面又在对网游产业里出现的违法犯罪现象予以坚决打击。目标规划与组织协调分别占比6.29%与7.45%，证明政府既在宏观上规划整个网游产业的发展方向，又在微观上协调各种网游产业管理部门。占比3.97%与2.45%的金融服务与税收优惠，则为网游产业的发展创造了良好的金融环境，降低了其融资与税收的压力。占比4.45%的知识产权保护，则考虑到网游产业是知识密集型产业，从知识产权的角度出发，为网游产业营造发展环境。

（二）Y维度内容分析

对产业价值链进行分析，可以发现其中有31.11%的政策，并不针对网游产业的某一个环节，而是针对整个网游产业链。游戏开发商、游戏运营商与游戏渠道商三个子项的占比相对较为均衡，说明网游产业政策的主要发力点就在研发、运行与发行三个环节。虽然针对游戏消费者的政策占比仅占8.81%，但其占比正在以极快的速度上涨，仅在2018—2022年间，针对游戏消费者的政策占比就超过了30%，证明我国的游戏产业政策越来越关注消费者，以人为本，尤其关注未成年人的防沉迷问题。周边服务商的占比仅2.88%，这与游戏周边市场相对较小，未能引起政策关注有着密切的关系，而未来游戏周边将会是网游产业发展的蓝海。电信运营商的占比最小，仅1.75%，究其原因是因为我国电信运营商有其专门政策，因此与网络游戏密切相关的电信运营商政策占比自然不高（见表5）。

（三）X-Y维度内容分析

将政策工具维度与产业价值链维度进行交叉分析，可以发现无论是供给型政策工具还是需求型政策工具，都是主要针对整个网游产业链发挥作用。也就是说，无论是增加生产要素的供给，还是扩大市场需求，其主要是对网游产业这个整体起作用。只看环境型政策工具，其既针对网游产业整个产业链，也针对网游产业链的不同环节。也就是说，网游产业政策塑造一种政策环境，这个政策环境会影响到游戏的开发商、运营商甚至消费者。其中，针对游戏运营商的环境型政策数量最多，证明我国的游戏产业政策既注重规范上市运营的游戏内容，也注重打击游戏运营过程中出现的违法违规现象，还注重对游戏运营商的发展规划与管理协调。

表5　网游产业政策工具二维分布表

	供给型政策工具	需求型政策工具	环境型政策工具	合计
游戏开发商	31	23	386	440（17.15%）
游戏运营商	21	45	523	589（22.96%）
电信运营商	0	2	43	45（1.75%）
游戏渠道商	20	4	369	393（15.32%）
周边服务商	1	2	71	74（2.88%）
游戏消费者	11	3	212	226（8.81%）
整个产业链	172	163	463	798（31.11%）
合计	256（9.98%）	242（9.43%）	2067（80.58%）	2565（100%）

四、分析结果

（一）供给型与需求型政策工具处于弱势地位

由于我国网游产业天然具有庞大的消费市场，吸引了大量企业携带各种生产要素加入其中，并不需要政府在政策上对生产要素的供给与市场需求的扩张予以刺激，所以针对网游产业的供给型与需求型政策工具处于弱势地位。但历经多年的高速发展后，我国的网游产业市场已经基本达到饱和，2022年更是出现了游戏市场规模的首次负增长。与此同时，中国自主研发游戏的海外营收持续保持着较高的增长态势，出海已经成为中国网游企业生存的必然选择。在我国网络游戏出海过程中，会不可避免地遇到市场竞争、文化鸿沟、政策差异等挑战。随着国内市场与海外市场竞争的日趋激烈，如果缺乏相关政策的统筹支撑，我国网游产业政策在供给端与需求端的缺失，将会在未来发展的过程中暴露无遗。

（二）环境型政策工具"超重"且内部不均衡

环境型政策工具在我国网游产业政策中占比超过80%，存在着非常明显的运用过溢且结构不合理现象。环境型政策工具"超重"的原因在于：网游产业作为文化产业的一种，其不仅有着经济属性，更有着不可忽视的文化属性，因此我国的网游产业政策必须时刻注重对网络游戏内容的监管以及其中价值观的引导。在其内部结构方面，我国环境型政策工具则表现出重规范管制、轻顶层设计与市场调节的现象。特别是金融服务与税收优惠两个市场化的政策工具占比过低，尤其与发达国家相比，我国的金融与税收政策连续性较差且认定标准模糊，不能充分发挥市场经济的间接影响。随着我国游戏产业从长时期高速发展阶段转入中高速增长、高质量发展的阶段，过多的政策规范反而会束缚其发展，不利于精品游戏的诞生。

（三）政策对网游产业链的每个环节均有关注

我国的网游产业政策在价值链上的结构分布较为合理。其中约有三分之一的政策工具是针对整个网游产业链的，这说明我国政府对于网游产业的发展有着充分的顶层设计。当然，其中有很大比例的政策并不直接指向网游产业，而是针对我国文化产业提出的，但网游产业作为典型的文化产业，自然也会受其政策影响。针对游戏开发商、游戏运营商与游戏渠道商三者的政策工具占比超过了一半，究其原因是因为游戏的研发、运营与发行是整个产业链中最重要的环节。政策本不应对消费者的选择过多干预，但由于网游产业的特殊性，使网络游戏的消费者，尤其是未成年人容易出现盲目消费、沉迷网络、视力伤害及扭曲价值观等不良行为，因此对于消费者的关注，也成为我国网游产业政策的重要一环。

五、政策建议

（一）优化政策工具结构，减少环境型政策工具

优化我国政策工具结构，一方面，要加强供给型与需求型政策的使用，通过政策手段不断提高网游企业发展所急需的人才、资金、技术、信息等方面生产要素的支持，将与数字化结合最密切的网游产业作为未来我国文化产业发展的重点方向，

同时鼓励网游企业不断开拓国际市场、发展服务外包，通过"走出去"打破市场瓶颈。另一方面，要减少环境型政策工具的使用，对网游产业的监管固然重要，但仍不能忽视网游产业所拥有的经济价值与文化价值。政府应本着"简政放权、放管结合、优化服务"的原则，统筹运用市场手段和行政手段，为我国网游产业发展创造更好的法律环境、政策环境、监管环境与金融环境。

（二）完善政策顶层设计，促进政策工具内部均衡

三类政策工具中仅供给型政策工具内部的各子项相对比较均衡，需求型政策与环境型政策工具的内部均衡亟须调整。首先，应加大政府采购的力度，对消费者的购买行为予以补贴，在同等条件下可以向弘扬中华优秀传统文化的游戏倾斜。其次，应大力扶持游戏外包，建立专业化团队，通过外包提升游戏制作水平，缩小与世界先进水平之间的差距。再次，应推动金融与税收政策的落实，鼓励外部资本进入网游行业，针对网游企业开发知识产权金融产品，放宽网游企业在贷款、补助及财务分配等方面的金融限制，对刚起步的中小企业可以给予减税或免税的支持。最后，应加大知识产权保护力度，确立针对网络游戏知识产权的认证标准，完善相关的法律法规，促进产业的良性发展。

（三）激发产业链主体活力，延伸网游产业链

政策工具的运用过程实际上反映了政策在产业价值链环节上的具体化体现，要想激发产业价值链的活力，应做到：一是考虑产业价值链中各个主体对于不同要素的需求程度。不同的主体对于生产要素的需求不同，政府要根据不同环节主体的具体特征，来选择合适的政策工具导向①。二是考虑市场与产业价值链中各个主体的互动行为。市场的变化最先反映在游戏渠道商与游戏运营商上，进而传导至游戏开发商与电信运营商。政策对于市场需求的扩张，在不同网游产业主体上的反映也不尽相同。三是考虑监管对不同主体的具体要求。对于游戏开发商要求其开发的游戏内容不能违反相关法律法规；对于游戏运营商则要求其运营过程中要获得版号许可、规范运营。四是大力发展网游产业周边服务，延长网游产业链。虽然我国有着庞大的网游产业市场，但其市场本身大多还拘泥于线上，对周边产品开发不足，没能发挥文化产业的长尾效应，发展周边服务业，将会是未来网游产业发展的重要一环。

---

① 陈世香. 基于"价值链—政策工具"框架的我国公共文化服务政策分析[J]. 吉首大学学报（社会科学版），2021，42（2）：14-22.

内蒙古公共文化服务设施的空间分布及影响因素[*]

内蒙古公共文化服务设施的空间分布及影响因素[*]

于亚娟^{**}

（内蒙古财经大学旅游学院）

摘要： 公共文化服务均等化的实现在一定程度上取决于公共文化服务设施空间布局是否合理。运用数量统计、平均最近邻指数、核密度估计、地理探测器等方法分析内蒙古公共文化服务设施空间分布特征与驱动因素。研究表明，不论从绝对数量还是从相对数量角度看，各盟市公共文化服务设施空间分布不均衡；从等级角度看，数量规模上占比由小到大，质量规模上呈"倒金字塔"形分布格局；空间分布呈集聚类型，空间布局呈"一极突出，多点散发"特征；经济发展、教育程度、人口规模、文化氛围等因素共同作用，影响了空间分布；各驱动因素交互作用发挥了更为显著的影响力。

关键词： 公共文化服务设施；空间分布；核密度估计；平均最近邻；地理探测器

---

　*基金项目：内蒙古自治区哲学社会科学规划项目"内蒙古基本公共文化服务均等化空间分异与对策研究"（项目编号2021NDB170）。

　**作者简介：于亚娟（1979—），女，内蒙古赤峰市人，内蒙古财经大学旅游学院副教授，博士，硕导，研究方向为区域文化产业与公共文化服务，E-mail: nmg1207@163.com。

Spatial distribution characteristics and driving factors of public cultural service facilities in Inner Mongolia

YU Ya-juan

（College of Tourism，Inner Mongolia University of Finance and Economics）

Abstract：The spatial distribution of public cultural service facilities is the basic condition to realize the equalization of public cultural services. The spatial distribution characteristics and driving factors of public cultural service facilities in Inner Mongolia are analyzed by using the methods of quantitative statistics, average nearest neighbor index, kernel density estimation and geographic detector. The research shows that the spatial distribution of public cultural service facilities in each league city is uneven, both in absolute quantity and relative quantity. From the perspective of hierarchy, the proportion of quantity scale is from small to large, and the distribution pattern of quality scale is "inverted pyramid"; The spatial distribution is agglomeration type, and the spatial layout is characterized by "one pole is prominent and many points are distributed"; Economic development, education level, population size, cultural atmosphere and other factors work together to affect the spatial distribution; The interaction of various driving factors has played a more significant role.

Keywords：public cultural service facilities；Spatial distribution；Estimation of nuclear density；Average nearest neighbor；Geographic detector

我国文化和旅游部制订的《"十四五"公共文化服务体系建设规划》提出，要进一步推进公共文化服务设施建设，到2035年建成与社会主义文化强国相适应的现代公共文化服务体系。公共文化服务设施作为公共文化服务的载体，是公共文化服务体系重要组成部分，其空间合理布局有利于建设现代公共文化服务体系，提高地区软实力，塑造浓厚的区域文化氛围，提升区域形象与知名度。探究公共文化服务设施的空间分布，有助于明晰区域公共文化服务差异，对于优化公共文化服务设施布局、实现公共文化服务均等化发展具有重要意义。

公共文化服务设施主要包括图书馆、博物馆、艺术馆、剧院和电影院等，它们既是收藏、展示、研究和组织艺术活动的公益性机构或商业设施，也是人们进行文化活动的重要载体、休闲娱乐的重要场所①。国外学者在20世纪70年代就开展公共文化服务设施探究，比如探索选址并提出覆盖模型②、规划布局与管理③④、空间溢出效应⑤等方面。国内学者的研究起步较晚，但成果较多，旨趣集中公共文化服务设施的空间分布⑥、时空演化⑦、影响因素⑧等，研究对象主要涉及公共图书馆⑨、博物馆⑩、文化馆⑪、电影院⑫等。

内蒙古地域狭长，横跨三北（即西北、华北和东北），内与八个省区相连，外与蒙古、俄罗斯两国接壤。独特的地域特征、人文历史条件以及社会经济发展使得各地公共文化服务设施空间分布呈现出鲜明的差异性。探讨内蒙古公共文化服务设施空间分布对于充分实现公共文化服务均等化，增加人民文化获得感和幸福感具有重要意义。本文借助GIS软件对内蒙古公共文化服务设施的空间布局特征进行探讨，

---

① 陆小成.北京公共文化设施空间布局探析[J].中国国情国力，2017（6）：42-44.

② DUNSTAN D W. The Location and Siting of Public Libraries in Australian Capital Cities with Special Reference to Melbourne[J]. Field Interviews，1974，32（1）：101-118.

③ NAWA L L. Uneven Distribution of Cultural Facilities in the City of Tshwane，South Africa：A Call for a Cultural Turn in Spatial Planning[J]. South African Geographical Journal，2018，100（3）249-270.

④ KONG L. Making Sustainable Creative Cultural Space in Shanghai and Singapore[J]. Geographical Review，2009，99（1）：1-22.

⑤ KERVANKIRAN I，TEMURCIN K，YAKAR M. The development of museology in Turkey，a spatial analysis of museums and their contribution to tourism in Turkey[J]. Almatourism Journal of Tourism，Culture and Territorial Development，2016，13（7）：1-22.

⑥ 陈乐，高雅妮，姚尧，等.西安市文化设施的空间集聚特征及影响因素分析：倡导高效化还是侧重均等化[J].现代城市研究，2021（4）：36-42.

⑦ 张艺炜，邓三鸿，孔嘉，等.中国公共文化服务建设的时空分异与影响因素研究[J].图书馆建设，2021（6）：165-174，183.

⑧ 赵宏波，余涤非，苗长虹，等.基于POI数据的郑州市文化设施的区位布局特征与影响因素研究[J].地理科学，2018，38（9）：1525-1534.

⑨ 李卓卓，秦龙焜，许炜.公共图书馆空间可达性和服务区域测定方法研究[J].图书情报工作，2019，63（24）：25-34.

⑩ 刘海龙，刘美彤，呼旭红，等.中国博物馆时空演变特征及成因分析[J].热带地理，2022，42（3）：469-480.

⑪ 田志馥，于亚娟，那音太，等.我国文化馆的空间格局与影响因素分析[J].内蒙古财经大学学报，2021，19（1）：61-65.

⑫ 杨晓俊，朱凯凯，陈朋艳，等.城市电影院空间分布特征及演变：以西安市为例[J].经济地理，2018，38（6）：85-93.

以期为优化内蒙古公共文化服务设施空间布局提供可量化的政策依据，为推进内蒙古公共文化服务均等化、现代公共文化服务体系建设提供参考。

一、数据来源与研究方法

（一）数据来源

由于"三馆一站"（公共图书馆、博物馆、文化馆和文化站）是公共文化服务设施的重要组成部分以及数据的可获得性，本文拟将内蒙古12个盟市的"三馆一站"作为研究对象。

我国文化和旅游部至今分别对全国范围的博物馆、公共图书馆、文化馆、综合文化站进行了四批、六批、五批、两批评估定级。需要说明的是，所有评估定级后的博物馆、公共图书馆、文化馆和综合文化站没有淘汰和降级之考核，却有由低等级晋升为高等级之区别，如某博物馆第一次评估定级被确定为三级而在第二次评估定级时由于软硬件服务水平的提升等级被确定为二级。因此，新近一次的评估定级名单包括前一次的评估定级名单，区别在于等级不同。本文选取最近一次评估定级的内蒙古范围的博物馆（2020年）、公共图书馆（2018年）、文化馆（2021年）和综合文化站（2019年）名录并进行数据清洗，最终获得"三馆一站"926个（见表1）。

文中所有涉及的"三馆一站"的统计数据都是源于《内蒙古统计年鉴》和12个盟市的统计年鉴，926个名录的地理坐标数据来自百度地图API并通过人工校对与确认。

表1　内蒙古公共文化服务设施数量统计表

盟市	类型	一级	二级	三级	合计
阿拉善盟	公共图书馆	0	1	3	4
	博物馆	0	1	0	1
	文化馆	1	1	0	2
	文化站	5	6	9	20
巴彦淖尔市	公共图书馆	0	5	4	9
	博物馆	0	1	0	1
	文化馆	2	5	2	9
	文化站	9	23	23	55

盟市	类型	一级	二级	三级	合计
包头市	公共图书馆	5	3	6	14
	博物馆	0	1	0	1
	文化馆	4	5	2	11
	文化站	14	19	18	51
赤峰市	公共图书馆	3	6	5	14
	博物馆	1	3	7	11
	文化馆	5	4	3	12
	文化站	11	26	42	79
鄂尔多斯市	公共图书馆	7	3	0	10
	博物馆	1	1	1	3
	文化馆	9	2	0	11
	文化站	50	24	16	90
呼和浩特市	公共图书馆	1	3	7	11
	博物馆	1	2	3	6
	文化馆	3	4	4	11
	文化站	7	9	27	43
呼伦贝尔市	公共图书馆	1	5	10	16
	博物馆	0	1	6	7
	文化馆	7	9	1	17
	文化站	19	28	24	71
通辽市	公共图书馆	5	2	1	8
	博物馆	0	1	2	3
	文化馆	3	1	1	5
	文化站	8	22	45	75
乌海市	公共图书馆	1	1	2	4
	博物馆	0	0	1	1
	文化馆	0	3	1	4
	文化站	1	10	4	15
乌兰察布市	公共图书馆	0	1	6	7
	博物馆	0	0	1	1
	文化馆	0	1	5	6
	文化站	4	28	34	66

盟市	类型	一级	二级	三级	合计
锡林郭勒盟	公共图书馆	0	1	13	14
	博物馆	0	0	0	0
	文化馆	1	10	4	15
	文化站	8	6	17	31
兴安盟	公共图书馆	2	0	5	7
	博物馆	0	1	2	3
	文化馆	4	2	0	6
	文化站	9	23	33	65
合计		212	314	400	926

（二）研究方法

1. 平均最邻近指数

地理空间中的点要素分布主要包括均匀、随机和集聚三种模式。最邻近指数作为一种被广泛使用的空间分析方法，常被用来反映点状事物在地理空间中的邻近程度。本文用其判断内蒙古公共文化服务设施的空间分布类型。运用ArcGIS 10.8空间统计模块中的平均最邻近模块计算内蒙古公共文化服务设施分布的最邻近指数R，当R＜1时，说明内蒙古公共文化服务设施呈集聚分布态势；当R＞1时，说明内蒙古公共文化服务设施呈均匀分布态势；当R接近1时，说明内蒙古公共文化服务设施呈随机分布态势。

2. 核密度估计法

核密度估计法对一定区域内的点赋予了不同的权重（一般而言，距离中心越近权重越高），根据把搜索半径视为轴而产生的圆绘制出平滑且连续的密度分布图。这种方法常被用来反映点要素在空间的集聚与扩散程度。本文将公共文化服务设施点要素通过核密度估计法进行研究，核密度估算值越高则表示公共文化服务越聚集。

3. 地理探测器

地理探测器由王劲峰团队研发而成，因其无线性假设而被广泛应用于分析空间分异性的驱动因素探究。地理探测器包括了4个子探测器，即因子探测、交互探测、风险探测和生态探测。本文使用因子探测和交互探测，以探测影响内蒙古公共文化设施空间布局的驱动因素以及各因素之间的交互作用。

二、内蒙古公共文化服务设施的空间分布

（一）绝对数量分布

内蒙古的公共文化服务设施计有926个，其中：公共图书馆数量118个，博物馆数量38个，文化馆数量109个，文化站数量661个。如果以盟市均值（77）为界，那么均值以上的盟市包括赤峰市（116）、鄂尔多斯市（114）、呼伦贝尔市（111）、通辽市（91）、兴安盟（81）、乌兰察布市（80）和包头市（77），均值以下的盟市包括巴彦淖尔市（74）、呼和浩特市（71）、锡林郭勒盟（60）、阿拉善盟（27）和乌海市（24）。由此可见，各盟市公共文化服务设施绝对数量不均衡特征较为明显，表现在两个方面：一是以均值划分，均值以上的盟市数量为7，均值以下的盟市数量为5，两者大体相当，而没有出现围绕某一区间数值集中的情形；二是盟市之间数量差距较大，数量最多者（赤峰市）是数量最少者（乌海市）的4.8倍，二者极差达92。

内蒙古从区域内部可分为蒙东和蒙西两个部分。蒙东地区包括呼伦贝尔市、通辽市、兴安盟、赤峰市和锡林郭勒盟，蒙西地区包括呼和浩特市、包头市、乌兰察布市、鄂尔多斯市、乌海市、巴彦淖尔市和阿拉善盟[①]。蒙东与蒙西公共文化服务设施绝对数量大致均衡，蒙东的数量为459，占到49.57%，蒙西的数量469占到50.43%。考虑到蒙东与蒙西涵盖盟市数量不等这一客观事实，上述几乎相等的占比实际上进一步反映出公共文化服务设施绝对数量不均衡的特征。

（二）相对数量分布

公共文化服务设施绝对数量的总体特征是基于宏观尺度的格局研究。由于内蒙古地域广阔，每个盟市的地域面积差异显著。为了更好地探测公共文化服务绝对数量高值和低值区域的具体分布，有必要从相对数量角度予以分析。具体可从地理密度分布和人均密度分布两个角度探讨。

地理密度算法是各盟市公共文化服务设施绝对数量与其面积之比，以此说明各盟市公共文化服务设施密度差异。公共文化服务设施绝对数量的空间差异反映出均等化的一个方面，由于公共文化服务强调以人为本，为了更为全面地探究公共文化服务设施的空间差异，本文选取公共文化服务设施人均数量，对内蒙古公共文化服务设施进行空间格局分析。根据表1（内蒙古公共文化服务设施数量统计表）绘制表

---

① 王来喜，高凤祯，王秀艳. 内蒙古东西部贫困问题比较研究[J]. 中央民族大学学报（哲学社会版），2010，37（1）：33-37.

2（内蒙古公共文化服务设施相对数量统计表）。

表2　内蒙古公共文化服务设施相对数量统计表

盟市	地理密度		人均数量	
	单位：个/万平方公里	排名	单位：个/万人	排名
阿拉善盟	1.00	12	1.02	1
巴彦淖尔市	11.49	9	0.484	6
包头市	27.80	3	0.28	11
赤峰市	12.89	8	0.29	10
鄂尔多斯市	13.13	7	0.53	4
呼和浩特市	41.28	2	0.20	12
呼伦贝尔市	4.39	10	0.50	5
通辽市	15.29	4	0.32	9
乌海市	141.18	1	0.43	8
乌兰察布市	14.55	5	0.482	7
锡林郭勒盟	2.96	11	0.54	3
兴安盟	13.55	6	0.58	2

由表2可知，从地理密度角度看，排在前三位分别为：乌海市（141.18）、呼和浩特市（41.28）和包头市（27.80），排在后三位则是：呼伦贝尔市（4.39）、锡林郭勒盟（2.96）和阿拉善盟（1.00）。各盟市公共文化服务设施数量分布不均衡特征显著，不仅排名靠前盟市与排名靠后盟市的密度差距明显，而且即便是排在前三位盟市的密度差距也十分突出，乌海市地理密度是呼和浩特市的3.42倍之多。从人均数量角度看，则是另外一番情形。阿拉善盟由地理密度排在最后一位一跃成为人均数量第一，呼和浩特市由地理密度排名第二骤降为人均数量全区最后一位。其他盟市地理密度与人均数量的排名均有明显变化。可见，由于行政区划面积与人口的差异，内蒙古各盟市公共文化服务设施的相对数量差距十分明显，评价各盟市公共文化服务设施数量水平需要综合多个角度代之以简单的地理密度或人均数量，当然也不可以公共文化服务设施的数量作为各个盟市公共文化服务水平的评价基准。

（三）数量结构分布

由表1可知，一级公共文化服务设施（即"三馆一站"）共有212个，二级公共文化服务设施共有314个，三级公共文化服务设施共有401个，它们所占比重分别为22.79%、33.91%和43.3%。内蒙古各盟市不同等级公共文化服务设施在数量规模上占比由小到大，呈现出"金字塔"形分布，反映出其在质量规模上的"倒金字塔"形分布格局。这表明内蒙古公共文化服务设施质量建设尚有一定的提升空间。

从公共文化服务设施类型看，公共图书馆数量118个，博物馆数量38个，文化馆数量109个，文化站数量661个。其中，文化站数量最多，公共图书馆数量与文化馆数量大体相当，博物馆数量则最少。这与我国文化事业建设方针直接相关。从"六五"计划的"县县有图书馆和文化馆，乡乡有文化站"目标到《公共图书馆法》明确的"县域总分馆制"并将这一解决思路拓展至文化馆和其他公共文化服务领域，再到《中国农村扶贫开发纲要（2011—2020年）》确定的"健全农村公共文化服务体系，基本实现每个国家扶贫开发工作重点县有图书馆、文化馆，乡镇有综合文化站，行政村有文化活动室"目标[1]，都体现了国家建设公共文化服务设施网络的意志。当前，内蒙古共有县级行政区103个，苏木乡镇641个，与上述公共图书馆、文化馆和文化站数量大体匹配，体现出行政区划数量与公共文化服务设施数量密切相关的特征，博物馆则无此特征。

（四）空间分布类型

平均最邻近距离是一个平均值，是实际分布的最邻近的点对之间的平均距离。它测度了地理事物点状分布的相对位置，是点型配置的重要特征，反映了点在空间上的分布特征。最邻近的距离越小，说明点在空间分布越密集，反之则越离散。本文利用ArcGIS10.8平台的空间统计模块对内蒙古公共文化服务设施抽象为点进行平均最邻近分析以此判断其分布类型，结果如表3所示。

表3　内蒙古公共文化服务设施最邻近统计表

类型	最邻近指数	Z得分	P值	分布类型
总体	0.337187	−38.187865	0	集聚
公共图书馆	0.672674	−6.773369	0	集聚
博物馆	0.745612	−2.999983	0.00027	集聚
文化馆	0.633940	−7.311332	0	集聚
文化站	0.455390	−26.501367	0	集聚

---

① 肖鹏，赵庆香. 公共图书馆在中国减贫事业中的作为、贡献与经验（1978—2020）[J/OL].
中国图书馆学报. https://kns.cnki. net/kcms/detail//11.2746. G2.20230104.1401.002.html.

由表3可知，内蒙古公共文化服务平均最邻近指数（R）均小于1，且通过P值检验，说明内蒙古公共图书馆、博物馆、文化馆、文化站以及上述各类型公共文化服务设施总体分布均呈现出集聚态势。而且，据R值大小可判断集聚程度，当R值越小表明集聚程度越高，反之则越低。所以，内蒙古不同类型公共文化服务设施的集聚程度排序结果为：总体>文化站>文化馆>公共图书馆>博物馆。

（五）空间分布密度

核密度分析方法是从原始数据点出发计算规定区域中点密度在空间中分布变化的一种非参数估计方法，核心是事物间距离越近则联系越强[1]。可以反映公共文化服务要素对它周围位置服务影响随距离变化的衰减作用，更精确地表示区域公共文化服务的分散集聚特征随时间空间的变化[2]。本文利用ArcGIS10.8平台的密度分析模块，基于抽象为点数据的内蒙古公共文化服务设施进行核密度分析，采用自然截断点法依据密度值的大小将其分为五种类型，即高值区、较高值区、中等值区、较低值区和低值区。

不同类型公共文化服务设施的空间分布特征：（1）公共图书馆分布呈现单核心、多点散发态势。单核心即以呼和浩特市为中心向周边盟市扩散，形成涵盖高值区、较高值区与中等值区的连片区域。蒙东地区则是赤峰市、通辽市和兴安盟连片，与呼伦贝尔市遥相呼应，大体都属于中等值区。阿拉善盟和锡林郭勒盟则处于冷点区域。（2）博物馆空间分布是双核心齐头并进态势。蒙西地区以呼和浩特市为中心向鄂尔多斯市、包头市、巴彦淖尔市和乌兰察布市辐射，形成连片区域。蒙东地区则是以赤峰市为核心向通辽市和兴安盟扩散，形成连片区域。除呼伦贝尔市处于中等值区外，其他盟市则是冷点区域。（3）文化馆的空间分布以呼和浩特市为核心向周边辐射。通辽市、赤峰市、兴安盟和呼伦贝尔市多点散发特征比较突出。阿拉善盟和锡林郭勒盟则是冷点区域。（4）文化站的空间分布是较为典型的双核心。蒙西地区以呼和浩特市为核心向乌海市、巴彦淖尔市、包头市和乌兰察布市扩散。蒙东地区的赤峰市和通辽市均属于较高值区，以这两个盟市为核心，向兴安盟扩散。阿拉善盟、鄂尔多斯市、锡林郭勒盟和呼伦贝尔市属于冷点区域。（5）所有公共文化

① SPENCER J, ANGELES G. Kernel Density Estimation as a Technique for Assessing availability of Health Services in Nicaragua[J]. Health Services and Outcomes Research Methodology, 2007, 7（3-4）: 145-157.

② LI Z W, HE P. Data-Based Optimal Bandwidth for Kernel Density Estimation of Statistical Samples[J]communications in Theoretical Physics, 2018, 70（12）: 728-734.

服务设施的空间分布格局的单核心与多区域散发特征较为突出。蒙西地区以呼和浩特市为核心向乌海市、巴彦淖尔市、包头市和乌兰察布市扩散，集中连片，成为一个核心点。蒙东地区赤峰市和通辽市集中连片，片区范围内这两个盟市各自为次核心向外扩散。兴安盟、呼伦贝尔市各自发展，处于中等值区。阿拉善盟、鄂尔多斯市和锡林郭勒盟则属于冷点区域。综合来看，内蒙古不同类型公共文化服务设施的空间布局差别不是十分明显，总体呈现"一极突出，多点散发"分布特征。一极指的是呼和浩特市，多点则是赤峰市、通辽市、呼伦贝尔市和兴安盟。阿拉善盟和锡林郭勒盟则始终处于冷点区域，可能与这两个盟市地域面积辽阔与人口稀少有直接关系。

三、驱动因素分析

（一）指标选取

公共文化服务设施的空间分布及特征是多种因素共同作用的结果。在考虑数据的可获得性和参阅已有研究成果基础上，本文拟从人口规模、经济发展水平、财政实力、教育水平、文化氛围五个方面选取指标探究内蒙古公共文化服务设施空间分布特征的影响程度。

人口规模大小是政府宏观调配公共文化服务设施布局的必要考虑条件[1]，本文使用地区常住人口数量表征人口规模。经济发展程度对公共文化服务设施空间布局影响最为显著[2]，本文使用人均地区生产总值表征经济发展水平。公共文化服务设施布局与政府支持直接相关[3]，本文通过公共预算予以表征。文化教育程度对公共文化服务设施空间布局具有较大影响，本文通过普通本（专）科在校学生数来表征。一般而言，文化氛围较为浓厚的地区举办的文化活动往往较多[4]，本文使用各地举办的文艺活动次数来表征文化氛围。

---

[1] 赵宏波，余涤非，苗长虹，等.基于POI数据的郑州市文化设施的区位布局特征与影响因素研究[J].地理科学，2018，38（9）：1525-1534.

[2] 田志馥，于亚娟，那音太，等.我国文化馆的空间格局与影响因素分析[J].内蒙古财经大学学报，2021，19（1）：61-65.

[3] 李细归，肖鹏南，吴清，等.中国公共图书馆时空格局演变及影响因素研究[J].人文地理，2019，34（1）：140-150.

[4] 同①.

（二）各驱动因素的驱动力

基于地理探测器的各因素驱动力结果如表4所示。由此可知，前述5个影响因素驱动力排序为：经济水平（0.892）＞教育程度（0.874）＞人口规模（0.857）＞文化氛围（0.851）＞财政能力（0.836）。经济发展程度对于公共文化服务设施空间分布的驱动力最为显著，一个地区公共文化服务设施的布局需考虑经济发展水平。文化教育程度的驱动力次之，说明一个地区受教育水平程度越高往往更加重视公共文化服务设施建设。

各驱动因素对于不同类型公共文化服务设施空间布局的驱动力不尽相同。由表4可知，文化教育程度对公共图书馆、文化馆（含文化站）的驱动力分别为0.901和0.912，居所有驱动力之首，这说明受教育程度越高的地方往往公共图书馆与文化馆（含文化站）分布数量越多。经济发展水平则对博物馆的影响最为显著，驱动力为0.921，这可能与博物馆的运营成本较高有关[①]。

表4　各驱动因素的驱动力

驱动因素	总体	公共图书馆	文化馆（含文化站）	博物馆
人口规模	0.857^{**}	0.878	0.847	0.871^{**}
经济水平	0.892^{***}	0.889^{**}	0.842^{**}	0.921^{***}
教育程度	0.874^{***}	0.901^{**}	0.912^{**}	0.841^{**}
文化氛围	0.851^{**}	0.801^{**}	0.814	0.884^{**}
财政能力	0.836	0.819	0.741	0.842^{**}

注：*、**和***分别表示在10%、5%和1%水平下显著。

（三）各驱动因素的交互力

基于地理探测器对前述5个驱动因素进行交互探测以分析驱动因素交互作用对内蒙古公共文化服务设施空间布局的影响程度，结果如表5所示。各驱动因素的交互作用均显示双因子增强型，即双驱动因子交互作用的驱动力大于单独作用的驱动力，且所有驱动因素交互作用力均在0.9以上。这说明，内蒙古公共文化服务设施的空间布局是人口规模、经济发展水平、文化教育程度、文化氛围和财政能力多种因素共同作用的结果，上述因素交互作用后的驱动力表现出更为显著的影响效果。

---

① 陈君子，陈云，刘大均.四川省高等级公共文化服务设施空间分布特征与影响因素[J].西华师范大学学报（自然科学版），2023，44（5）：528-534.

进一步的对比发现，教育程度∩文化氛围交互驱动力居所有交互驱动力之首，说明较高的教育程度和良好的文化氛围夯实了内蒙古公共文化服务设施空间布局的基础。

表5 驱动因素交互作用结果

交互作用	总体	公共图书馆	文化馆（含文化站）	博物馆
人口规模∩经济水平	0.987（BE）	0.941（BE）	0.991（BE）	0.984（BE）
人口规模∩财政能力	0.975（BE）	0.956（BE）	0.982（BE）	0.963（BE）
人口规模∩教育程度	0.991（BE）	0.981（BE）	0.968（BE）	0.957（BE）
人口规模∩文化氛围	0.986（BE）	0.968（BE）	0.971（BE）	0.964（BE）
经济水平∩财政能力	0.997（BE）	0.943（BE）	0.953（BE）	0.972（BE）
经济水平∩教育程度	0.988（BE）	0.986（BE）	0.968（BE）	0.978（BE）
经济水平∩文化氛围	0.978（BE）	0.972（BE）	0.983（BE）	0.983（BE）
财政能力∩教育程度	0.931（BE）	0.957（BE）	0.974（BE）	0.974（BE）
财政能力∩文化氛围	0.967（BE）	0.986（BE）	0.959（BE）	0.983（BE）
教育程度∩文化氛围	0.998（BE）	0.997（BE）	0.998（BE）	0.996（BE）

注：BE表示双因子增强。

四、结论

本文利用平均最邻近指数、核密度估计法与地理探测器等方法对内蒙古公共文化服务设施的空间格局及驱动因素进行探讨，研究表明：

（1）从绝对数量角度看，蒙东与蒙西地区公共文化服务设施绝对数量大致均衡，但由于蒙东与蒙西所涵盖盟市数量不等，上述几乎相等的占比实际上反映出公共文化服务设施绝对数量不均衡的特征；从相对数量角度看，内蒙古盟市公共文化服务设施的相对数量差距显著。

（2）从不同等级角度看，内蒙古公共文化服务设施在数量规模上占比由小到大，在质量规模上的"倒金字塔"形分布格局。

（3）内蒙古公共文化服务设施空间分布是集聚类型，内蒙古不同类型公共文化服务设施的总体呈现"一极突出，多点散发"分布特征。

（4）内蒙古公共文化服务设施空间分布主要受经济发展、教育程度、人口规模、文化氛围等因素制约，其中经济发展因素对于公共文化服务设施空间分布的驱动力最为显著。因此，发展地区经济是提升公共文化服务的基础。

（5）相较于单个驱动因素作用而言，驱动因素交互作用在内蒙古公共文化服务设施空间布局上发挥出更为显著的影响力，其中，教育程度与文化氛围交互作用所产生的驱动力最强。由此可见，在所有影响内蒙古公共文化服务设施空间布局的因素中，持续提高文化教育程度、提升社会文化氛围对于推进内蒙古公共文化服务设施建设与发展具有一定现实意义。

由于数据获得难度以及统计口径不一致，本文中的公共文化服务设施仅仅以"三馆一站"为代表，未将美术馆、群艺馆等公共文化服务设施纳入考察视野。未来研究可进一步拓展公共文化服务设施的范围与类型，并且从长时段视角对其进行动态考察，以进一步揭示其时空演化机制。

馆际联盟、品牌塑造与民生互动:"延安过大年"群众文化活动品牌模式[*]

彭建峰　　吴承忠[**]

（对外经济贸易大学政府管理学院）

摘要：群众文化活动是现代公共文化服务体系的重要内容，其品牌化发展有助于促进地方公共文化服务提质增效，从而实现高质量发展。文章采用案例分析研究法，分析了"延安过大年"群众文化活动品牌建设过程中积累的经验，特别是从"馆际联盟、品牌塑造与民生互动"三个方面对"延安过大年"群众文化活动品牌模式进行了探讨。研究认为，加强群众文化联盟建设、发挥多元主体的协同力量以及加强制度体系建设是"延安过大年"群众文化活动品牌化发展的有益经验。

关键词：文化馆联盟；群众文化活动品牌；"延安过大年"

---

　　[*]基金课题：对外经济贸易大学研究生科研创新基金《乡村振兴背景下乡村阅读空间活化研究》资助，项目编号"202337"。

　　[**]作者简介：彭建峰（1996—），男，汉族，重庆彭水人，对外经贸大学政府管理学院博士研究生，主要研究方向为公共文化服务、国家文化公园；E-mail: 1679826217@qq.com；吴承忠（1971—），男，汉族，湖北武汉人，对外经济贸易大学政府管理学院教授，博士生导师，国家文化和旅游研究基地主任，主要研究方向为文化管理、文化规划与政策，E-mail: wucz00@163.com。

Cultural Center Alliance，Brand Building and People's Livelihood Interaction：The Brand Model of "Yan'an Lunar New Year" Mass Cultural Activities

PENG Jian-feng   WU Cheng-zhong

（ School of Government Management，University of International Business and Economics）

Abstract：Mass cultural activities are an important part of modern public cultural service system，and their branding development helps to improve the quality and efficiency of local public cultural services，so as to achieve high-quality development. This paper uses the case study method to analyze the experience accumulated in the process of brand construction of the mass cultural activities of "Yan'an Celebration of the New Year"，especially from the three aspects of "interlibrary alliance，brand building and people's livelihood interaction" to discuss the brand model of "Yan'an Celebration of the New Year". The research holds that strengthening the construction of mass cultural alliance，giving play to the synergistic power of multiple subjects and strengthening the construction of system are beneficial experiences for the branding development of mass cultural activities in Yan'an Lunar New Year.

Keywords：Cultural center alliance；Mass cultural activity brand；"Celebrating Chinese New Year in Yan'an"

2021年3月8日，文化和旅游部、国家发展改革委以及财政部联合印发《关于推进公共文化服务高质量发展的意见》（以下简称《意见》），明确要围绕我国公共文化服务领域中的关键问题，推动公共文化服务高质量发展。其中指明要以各地文化馆为主导，加强公共文化服务品牌建设，健全群众性文化活动开展机制，提高公共文化服务供给效率。群众文化活动是基本公共文化服务融入城乡居民生活、广泛开展群众喜闻乐见的文化活动、满足新时期广大人民群众文化生活需要的有效方式，其品牌化建设也有助于推进新时期公共文化服务提质增效，从而推动公共文化服务高质量发展。"延安过大年"是文化和旅游部、财政部公布的第四批国家公共文化服务体系示范项目，是延安市按照"品牌化建设、特色化打造、常态化开展"的思路进行示范项目建设的成功创举，形成了覆盖全市、多元丰富、广泛接受的系列品牌性群众文化活动。以此例探讨群众文化活动品牌化发展，有利于创新公共文化服务方式，为公共文化服务高质量发展提供有益参考。

一、引言

在公共文化服务高质量发展的背景下，群众文化活动品牌化发展是适应基本公共文化服务由"有没有、够不够"转向"好不好、精不精"的有效方式。目前，关于群众文化活动品牌的相关研究并不多，相关研究主要集中在公共文化服务品牌、图书馆阅读推广品牌等方面。例如，付婷和周旖（2021）[①] 以广东省"粤书吧"为例，探讨了政府主导型公共图书馆阅读空间品牌化的建设机制；黄百川（2021）[②] 以佛山市图书馆邻里图书馆项目为例，提出了公共图书馆阅读推广品牌建设的路径；张月群等（2014）[③] 提出了高校图书馆阅读品牌和文化服务品牌的建设策略；完颜邓邓和宋婷（2020）[④] 则从品牌建设主体、品牌类型、品牌营销渠道、品牌评估反馈等方面分析了公共数字文化品牌建设中的不足及对策。在群众文化活动方面，王奇杰（2019）[⑤]、于静（2019）[⑥] 基于泸州市文化馆和南充市文化馆的实践，提出要建设群众文化活动品牌、展现地方特色文化魅力。当前相关研究涉及了公共图书馆阅读空间品牌、公共文化空间品牌、公共数字服务品牌以及地方性特色的群众文化活动品牌研究，集中于案例性解读和分析，但总体而言相关研究并不多，特别是对于文化馆角度的文化活动品牌塑造以及文化馆联盟方面的研究较为缺乏。

群众文化活动品牌化发展是基本公共文化服务体系逐步建成背景下，优化地方

---

① 付婷，周旖. 公共文化空间品牌建设研究：以广东省"粤书吧"为例[J]. 图书馆论坛，2021，41（11）：136-145.

② 黄百川. 公共图书馆阅读推广品牌建设创新与思考：以佛山市图书馆邻里图书馆项目为例[J]. 图书馆，2021（5）：92-95，118.

③ 张月群，俞海平，丁青. 高校图书馆文化服务品牌建设策略[J]. 图书情报工作，2014，58（19）：68-73.

④ 完颜邓邓，宋婷. 融合创新发展背景下公共数字文化服务品牌建设研究[J]. 图书馆，2020（10）：15-19，46.

⑤ 王奇杰. 试论新时期群众文化活动品牌打造[J]. 四川戏剧，2019（1）：177-179.

⑥ 于静. 打造群众文化品牌 展现特色文化魅力[J]. 四川戏剧，2019（4）：166-168.

公共文化服务供给的有效方式，其在整合地方公共文化服务资源、促进地区文化资源共享、深化公共文化服务领域供给测改革等方面具有积极的意义。特别是在以县域文化馆总分馆制体系为依托的文化馆联盟指导下，区域群众文化活动品牌建设不仅能够打破传统公共文化服务的地域限制，实现区域内空间、人员、经费、活动、资源、政策等的互通互动，并进一步提升"总分馆制"文化馆体系效能的发挥。同时，以文化馆联盟为依托，能够在群众文化活动品牌建设将社会团体、文化志愿队伍以及广大人民群众纳入公共文化服务供给中来，使公共文化服务供给逐渐形成广泛的社会参与优势，从而为优化现代公共文化服务供给、推动公共文化服务供给侧改革、促进公共文化服务高质量发展注入新的力量。

二、"延安过大年"群众文化活动品牌概况

（一）"延安过大年"群众文化活动品牌概况

"延安过大年"源自1983年的"延安过大年"春节系列文化活动，是延安市全面展示经济社会建设成就、丰富人民群众生活、带动文化旅游发展的品牌文化活动项目，现如今已成为延安市公共文化服务活动的一大亮点。2011年，"延安过大年"被原文化部评为我国群众文化活动最高奖"群星奖"项目奖，并被文化部列为全国重点文化活动之一。2018年，延安市依托"延安过大年"原有建设基础，获批第四批国家公共文化服务体系示范项目创建资格，推动"延安过大年"系列文化活动逐步品牌化。

近年来，延安市依托国家公共文化服务体系示范项目建设契机，先后出台《"延安过大年"国家公共文化服务体系示范项目整体实施方案》《延安市公共文化服务志愿者总分队的制度建设》《"延安过大年"演出场所标准化建设与管理细则》等一系列政策文件，为推进全市公共文化服务体系建设及系列群众文化活动品牌化、常态化发展奠定了政策基础。在这些制度和政策的支撑下，一大批以"延安过大年"为主题的优秀群众文化活动相继涌现，如陕北民歌大舞台、十大主题文化广场建设、广场舞大赛、民间艺术大赛、社区文化节、校园文艺会演、农民文化节等系列群众文化活动。

（二）"延安过大年"群众文化活动品牌模式

群众文化活动是以基本公共文化服务体系建设为依托，由文化部门、文化馆图

书馆等公共部门履行公共文化服务职能，或在文化馆等公共文化机构的引导下，由人民群众自发开展的文化活动，其具有满足广大人民群众的基本文化需要、保障其基本文化权益，以及促进地区文化旅游经济发展等功能。在国家公共文化服务体系示范项目创建的过程中，延安市以文化馆图书馆总分馆制建设为依托，以文化馆等公共文化机构为主导，充分吸纳和利用各种类型、性质的文化机构和社会力量，形成了聚合多元合力的公共文化服务联盟，使"延安过大年"系列群众文化活动品牌逐渐形成。

"延安过大年"群众文化活动品牌的发展可归纳为一个"123456"的发展模式，从而使其在创建过程中具有创新性、示范性、带动性。即"一个核心宗旨、两轮动力驱动、三力主体协同、四级阵地联动、五维机制架构、六元内容绽放"。其中一个核心宗旨，即聚焦于"民需民力民心"，以广大群众的文化需求和期待为活动根本出发点，依靠群众的力量建设品牌；两轮动力驱动，即按照"小型、分散、多元、广泛"的改革理念和加强文化志愿总分队队伍建设的创新做法，形成了创新驱动力，以及群众文化活动与非遗保护利用、旅游经济发展、乡村文化振兴之间融合共通的融合发展力；三力主体协同，即构建了以市级为总体统筹、县域承担主体责任、基层积极参与的三级主体协同局面，形成了"市级统筹力、县区责任力、基层参与力"三力协同的发展合力；四级阵地联动，即在县域三级公共文化服务体系协同联动的基础上，充分发挥市级公共文化机构功能，促进形成市、县（区/市）、乡镇（街道）、村（社区）四级公共文化服务阵地联动协同体系；五维机制架构，即通过标准化建设、制度体系引领、全要素支撑、特色化发展、可持续发展五个方面构筑"延安过大年"群众文化活动品牌化发展的特有机制架构；六元内容绽放，即通过系列建设，在全市形成了包括"非遗民俗文化、节庆文化、社区文化、广场文化、文化下乡、文旅融合"六个品牌体系为一体的"延安过大年"群众文化活动品牌，形成品牌特色。

三、"延安过大年"群众文化活动品牌分析

文化馆作为现代公共文化服务供给主体，在"延安过大年"系列群众文化活动品牌建设过程中发挥着举足轻重的作用。分析"延安过大年"群众文化活动品牌建设的过程与机制，不难发现，以文化馆服务联盟为主要依托的"馆际联盟构建""品牌活动打造""文化民生互动"构成了"延安过大年"品牌化发展的三维合力。

（一）服务联盟构成"延安过大年"群众文化活动品牌建设主体

文化馆服务联盟是"延安过大年"群众文化活动品牌建设的主要推动力量。文化馆服务联盟是以现有文化馆总分馆体系为基础，以各级文化馆站为主导机构，吸纳不同性质、类型的文化组织和文化力量，从而形成的公益性文化机构。在"延安过大年"中，这一联盟包括"文化馆站之间的联盟，政府部门的横纵向合作以及社会力量的积极参与"。

1. 馆际联盟

"十三五"期间，县域文化馆总分馆制建设是我国公共文化服务体系建设的一项重点工作。其主要目标是通过"总管分、分挂总"的总分馆制建设，打破县域文化馆以及基层文化站之间的分散格局，形成通过网络状的总分馆制建设，推动公共文化资源下沉与流通，从而提升公共文化服务供给效率。特别是通过文化馆总分馆制建设，推动县域公共文化服务集群化发展，从而创新群众文化活动开展、管理与服务的方式，激发基层公共文化服务供给活力，特别是通过总分馆制建设实现县域要素资源的整合，让公共文化服务体系建设的成果惠及更广泛的群众。

在"延安过大年"群众文化活动品牌建设过程中，各级文化馆站之间的联盟化发展起到了非常重要的作用。一方面，文化馆的馆际联盟促进了文化资源的横向流通。依托文化馆联盟的合作机制，各县区文化馆在开展"延安过大年"系列群众文化活动的过程中，会根据当地群众的文化喜好特点，针对性地引进其他县区的特色文化活动，为群众提供新鲜的文化活动，特别是通过文化馆联盟之间的合作与交流，各级文化馆站的人员、活动、品牌特色等逐步流动起来，从而加速了文化资源在不同县区范围内的共享与服务。另一方面，文化馆联盟促进了文化管理的纵向整合。以文化馆总分馆制为基础的文化馆联盟仍然遵循文化馆总分馆制的基本原则，即总馆对分馆的指导与管理。在"延安过大年"中，市级中心馆、县级文化馆以及基层文化馆站之间是上下流动的纵向体系，通过总分馆体制，市级中心馆能够对县级总馆进行业务指导与常态化管理，而基层文化馆站又能获得上级文化馆业务和管理上的帮助，从而使"延安过大年"系列群众文化活动能够在全市范围内有序开展。

2. 跨部门合作

文化馆馆际联盟是"延安过大年"群众文化活动品牌建设的直接推动力量，而政府跨部间的协调合作则是"延安过大年"群众文化活动品牌得以长效推进的重要保障。在"延安过大年"群众文化活动建设过程中，政府部门间的通力协作构成了系列活动品牌化的关键。一方面，在"延安过大年"示范项目领导小组的推动下，一系列保障群众文化活动开展的政策规划相继出台，从整体创建规划、三年实施方案、文化志愿队伍建设、资金管理办法、标准化建设等多个方面为示范项目创建提供遵循与依据。同时，按照"市级统筹、县区为主、基层参与"的基本思路，由市级政府在"延安过大年"系列群众文化活动方案制定、印发，全市公共文化服务体系建设以及县区特色品牌活动差异化打造等方面进行统筹管理，引领各县区品牌活动体系建设。另一方面，在横向政府部门之间，县区政府在活动策划与组织协调、经费保障、宣传报道、安全监督、应急管理、场地保障等各方面明确分工，落实保障措施。特别是在春节系列活动开展期间，以县委、县政府的名义发布《国家公共文化服务体系建设示范项目"延安过大年"之××县××年春节文化活动实施方案》，将相关要求以"县级两办"的名义下发落实到各单位。并成立以县级政府主要领导为组长、县级各部门主要领导为成员的"延安过大年"群众文化活动领导小组，将群众文化活动的各项任务具体落实到各部门和相关责任人上，确保活动开展的各项工作得以落实。

3. 文化志愿

充分整合社会资源、吸纳社会各界力量参与示范项目创建是"延安过大年"的一大创新。社会力量积极参与，使"延安过大年"系列群众文化活动得到有效延伸和广泛拓展。特别是在各级文化馆站的指导下，通过吸纳文化志愿队伍和其他社会资源参与到品牌创建中，不仅有效提高了群众参与积极性，还激发了全市公共文化服务供给活力。一方面，按照"活动—机制—阵地—队伍"四位一体创建思路，实施"总管分、分挂总"的"延安过大年"文化志愿总分队伍建设机制，并采用市文旅局和文化馆统一指导、文化志愿者服务总队支持、分队配合的协同方式，分别成立市级总分队、县区级总分队两级文化志愿总分队伍。其中，在市级文化志愿总分队伍方面，依托市群艺馆建立的文化志愿者服务总队，下设四支直属分队（音乐队、舞蹈队、美术队、戏曲队），常态化地开展包括书法艺术培训、送戏下乡、义务写春联等在内的"延安过大年"品牌文化活动。在县区级文化志愿者服务总分队建设方面，由市局指导县区文化和旅游局，依托县区文化馆建设文化志愿者县区总队，并参照市级机制开展活动。另一方面，在文化志愿队伍的建设和管理方面，依托文化馆站联盟，各分队与支队在市级总队的指导下进行队伍建设、开展服务以及日常管理工作，包括完善志愿队伍章程和组织结构，志愿队伍培训与招聘、志愿服务平台建设以及志愿队伍激励等，使广大文化志愿者成为"延安过大年"系列活动中深入各级公共文化旅游服务场所、广大城乡基层群众之中，广泛开展文艺演出、文化艺术知识普及、技能辅导和展览展示等形式多样的文化志愿服务活动的重要力量。

（二）品牌塑造构建"延安过大年"品牌特色建设机制

在公共文化服务品牌或群众文化活动品牌的分析方面，学者从"品牌定位、品牌塑造、品牌推广"[①]三个方面，或者"品牌定位、品牌建设主体、品牌塑造、品牌推广和品牌评估"[②]五个方面设置了分析框架。参考已有研究，结合"延安过大年"群众文化活动品牌实际，本文从"要素整合、品牌塑造和品牌推广"三个方面构建起分析框架。

1. 要素整合

区别于商业品牌要素的组成，"延安过大年"群众文化活动品牌形成的关键要素主要包括文化设施要素、财政资金要素、多元主体要素、活动基础要素以及文化资源要素等。在文化设施要素方面，促进形成四级阵地联动格局，即在县域三级公共文化服务体系协同联动的基础上，充分发挥市级群艺馆、图书馆等公共文化机构功能，促进形成市、县（区/市）、乡镇（街道）、村（社区）四级公共文化服务阵地联动协同体系，从而广泛开展阅读推广、文化惠民、文化艺术普及、文化艺术辅导培训、群众文艺展示讲座、群众文艺创作生产推广、群众文化人才培养、非物质文化遗产收集整理保护等活动。在财政资金方面，统筹资金要素，以财政专项资金、公共文化服务专项资金、财政奖补资金、政府购买专项经费等为来源，拓展活动资金渠道，为"延安过大年"群众文化活动提供资金保障。在人员主体方面，统筹多元主体要素，充分调动各级党政企事业主体单位、志愿者、学生、文化爱好者等多元主体参与，激发各类主体参与群众文化活动品牌创建的积极性与活力。统筹现有活动基础要素，提高现有活动品牌影响力，并在现有基础上创新系列活动形式。在文化资源要素方面，将丰富的公共文化、非物质文化、红色文化、民俗文化、体育文化等多样内容融入群众文化活动之中，丰富"延安过大年"群众文化活动品牌内

① 付婷，周旖.公共文化空间品牌建设研究：以广东省"粤书吧"为例[J].图书馆论坛，2021，41（11）：136-145

② 黄百川.公共图书馆阅读推广品牌建设创新与思考：以佛山市图书馆邻里图书馆项目为例[J].图书馆，2021（5）：92-95，118.

容,打造具有典型性、地域性和特色性的活动品牌,共同推进"延安过大年"群众文化活动品牌化发展。

2. 品牌塑造

在要素整合的基础上,"延安过大年"以常态性、特色性、融合性为导向,推进"延安过大年"为主题的特色品牌塑造。一方面,以春节系列文化活动引领"延安过大年"群众文化活动高潮,并将"延安过大年"系列群众文化活动拓展到日常生活的每一天,形成"过年期间领高潮、活动进入每一天"的活动特色,为广大群众提供"月月过年、天天过年"的文化盛宴。另一方面,在各级文化馆站的指导下,通过活动形式特色化、艺术类型特色化等,推动品牌特色化发展。以"县区集中调演、乡镇分散活动""方阵大军巡演、广场集中展演""日常不间断、春节造高潮"等特有活动形式打造"延安过大年"群众文化活动品牌形式特色;并依托延安市特色文化资源,结合基层生产生活实际,开展"陕北说书、民歌、秧歌"等特色艺术类型的文化活动,以及"农民文化节、苹果丰收节、农民运动会、水稻插秧节"等特色文化活动。同时,以"陕北民歌大舞台""陕北秧歌健身舞"等规模型、常态化的群众活动为平台,通过开展城区广场主题文化建设和全域旅游体验活动,"延安过大年"群众文化活动不断与旅游经济发展相融合。特别是通过主题文化广场建设、农民文化节、冬季嬉雪系列活动、秦直道系列活动、紫丁香文化节、葵花节、苹果采摘节、"四季游"等系列文化活动,让全市广大群众和外来游客能够随时随地参与到极具特色、充满"年味儿"的文化活动之中。"延安过大年"系列群众文化活动也在这个过程中实现了品牌化发展。

3. 品牌推广

品牌推广对品牌形成具有至关重要的作用,品牌推广的效果直接影响着公众对品牌的接受度和知晓度[①]。"延安过大年"的宣传推广工作主要包括两个系统总结和对外推广方面。在通过文字资料、影视资料和图片资料等多种形式收集全市各县区"延安过大年"群众文化活动品牌建设信息情况的基础上,系统性总结各县区在公共文化服务设施体系、广场文化活动建设、文化志愿队伍建设、品牌文化活动体系、文旅经济发展效益、特色活动机制等方面的典型活动案例、特色活动机制、优秀活动成果等内容,并以传统媒体与新媒体相结合的方式宣传推广出去,以此提高"延安过大年"系列文化活动品牌的影响力和知名度。一方面,基于《延安日报》、

---

① 李瑶,李菲,柯平. 我国公共图书馆品牌营销模式构建及应用[J]. 图书情报工作,2020,64(14):26-33.

延安广播电视台、延安市政府公众信息网、延安文明网、延安文化网、延安旅游网、爱特延安、微延安等媒体，以及手机短信、微信、微博等平台，逐步建成覆盖全市的宣传网络。以此不断扩大"延安过大年"系列群众文化活动的影响力，提高广大群众的知晓率和参与率。另一方面，在相关学术期刊上对"延安过大年"系列文化活动品牌建设中的文化志愿建设、品牌建设模式、公共文化服务等内容进行学术总结和学术推广，并通过《中国文化报》《文旅中国》等全国层面的新闻报刊推广"延安过大年"群众文化活动的特有品牌价值，提升其品牌知名度。

（三）民生互动实现"延安过大年"品牌价值导向与目的的统一

文化馆是具有中国特色的公共文化机构，作为我国现代公共文化服务体系建设的主阵地之一，其始终以为人民提供基本、多元、丰富的文化服务，满足人民群众的基本文化需求为导向[①]。从这个角度讲，"延安过大年"系列群众文化活动品牌化的重要原因包括其始终以人民为中心的价值导向和始终以满足人民群众文化需求的功能目的。在这个过程中政府部门、民众、文化馆等公共文化机构围绕满足人民群众的文化需求形成了紧密的文化互动。这种特有的文化类的民生互动体现在"延安过大年"具有良好的群众基础、群众的广泛参与以及覆盖全民三个方面。

第一，"延安过大年"具有良好的群众基础，这是"延安过大年"品牌化发展的一个重要条件，在一定程度上加速了"延安过大年"这一品牌的形成和发展。自1983年以来，延安市以展示全市经济社会建设成果、丰富人民群众文化生活、带动文化旅游发展、营造欢乐节庆氛围为目的，开始举办"延安过大年"系列群众文化活动，每年安排不少于10项诸如对外文化交流、全域旅游体验、文化下基层、春节电视联欢晚会、春联义写、戏曲公演、迎新春转九曲灯展、秧歌定点演出、全民读书、元宵节秧歌展演等大型文化旅游活动，特别是在全市13个县区设立分会场举办相关活动，使该项活动极具吸引力、带动性和示范效应，每年服务当地群众不少于600万人次，服务外来游客不少于30万人次，在广大人民群众心里形成"不举办活动就不算过年"的印象，积累了深厚的民间基础。

第二，"延安过大年"强调广大群众的广泛参与。"延安过大年"始终聚焦于一个核心理念：民需民力民心。即群众文化活动品牌化建设要为了人民、依靠人民、满足人民的文化需求，真真切切地将"延安过大年"品牌化建设与丰富广大群众的

---

① 谷宣萱.浅析文化馆基层文化志愿服务：以玉溪市为例[J].民族音乐，2020（2）：65-67.

文化生活、满足广大人民群众的精神文化需要结合起来，将群众文化活动为人民服务的宗旨贯彻到活动建设的全过程之中。特别是强调在群众文化活动开展的过程中吸纳广大人民群众的广泛参与，让全市广大文艺工作者、文化爱好者、非物质文化遗产传承者、青年学生、文化志愿者以及普通群众等不同年龄段、不同行业的人群都参与到活动之中，让群众在直接参与的过程中享受文化成果，获得文化满足感，丰富文化生活。

第三，让"延安过大年"系列文化成果惠及全体群众。依托"延安过大年"国家公共文化服务体系示范项目建设契机，不断完善城乡四级公共文化服务设施网络体系，将文化馆等公共文化机构开展的公共文化服务活动不断向乡村基层延伸，促进城乡公共文化服务供给均衡，缩小城乡公共文化服务差距让最大范围内的人民群众享受"延安过大年"系列群众文化活动品牌化建设的成果和服务。特别是强调在原有大型公共文化活动的基础上，按照"小型、分散、多元、广泛"的思路，改革"延安过大年"群众文化活动品牌化建设机制。一是在既有大型品牌性文化活动的基础上，建设系列小型活动，提高文化活动的服务效能，以小型化建设提高文化活动服务的精准性，让广大群众享受到切身的文化服务。二是在集中打造春节系列文化活动品牌的同时，分散性地在一年中不同时间段开展系列活动，推动"延安过大年"群众文化活动常态化开展。三是在重点展示非遗民俗文化的同时，融入现代公共文化服务元素、文化旅游元素、文化体育元素、节庆元素、时代新兴文化元素等多元内容，丰富群众文化活动内容和形式。四是在搞好城区文化活动的同时，推动系列活动向乡村、社区、厂矿、景区等基层扩展，实现系列文化活动地域范围的全覆盖。

四、经验与启思

（一）加强群众文化活动联盟建设

在"延安过大年"群众文化活动品牌发展的过程中不难看出，由延安市文化和旅游局、市群众艺术馆联合统筹，以延安市13区县文化馆为依托，以各区县代表性群众文艺活动志愿团队和志愿者为支撑，形成的"市级统筹、区县主体、志愿力量支撑、全域协同"的群众文化艺术活动联盟机制发挥了重要作用。一方面，该联盟机制不仅实现了群众文化活动形式内容上的变革，将传统与创新相结合，以传统年俗期间延安市盛行的文化艺术表演活动为特色，结合时代和人民需要不断更新迭代，在坚持搞好民俗文化展演的同时，推出一系列旅游活动，促进文化和旅游深度融合；并不断将系列活动向社区、乡村延伸，丰富基层群众文化生活；在集中力量搞好大型文化活动的同时，更加注重组织开展以秧歌、民歌、戏曲等民俗文化为主的日常活动，不断实现内容上的多元化、形式上的社会化、时间上的常态化，最终将“延安过大年”系列群众文化活动品牌建设成为延安人民的“文化家宴”。另一方面，在艺术形式上，13区县文化馆将各自代表性活动汇聚成群众文化“嘉年华”：宝塔区枣园秧歌、安塞区腰鼓、志丹县扇鼓、富县飞锣、黄陵县老秧歌、甘泉县莲花灯、洛川县蹩鼓、吴起县铁鞭舞、延川县陕北民歌、黄龙县猎鼓、子长县唢呐、宜川县胸鼓、延长县黄河战鼓等以方阵形式组成了“延安过大年”的活动集合，形成了极具特色的文化品牌。

（二）充分发挥多元主体的协同力量

群众文化活动繁荣发展的关键在于人。充分发挥多元主体的协同力量，让更多元、更广泛的主体参与到群众文化活动之中是推动群众文化活动发展的重要途径。其中，一是要充分发挥政府在群众文化活动之中的主导作用[1]。特别是在中国特色社会主义国家社会结构体制下，政府发挥应有的主导作用是群众文化活动品牌创建的前提和基础——政府在政策引导、财政保障、资源整合等方面的功能发挥直接关系到活动开展的成效。二是要充分发挥社会组织的积极作用。非政府组织作为公益性的社会机构，在公益性活动开展、争取活动资金、吸纳社会捐助等方面拥有一定的便利性，是群众文化活动可以充分吸取的重要力量。三是要充分发挥文化志愿队伍的力量。要通过建立并完善基层志愿者的培训机制、激励机制、管理机制等[2]，吸纳不同类型的文化志愿者投入群众文化活动之中，为群众文化活动品牌化发展提供补充力量。

（三）加强制度体系建设

制度体系建设是促进群众文化活动品牌化发展的基础和关键。一方面，要通过制定系列政策文件，建立健全公共文化服务体系和群众文化活动品牌化建设的运行

① 王毅，柯平，孙慧云，等.国家级贫困县基本公共文化服务均等化发展策略研究：基于图书馆和文化馆评估结果的分析[J].国家图书馆学刊，2017，26（5）：19-31.
② 胡雪梅.让志愿服务文化深入人心[J].人民论坛，2018（34）：76-77.

管理机制。把完善机制、强化管理放到与工程建设同等重要的位置抓紧抓好抓实，提高公共文化服务设施的使用效率，更好地发挥其综合服务功能，形成一整套群众文化活动发展的良性运作机制。另一方面，要以制度体系建设为群众文化活动开展提供方向性引导。通过制度体系建设，形成一系列有助于群众文化活动开展的保障机制，为群众文化活动品牌化发展提供资金、管理、组织、主体等多要素的保障和支撑。

文旅业态升级提振内需的路径与机制研究

——以北京为例

陈端　黄本源　郭可*

（中央财经大学文化与传媒学院）

摘要： 当前我国经济面临着需求收缩、供给冲击、预期转弱的三重严峻考验，促进消费、扩大内需成为扭转经济走势的重中之重。本文基于当前需求侧结构升级、分层分级的趋势，和供给侧新业态涌现的现状，进一步分析文旅产品业态升级提振内需的路径和机制，并以北京为案例总结当前促进文旅产品业态升级，刺激消费的经验和不足，进而提出相应优化策略。

关键词： 文旅业态升级；提振消费；扩大内需

*作者简介：陈端（1976—），中央财经大学文化与传媒学院新闻系主任兼数字经济融合创新发展中心主任，硕士生导师，中国人民大学传媒经济学博士，研究方向为传媒经济，数字经济，anna_chenduan@163.com；黄本源（1999—），中央财经大学文化与传媒学院研究生，研究方向为传媒经济学，E-mail: benyuan_cufe@163.com；郭可（2000—），中央财经大学文化与传媒学院研究生，研究方向为传播学，E-mail: 806366063@qq.com。

A Study on the Path and Mechanism of Upgrading Cultural Tourism to Boost Domestic Demand

—Take Beijing as an Example

CHEN Duan　　HUANG Ben-yuan　　GUO Ke

（School of Culture and Communication，Central University of Finance and Economics）

Abstract：The current economic landscape in China is faced with the triple challenges of shrinking demand，supply shock，and weakening expectations，which makes boosting consumption and expanding domestic demand paramount in reversing the economic trends. This paper，against the backdrop of structural upgrades on the demand side and the emerging of new business formats on the supply side，delves into the pathways and mechanisms through which the upgrading of cultural and tourism （C&T）business forms can stimulate domestic demand. With Beijing serving as the case study，this research summarizes the experiences and shortcomings in promoting the upgrade of C&T business forms and stimulating consumption. Subsequently，it proposes corresponding optimization strategies.

Keywords：Cultural and tourism industry upgrade；Consumption stimulation；Domestic demand

当前我国经济面临着需求收缩、供给冲击、预期转弱的三重严峻考验，促进消费、扩大内需是恢复供需平衡和经济复苏的根本诉求。2022年12月，《扩大内需战略规划纲要（2022—2035年）》发布，从八个方面提出了扩大内需的具体措施，将扩大内需作为接续十余年的重要战略部署。

文化旅游业在现代经济的总体格局中的作用越来越突出，以开放性优势成为串联产业链的重要抓手和扩大地区影响力的重要导流入口。同时，文化旅游业对接人们的精神需求，能有效刺激内需，形成新的消费市场。近年来，国家出台了许多政策，将扩大文旅消费作为提振内需的重要路径。《扩大内需战略规划纲要（2022—

2035年)》提出扩大文化和旅游消费，扩大优质文化产品和服务供给，大力发展度假休闲旅游。《"十四五"文化和旅游发展规划》提出，培育文化和旅游融合发展新业态，畅通国内大循环，推动旅游消费提质扩容。《关于进一步激发文化和旅游消费潜力的意见》推出消费惠民措施，提高消费便捷程度。本文以文旅产业为抓手提振内需的现实需要和战略导向，基于新时代需求侧、供给侧的特点和趋势，分析文旅产品业态升级提振内需的作用机制，以期为我国提振内需提供路径优化决策参考。

一、新时代需求侧、供给侧背景分析

在国际、国内"双循环"的战略背景下，精准把握我国需求侧和供给侧的新局面和发展趋势是提振内需，畅通"双循环"发展的重要前提。

（一）新时期文旅需求侧的主要特征和趋势

1. 文旅消费规模复苏，消费结构不断优化

2023年随着新冠疫情防控进入新常态，各地政府积极举办消费季活动，发放消费补贴，消费潜力不断释放。然而整体经济下行、新冠疫情带来的社会不确定性以及预期走弱等诸多因素导致国内消费仍有较高增长空间。同时，在消费者追求个性化、差异化的心理变化影响下，旅游消费结构持续优化，以购物、娱乐为代表的非基本旅游消费占比不断提升[1]。

2. 文旅消费主体不断壮大，分级分层趋势明显

随着文旅消费规模扩大，消费主体壮大，文旅消费群体间消费能力、消费观念和消费方式呈现较大差异，文旅需求分级分层的趋势明显。中等收入群体、青年群体、新老年群体展现出巨大的文旅消费潜力，以长尾需求引导文旅产业向细分垂类领域发展[2]。

中等收入人群的增长将带动消费模式的转变，已由基本生存型消费转向更高层次的发展型、享受型消费，具有弱目的性、短途化、高频化的特点，对文化内涵、体验感、社交性、自我提升等属性的需求明显。青年群体引领新消费，大学生"特种兵"旅行激发了国内旅游市场的活力，带火了淄博等新兴旅游地，也带动露营徒步、户外滑雪、虚拟旅游等新消费形式大众化。"新老年人"——新老年群体经济

① 刘喜娟. 新时期旅游消费的发展趋势探析[J]. 商展经济，2023，75（5）：50-52

② 姜文婧. 中国文化旅游消费分层研究[D]. 长沙：湖南大学，2021.

实力强，可支配时间充足，充分释放消费势能，成为休闲旅游、康养旅游的强大需求侧推动力。同时"三孩"政策、"双减"政策进一步催热了以家庭为单位的旅游形式，家长对于旅行的要求不再只是游玩，而更希望将素质教育融入其中，研学旅游需求集中释放①。

（二）新时代文旅供给侧主要特征和趋势

1. 政策支撑，指明文旅发展目标方向

从国家到地方层面，各项文旅政策规划先后出台，文旅高质量发展在顶层设计中进一步强化，通过文旅产业新业态培育、新场景开发、新消费引领提振内需被提到新的高度。《"十四五"文化和旅游发展规划》提出，要深化旅游业供给侧结构性改革，深入推进大众旅游、智慧旅游、红色旅游和"旅游+""+旅游"，提供更多优质旅游产品和服务，加强区域旅游品牌和服务整合，完善综合效益高、带动能力强的现代旅游业体系，实现旅游业高质量发展。非遗工坊、数字文化、特色小镇、旅游演艺、自驾旅游、旅游+互联网等新兴业态的细分领域也多次颁布支持性政策。

2. 技术赋能，激活文旅新场景、新业态

5G、云计算、人工智能、大数据数字技术对推动文旅产业高质量发展释放出了巨大潜能。数据资源、数字技术、数字平台等已成为推动文旅产品业态升级的重要动能。数字技术较早在文旅领域实现场景化落地，呈现内容、技术、产业相互融合发展的趋势，数字技术成为文旅新业态发展的支撑。文旅"元宇宙"是数字技术和文旅产业深度融合的产物，是顺应数字经济和数实融合发展趋势的新业态。数字孪生、区块链、人工智能等新技术的集成创新为文旅"元宇宙"奠定了基础，在旅游消费的虚拟体验、智能化互动体验、社交化体验等方面深入布局，形成了景区"元宇宙"、酒店民宿"元宇宙"、文博"元宇宙"、户外旅游"元宇宙"等多元场景②。

3. 产业融合，拓展文旅产品服务价值链

旅游业本身具有关联性、包容性与综合性的特点，近年来与其他行业深度融合，突破三次产业边界，使得文旅产业边界逐渐模糊，从产业内自循环向开放融合的"文旅+""+文旅"融合发展模式转变，各类融合新业态涌现。同时以产业链延

---

① 单钢新，陈怡宁. 新时期我国旅游需求侧管理的内涵与实现路径探讨[J]. 决策与信息，2022（10）：24-36.

② 郭人旗，鲁娜，苏锐. 新业态、新场景、新模式，助推文旅消费转型升级[N]. 中国文化报，2023-03-02（005）.

伸为基础呈现一体化发展态势，产品服务价值链不断拓展。

二、文旅业态升级提振内需的内在逻辑

根据时代发展、技术创新、文化进步和消费升级的特点，文旅产业的经营模式、发展策略、产品形态、服务模式进行了创新，将传统旅游产业与商业经营形态相结合，提供特色产品和服务，满足旅游者日益变化的多元消费需求。文旅新业态的"新"主要体现在新型旅游组织、新型旅游产品和服务、新型经营模式等方面，文化、科技、场景、营销是新业态的核心构成要件。

政策供给、技术赋能、需求驱动是学界广泛认同的业态升级动力。从政策供给视角来看，近年来我国文旅政策发布数量多，发文节奏快，主题鲜明，系统性强。政策制定主体方面，多主体协同制定政策越来越普遍；政策目标和政策内容上，都更加强调和聚焦文旅产业高质量发展；政策工具上，直接干预手段较少，主要是通过改善文旅产业政策环境，间接推动文旅产业发展。科技创新作用于产业融合、产业升级与实现高质量发展的全过程，渗透到文化旅游价值链、产业链的各个环节，能提高文旅产业的技术水平和资源配置效率，从而高效地推进文旅产业高质量发展。人们的消费方式从"生存消费"向"发展消费""享受消费"方向发展，对升级传统文旅业态、创新产品和服务方式、推动产业朝向创新驱动转变提出了更高要求①。

在供给侧，文旅业态升级带动商业模式的升级，主要体现在产品形式、收入模式、运营成本、营销手段、品牌化五个方面，通过降低成本、丰富变现方式、突破承载力限制、扩大宣传渠道、丰富消费者接触点和提升满意度等途径提高消费意愿，激发消费潜力（如图1）。

在需求侧，新技术驱动下的新业态发展有助于塑造新型消费主体和消费客体，并且营造新型消费环境、孕育新型消费方式，推动居民消费水平扩容提质和消费结构优化升级。从消费方式来看，共享旅游、生态旅游、自助旅游改变了传统以景区和导游为中心的文旅产品供给模式，而数字文旅、虚拟文旅和各种立足高端人群细分需求的定制化文旅产品无疑会带动居民消费结构的升级。需求侧的增量扩容和新型消费形态的崛起反向拉动文旅产品供给侧的创新，再通过产业关联效应、产业融合效应带动就业和居民消费能力提升，就可以形成"需求—供给—就业—收入"

---

① 江凌.文旅新业态的生成机制、发展逻辑与高质量发展路径[J].贵州师范大学学报（社会科学版），2023（3）：144-160.

的良性循环（如图2）。

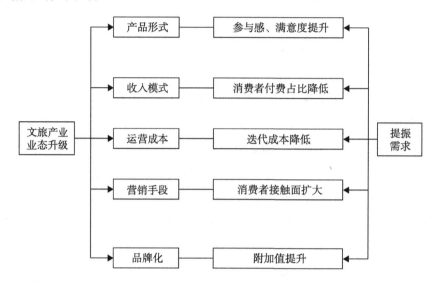

图 1　供给侧业态升级对消费的作用机理

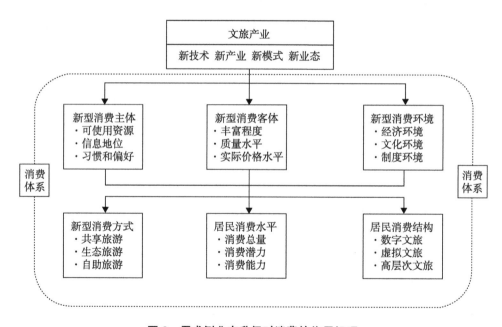

图 2　需求侧业态升级对消费的作用机理

三、文旅新业态提振内需的机制

在政策、技术、需求、竞争、文化的共同作用下，通过资源整合、产品优化、产业融合推动文旅产品业态升级，进而为文旅消费创造新动能、新产品、新场景、新模式，形成以供给侧升级提振需求侧活力的传导机制。文旅新业态的生成和发展受到多重力量的推动，其中政府政策提供政治保障，技术创新提供驱动力量，消费需求提供发展动力，行业竞争形成内在支撑，文化发展丰富内容创新（如图3）。

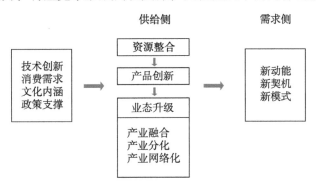

图3 文旅新业态提振内需机制

（一）文旅业态升级生成机制

1. 技术创新驱动

随着文旅产业迅速发展，文旅产品、行业主体间的竞争越来越激烈，形成业态创新的强劲驱动力。一方面，同质化竞争驱动业态创新；另一方面，在数字化消费、体验消费、情感消费等现代消费时代，传统以观光和实物为主的文旅业态发展受挫，需要通过打造新的吸引点，重塑客源市场，在新一轮客源竞争中夺得优势地位。

新技术的应用改变了文旅产品的生产、推广、分发和消费过程，推动文旅新业态的培育和发展。对于生产环节，数字技术改变文旅产品和服务的生产模式、内容和形态，5G通信技术、大数据、虚拟场景技术相互融合，形成线上线下融合的生产场景和供给形态，催生出云端游、VR旅游等数字化新业态。在分发和推广环节，大数据以更精准的用户分析和内容推广，帮助锁定目标客户，提供定制化的产品和服务。而在消费阶段，基于数字技术的消费平台改变了传统的消费方式，打造互动、沉浸式消费场景和便利的智能化服务[①]。

2. 消费需求牵引

文旅产业供给侧和需求侧相互促进，新型供给引领新消费风向，新消费需求形

---

① 刘英基，邹秉坤，韩元军，等.数字经济赋能文旅融合高质量发展：机理、渠道与经验证据[J].旅游学刊，2023，38（5）：28-41.

成供给端转型升级的动力。消费者心理需求和消费行为变迁对文旅产品和服务供给提出新要求，推动文旅产品内容、形式、模式的转变。例如后疫情时代，消费者对于健康养生、亲近自然的需求刺激康养旅游、露营徒步等新业态的繁荣。而年轻消费者注重参与、互动、体验的趋势，也使得文旅产品呈现形式向沉浸式发展，产品生成向共创模式转变[①]。

3. 文化内涵赋能

文旅产业发展立足地方自然环境、文化资源、区位交通，文化资源及其创新融合更是新业态发展的内核动力和差异化发展的关键因素。通过对地方文化的挖掘、提炼，给予消费群体具身性的体验，从而形成对文化内容的情感共鸣和价值认同，凝结文旅产品的文化附加值，从而使得文旅产品具有持久的影响力。文化内涵赋能文旅产业，与场景化、数字化的表现形式相互影响，文化为文旅产品积淀内容资源，文旅场景为内容提供数字化传承、展示空间。

4. 战略政策支撑

政府宏观政策在促进产业持续健康发展中起到重要作用，政策制定、市场监管、宏观调控等职能有效培育和发展文旅产业新业态。当前国家宏观层面的政策指导性意见对文旅产业持积极扶持态度，鼓励各类新业态相关产品和服务的创新，提供方向指引和战略支持。同时，政府通过财政、贷款、融资等多方面金融支持政策分担企业主体的负担和风险，激发其研发投入、转型升级，从而助力文旅新业态发展。

（二）文旅产业供给侧升级机制

通过对资源的挖掘、整合，创新文旅产品的内容形式，进而在更宏观层面上，通过产业融合、产业分化，得以实现供给端提质升级。

其一，产业融合创新。打破一二三产业边界，缓解资源总量的限制，提高文旅资源开发效率，从而拓展文化旅游产业空间。在整合"吃、住、行、游、购、娱"传统旅游业六要素的基础上，引入"商、养、学、闲、情、奇"新型旅游业要素，提供全方位文旅体验与服务。

其二，产业分化发展。抓住长尾需求，向细分领域分化出子产业，形成更为多元化、定制化的新业态。重新整合产业内部价值链，进一步细化文旅产业内部边

---

① 罗先智. 新兴业态培育：因素催生、作用机理与因应策略[J]. 河北工业大学学报（社会科学版），2017，9（4）：15-21.

界，从而提供更好的消费体验，满足消费者个性化、品质化的消费追求，达到供给侧和需求侧更有针对性的适配。

其三，产业网络化发展。数字经济与实体产业融合，基于数字技术打造新的生产、经营、消费平台，推动线上线下有效衔接，打破时空限制，拓宽文旅产业消费场景。引入大数据、人工智能、物联网等技术，充分利用数据处理能力和资源整合能力，实现更精准的需求分析、更高质的内容创造、更有效的营销推广。

（三）文旅产业需求侧提振机制

新产品为消费供给新动能。文旅产业发展模式发生迅速改变，需求引导供给，供给激发需求的双向促进作用越来越显著。新技术、新模式下，模块化、精准化、定制化的文旅产品供给越来越普遍，线上线下互联互通的文旅产业经营模式应用越来越广泛，范围经济逐渐取代规模经济成为主流。

新场景为消费提供新契机。文旅产品业态升级为消费提供了新产品、新场景、新平台，提升了消费的质量和层次，拓展了内需发展空间，进一步提升在经济发展中的支撑力量。同时，居民对于美好生活的物质、精神追求因更多、更优质的产品服务供给而得到更好的满足。

新业态为消费培育新模式。数字技术嵌入文旅产品服务打破了消费的时空界限，用户使用体验空前提升。业态融合打破产业间界限，整合衣食住行等多元文旅要素，提供全方位的消费体验。数字技术支撑下的沉浸式、互动式文旅业态改变了消费者参与角色和参与形式[①]。

四、典型案例：北京——古都焕新产业升级拉动内需扩容

北京具有发展文旅新业态的良好基础。作为国家首都和文化名城积淀了深厚的文化基础，漫长的城市历史积累了丰富的文物、非物质文化遗产，古都文化、红色文化、京味文化、创新文化共同形成了北京的文化特质。同时，北京的经济和产业发展水平位于全国前列，为文旅业态升级、内需提振奠定了坚实的产业基础和技术基础。

---

① 邢楠，吴石磊.文化产业发展对居民消费的影响机制分析[J].学习与探索，2016（7）：127-131.

（一）立足四个中心，推动文旅业态升级

《北京城市总体规划（2016—2035年）》提出，北京作为全国政治中心、文化中心、国际交往中心、科技创新中心的城市战略定位，文旅产业与北京四个中心战略地位息息相关，既是北京面向全国乃至全世界的重要窗口，也是科技创新、文化底蕴展现的重要场景，还是北京成为国际一流和谐宜居之都的重要抓手。

文化中心建设目标是将北京打造成中国特色社会主义先进文化之都，为北京文旅产业高质量发展指引方向。以中轴线申遗为抓手，强化"一城三带"整体保护，实现数字化、智能化发展，活化文物保护、非物质文化遗产传承，创新文化供给。依托科技创新和体制改革，促进文化产业提质升级，实现古都文化、京味文化、红色文化、创新文化等深度融合发展，打造具有世界影响力的首都文化品牌。

（二）弘扬首都特色，打造博物馆之城

2020年北京提出建设博物馆之城后，相继推出了一系列规划和举措，至今已取得显著成效。2023年，《北京博物馆之城建设发展规划（2023—2035）》正式发布，进一步明确了其建设目标、空间布局、建设重点。

根据北京"一核一主一副、两轴多点一区"的城市空间结构，构建"两轴四区多点"的博物馆格局，通过博物馆功能外溢与城市空间融合，建设具有文化导向的城市功能区，从而促进城市更新、产业发展，带动居民就业，刺激居民消费。全面实施博物馆数字化战略，鼓励高清影像技术、三维信息采集技术在文物收藏保护中的应用，推出智慧修复、智慧展览、智慧社教等模块产品，支持博物馆数字化转型升级。同时将博物馆之城建设融入国际消费中心城市，通过文化活动带动综合消费，引入数字化新型应用场景[①]。

（三）打造标杆项目，赋能业态升级

重大项目是业态升级的领头羊，也是提高供给水平、提振内需的重要抓手。"十四五"规划中，北京共提出45个重大项目，总投资约122亿元，将新创建一系列5A级景区，推进一系列景区升级，并挂牌一批国家级全域旅游示范区、文化和旅游消费示范城市、乡村旅游重点村镇、旅游休闲街区。本文以北京中轴线和新工

---

① 李夏冰，毕博欣，范文静.北京博物馆之城建设的路径研究[J].北京印刷学院学报，2023，31（2）：75-78.

体项目为案例，分别阐述重塑古城IP带动城市更新、文商旅体综合体带动新消费两个特色鲜明的文旅业态升级带动消费模式。

1. 北京中轴线：IP重塑带动城市更新

北京以中轴线申遗保护为指引，推动老城整体保护与复兴，优化社区人居环境，活化历史文化资源，并激活旅游与新文创业态，进而刺激消费需求。中轴线文化遗产保护具有显著溢出效应。

战略规划统领中轴线保护。从2012年被列入《中国世界文化遗产预备名录》到2022年被确定为中国2024年世界文化遗产申报项目，十年间北京中轴线全面保护体系逐渐完善，并被写入北京城市发展总体规划中。北京中轴线文化遗产构成要素复杂，保护事项更是涉及城市规划与建设、文化与旅游、教育宣传、园林绿化方方面面，相关政策法规的出台或修订不仅有利于增强政府部门间的协同性，也有利于保障多元社会力量的参与性。

数字技术赋能文物保护和体验升级。北京中轴线搭载"时间的故事"沉浸展览、"万象中轴"数字文化体验项目、数字中轴三个数字化文博项目，通过沉浸式数字展、交互体验等形式阐释北京钟鼓楼的古代报时功能、建筑特点、周边地区民俗文化及其与北京中轴线的关系等内容，通过数字特效定位，带领游客感受不同历史时期的中轴线。北京市文物局、北京中轴线申遗保护工作办公室联合腾讯公司发起数字中轴项目，以"云上中轴小程序"为载体，实现中轴线的线上旅游。

城市更新创新文旅载体和消费场景。通过老城区腾退和搬迁，进一步拆除违规建筑，迁移在地居民，使得修缮一新的皇史宬等古建筑得以重新面向公众开放，以周边高水平公共文化设施，彰显城市的公共精神，探索驻场演出、常设展陈等方式实现中轴线的创新传播。

文商旅融合推动产业升级。随着中轴线文化遗产保护工作的不断推进，周边文化商圈建设也在不断完善，历史文化街区焕发新生活力，东城区重点打造的"故宫—王府井—隆福寺"文化金三角，将区域内的文化遗产资源与文化商圈资源加以整合，推动文化遗产资源在空间、内容、呈现等维度赋能实体经济①。

2. 新工体：文体商旅融合打造国际消费新热点

作为北京的文体名片、演艺圣地，新工体与其他商圈不同，是国内少有的以体育升级作为城市更新的案例。历时两年多的改造复建，新工体以球场为核心，以

---

① 企鹅有调.北京中轴线：文化遗产与城市文化可持续[EB/OL]. https://mp.weixin.qq.com/s/s5CejzoyQm2OQTQ6-Tr93g.

公共空间、商业空间和数字空间为载体，打造了高品质文体商旅综合体，成为北京城市地标、文体名片、活力中心，是盘活存量产业空间、使之重新焕发活力的典型案例。

政策激励体育新业态发展。2021年6月10日，北京市政府办公厅发布《北京市人民政府办公厅关于促进全民健身和体育消费 推动体育产业高质量发展的实施意见》①，提出打造北京"金牌球市"，引导提升体育消费意愿与能力，服务构建首都"高精尖"经济结构。在促进体育消费方面，培育丰富多样化体育消费供给、支持开展体育消费特色活动、扩大体育文化消费、促进体旅融合消费、发展夜间体育消费等，进一步激发体育消费潜力。

"数实融合"赋能新工体改造升级。改造升级后的新工体融汇了更加多元、丰富的业态和数字化配套设施，实现包括体育赛事、文化演出、全民健身、生活休闲、运动康复等在内的全场景数字化场馆运营。中赫集团作为北京国安的控股方，借助自身优势资源和实力，牵头工体改造复建项目，与腾讯公司、中国移动、高通公司、特斯联等达成战略合作，在数字化方面深度合作，推出了工体"元宇宙"GTVerse、"5G无界XR赛事体验"方案、GPU边缘云一体化方案、AIoT智能机器人综合解决方案、北京国安数字人等，将"元宇宙"与区块链等数字科技融入新工体建设中②。

体育文脉和高端消费催化经济升级。自1959年以来，北体承办过央视首届春晚、亚运会和奥运会等重要赛事和演出，承载了深厚的城市记忆。作为三里屯商圈的重要组成部分，多年来工体附近也成为高端消费的聚集地。改造完成后的新工体在保存城市经典记忆的基础上，也回应了城市消费需求的迭代升级。新工体落成之后，开启了工体和足球队"场队一体化"的运营新模式，通过融汇公共空间、商业空间，给球迷和消费者打造更好的消费体验。在以"体育"为切入点的同时，新工体商圈也以大体量、多功能的公共空间为国际消费体验区提供了充分的物理空间，覆盖时尚奢品、特色餐饮等众多产业领域。

（四）完善消费体制，激发消费潜力

优化消费环境，激发消费活力。北京深入推进"放管服"和营商环境改革，加

---

① 北京市体育局.《北京市人民政府办公厅关于促进全民健身和体育消费推动体育产业高质量发展的实施意见》解读[EB/OL]. http://tyj. beijing. gov.cn/bjsports/zcfg15/zcjd/11012574/index.html.

② 工人日报."我的"元宇宙"主场"暨工体"元宇宙"GTVerse发布[EB/OL].（2022-07-07）. https://baijiahao. baiducom/s?id=1737674281213305205&wfr=spider&for=pc.

强财政、金融、人才、土地等配套政策研究，鼓励发展消费新模式、新业态、新场景，通过市场化方式吸引国内外头部企业参与重点项目，发挥"独角兽"企业作用，带动更多具有首创性、突破性、影响力的项目在京落地。对重点商圈进行改造提升，有效盘活老旧设施，完善商业配套服务，优化公共交通、支付、咨询等公共服务。

五、文旅产品业态升级提振内需的路径优化策略

（一）强化规划引领和政策支持，健全要素保障机制

政府规划引领充分调动社会资源，对重点领域形成强劲支持力量，促进新业态产业规划布局和新业态成果转化，有效满足国家对战略性新业态的需要，也能更好克服业态发展早期盲目竞争市场失灵的现象。同时，政府应从财政支持、土地保障、税收优惠、人才引进、技术创新等方面加大扶持力度，合力促进文旅新业态发展。

文旅产业体制机制建议既要注重鼓励新业态迅速成长，为其创造良好的制度环境，也要注重秩序监管以维护新业态可持续发展。以宽松开放的市场准入机制和包容审慎的监管制度相结合，营造公平有序的市场环境。尤其是虚拟化、智能化新业态发展中，创意资源的呈现形式对著作权保护提出更高要求，需要针对新业态完善相关法律法规，促进创意资源转化为产业经济效益。

（二）培育多元化市场主体，打造文旅产品业态升级新载体

多元经营主体的差异化功能和特色有利于培育多元产品业态，有效提升文旅产品的供给水平，实现优势和效率的倍增。一方面，应以培育新型市场主体为抓手，发挥龙头企业、链主企业的带动效应，通过市场化的方式吸引头部企业、重点项目落地。完善政府、企业、协会等多元主体的合作模式，建立多元主体参与利益连接机制。另一方面，加快建设一批融合产业综合体，以特色街区、特色小众、文商旅综合体等形式构建多主体、多要素、多业态聚集发展的格局，打造产业融合发展的新载体。

（三）深入挖掘地方文化内涵，提升文旅新业态的品牌影响力

深入挖掘地方文化资源，在文旅新产品、新业态、新场景的构建中注入差异化

的特色文化内涵，避免简单的文化符号消费，而是营造人文气息浓厚的文旅环境，给予消费者更有认同感、归属感的文化体验。将文化元素充分渗入新业态的供应链、产业链、价值链各环节，提升消费者的参与感、体验感，提升文旅新业态的文化软实力。

IP是活化文化资源，促进传统文旅产业现代化转型的新动能。通过IP化营销，赋予文旅产品贴近消费者心理的故事情节、文化背景，引发心理共鸣和文化共情。通过在地化孵化IP，打造地方特色文旅品牌，打造文旅新业态的品牌影响力。

（四）融合和分化并重，提高多元化产品供给水平

以"文旅+""+文旅"的融合发展模式，促进不同类型文旅产业间的要素融合，构建层次丰富、产业链完整、体系健全的文旅产业新业态。在内容层面，突破传统模式，吸收文创、资本、科技领域资源，实现文旅要素间融合发展，提供全方位、多维度的文旅体验。在形态层，丰富文旅设施承载业态，升级设施功能，运用数字化手段提高文旅资源利用率。

应对消费分级分层趋势，同步完善公共文化服务和增加中高端商品和服务的有效供给。凭借国内庞大的市场资源，吸引知名品牌、大型项目落地，满足中高收入群体高层次消费需求，吸引境外旅游回流。

政府部门针对产业分化趋势和细分领域子产业发展态势，应配套出台相关政策和监管方案，形成文旅产业政策体系。拓宽文旅产业链条，实现垂直、细分、可持续发展。

（五）推进文化科技纵深融合，保障创意成果转化落地

当前，文旅新业态数字化技术应用不应停留在低层次、表面化、空有技术噱头而没有实质改变阶段，需要加强数字技术与文旅新业态的全过程融合与商业化应用，用创新型、数字化技术的力量提升文旅新业态产品与服务质量。应当重视文化资源和科技资源的融合，将科技成果渗透到文旅产品创作、生产、分发、消费的各个环节，推进产学研合作平台、技术服务平台的建设，支持高新技术企业、文旅企业、平台型企业协同创新，孵化具有原创性、技术主导性的文旅项目。加大对文化科技的扶持力度，通过产业促进政策、税收政策、产业引导基金等手段鼓励技术成果应用于文旅项目。

数字经济背景下科技赋能非物质文化遗产发展路径研究[*]

刘俊清　张亚舒[**]

（内蒙古财经大学）

摘要：继农业经济和工业经济之后，数字经济成为主要的经济形式，是未来可持续发展的支柱。近年来，随着数字经济时代的发展，以虚拟现实、增强现实、混合现实技术以及人工智能、区块链等为支撑的各类数字技术的兴起，为非物质文化遗产的保护与传承开辟了新的途径。以科技赋能非遗是紧扣时代主题的大势所趋。非物质文化遗产是中华民族历史长河中的瑰宝。这些无形的文化遗产不仅记录了中国人与自然和谐共生的智慧结晶，更蕴含着深厚的社会价值观和生活哲学。本文着眼于在非遗的传承与保护进程的不同维度中，运用科技手段赋能非遗发展的路径展开详细研究与探讨，从而为传统艺术、手工技艺等非物质文化遗产的保护注入新活力，使其在当代社会焕发出新的光彩。

关键词：数字经济；科技赋能；非物质文化遗产；非遗保护与传承

　　*基金来源：内蒙古自治区高等学校科学研究项目 NJSY21271；2023 年度内蒙古财经大学自治区"五大任务"研究专项课题"合作共赢"视域下中蒙俄跨境旅游发展驱动机制及实现路径研究。

　　**作者简介：刘俊清，女，内蒙古人，内蒙古财经大学教授，博士，硕士生导师，研究方向为旅游经济、文化产业、消费者行为；张亚舒，女，内蒙古财经大学，学生，文化产业管理专业。

Research On The Development Path Of Intangible Cultural Heritage Empowered By Science And Technology Under The Background Of Digital Economy

LIU Jun-qing　ZHANG Ya-shu

（Inner Mongolia Finance and Economics University）

Abstract：After agricultural economy and industrial economy， digital economy has become the main economic form and the pillar of sustainable development in the future. In recent years， with the development of the digital economy era， the rise of various digital technologies supported by virtual reality， augmented reality， mixed reality technology， artificial intelligence and blockchain has opened up new ways for the protection and inheritance of intangible cultural heritage. Empowering people with science and technology is the general trend closely following the theme of the times. Intangible cultural heritage is a treasure in the long history of the Chinese nation. These intangible cultural heritages not only record the wisdom crystallization of harmonious coexistence between man and nature in China， but also contain profound social values and life philosophy. This paper focuses on the different dimensions of the process of inheritance and protection of intangible cultural heritage， and makes a detailed study and discussion on the path of empowering intangible cultural heritage by means of science and technology， so as to inject new vitality into the protection of intangible cultural heritage such as traditional arts and handicrafts and make it glow with new brilliance in contemporary society.

Keywords：digital economy；Technology empowerment；Intangible cultural heritage；Intangible heritage protection and inheritance

一、引言

（一）研究背景

1. 数字经济发展为非遗的保护与发展提供新的载体

《G20数字经济发展与合作倡议》对数字经济的内涵进行了清晰的界定，并指出通过加强合作与协调，共同应对数字经济带来的挑战，把握机遇，促进数字技术的广泛应用，以实现可持续发展目标。随着数字经济的蓬勃发展，数字技术对于我国非遗在采集与保存，展示与保护，传承与传播方面提供新方法、新思路、新途径。通过借助互联网、大数据、人工智能、云计算等先进技术手段，人们可以更高效地对非遗资源进行整理、分类，并将其以数字化形式传播出去。在互联网的推动下，非遗传播范围不断扩大，使更多的人可以便捷地了解和接触到非遗文化。同时，非遗传承人可以通过网络平台展示非遗技艺，吸引更多年轻人参与学习和传承。数字经济的快速发展，为非遗文化的创新开辟了更多思路。借助新媒体技术，非遗与现代生活的方方面面均可结合，碰撞出火花，创造出更多具有中华民族优秀文化内核的文创产品，更好地传承中华文化。此外，数字经济还可以推动非遗与其他产业的融合发展，如旅游、教育、文化消费等，为非遗创新提供更多可能性。

2. 非物质文化遗产迫切需要数字技术赋能其保护与传承路径

非物质文化遗产具有良好的中华文化基因，具有世世代代传承民族文化和维系民族精神的枢纽作用，体现了中华民族优秀的价值观，对地区、民族和国家有着深远的影响，是凝聚共识、增强国家自信的纽带。在现代社会中，对非物质文化遗产的保护和发展，必须在对其进行保护的同时，通过高科技的技术手段，对其进行合理的创造性运用，从而达到适应现代需求的目的，从而在自我超越中焕发出新的活力[1]。这种结合古老智慧与现代创新的做法，既是对传统文化的一种尊重，也是对未来文明的一份投资。非物质文化遗产通过传统手段进行保护与传承的过程中面临着许多不同层面的问题，在记录整理、保护与展示、传承与发展方面都存在着阻断因素。特别是以口传心授为主的民间传统技艺，运用传统手段进行的保护与传播正面临着严峻的生存危机。怎样才能突破这一阻碍因素，已成为当务之急。随着数字经济的来临，非物质文化遗产在某种程度上得到了"活化"，并促进了其进一步的继承和发展。

---

① 黄永林，肖远平. 非物质文化遗产学教程 [M]. 武汉：华中师范大学出版社，2021：59.

（二）文献综述

1. 国外研究现状

在非遗的保护和传承方面，国外最早开始进行立法，出台一系列非物质文化遗产保护法，并积极推动非遗与高科技的融合创新产生无限可能。在非物质文化遗产的收集与整理方面，积极建立数字藏馆、数据库等多方面以高科技技术手段保护非遗项目资料并以数字技术侧重于对非遗项目的还原及重现。通过利用数字化转换技术和数据压缩技术，将传统文化元素转换为数字格式以便更广泛地传播和保存。大幅减少数据量，提高传输效率，使数字化的文化遗产更加便于存储和访问。在对数字资源进行保护的基础上，政府积极推出相关措施，积极引入民间资本等社会力量拓宽资金来源渠道，设立相关的公益课程，并成立相关组织、协会等，积极举行各种非遗活动以及组织各类项目。值得一提的是，国外积极加强非物质文化遗产的数字版权保护，以确保数字环境下的知识产权得到有效维护，防止未经授权的复制和滥用。通过这些综合的技术手段，达到非遗保护与传承的良好效果。

2. 国内研究现状

国内现有文献聚焦于不同的研究视角，本文按照不同文献类别划分。在非遗数字文化产业发展现状与策略研究方面，陈知然等（2022）[①]、肖昕和景一伶（2021）[②]均描述了非遗数字化的发展现状，并系统地阐述了非遗数字化发展的理论体系，并提出了一系列政策建议。在非遗数字文化产品的创作与传播方面，郭燕齐和许晓（2024）[③]与何瞻（2023）[④]指出了非遗产品通过数字媒体以及数字传播媒介下提升知名度，加大宣传度的途径和内在机制。在非遗与数字文化产业的产业发展与商业模式方面，张静（2024）[⑤]立足数字文化产业的发展导向，研究数字文化产业发展的商业模式研究，并以提出建议以及相应的发展模式的方式佐证研究成果，如产业协同发展、产业链延伸等发展策略。在非遗数字文化产业的保护与传承方面，宋利荣

---

① 陈知然，庞亚君，周雪，等. 数字赋能文化产业的发展趋势与策略选择[J]. 宏观经济管理，2022（10）：70-76.

② 肖昕，景一伶. 中国文化产业数字化政策及其策略研究[J]. 民族艺术研究，2021，34（3）：130-136.

③ 郭燕齐，许晓. 数字文创产品中非遗文化传承与创新设计融合研究[J]. 鞋类工艺与设计，2024，4（3）：96-98.

④ 何瞻. 数字经济下非遗文化传承及产品典藏营销策略研究[J]. 商展经济，2023（1）：34-36.

⑤ 张静. 基于数字文化产业发展构建创新商业模式的有关研究[J]. 中国市场，2024（16）：51-54.

（2019）①运用大数据技术分析非遗保护与传承的现状，并从实践角度分析了数字技术在非遗传承中的作用，为非遗传承提供新途径。在非遗数字文化教育与人才培养方面，杨琼莹（2024）②运用数字技术提供非遗传承的内在路径以及可持续发展传承非物质文化遗产的具体方法。

二、概念解析

（一）数字文化产业

数字文化产业作为一种新兴的文化产业形态，引发了广泛关注。目前国际学术界并未对此进行一个权威且统一的定义。20世纪末，互联网应用进入大规模商用阶段，数字内容产业的概念应运而生。与国外文化产业发展相比，中国数字文化产业的研究起步较晚。从2011年开始至2016年，我国着手实施了文化数字化建设工程，旨在通过数字化手段对传统文化进行创新性保护与传播。该工程的实施，标志着我国文化科技创新的新高潮，同时也加速了文化与科技的融合进程。"数字创意产业"于2016年在第十二届全国人民代表大会四次会议上的政府工作报告中首次提出，2017年原文化部发布了《关于推动数字文化产业创新发展的指导意见》，认为数字文化产业的核心内容是文化创意，其发展动力依托于数字技术的革新以及新兴产业的生产、传播等，新兴产业传播更为便捷，且对于大众而言需求旺盛，与其他产业的互动融合频繁。日益成为数字创意产业的重要组成部分，数字创意产业能够引领新供给、新消费，带动其他产业协同发展。国内对于数字文化产业的研究成果较为丰硕，其概念主要定义为"数字文化产业是基于数字通信和网络技术，且与其他各产业具有高度交叉融合的特性，如出版印刷、广播电视、电影、动漫、游戏、互联网、旅游等业态，从事的主要工作是制造、生产、储存、传播、利用文化内容，使之形成各类数字娱乐产业，如游戏、动画、手机短信、数字音乐等产业，也包括其他数字学习产业，如数字化的新闻出版、远程教育、教育软件、课程服务等"。③

（二）非物质文化遗产

---

① 宋利荣.文化产业视野下的非物质文化遗产数字化保护与传承策略[J].科技风，2019（36）：196.

② 杨琼莹.数智赋能非遗服装设计人才培养路径研究[J].西部皮革，2024，46（13）：44-46.

③ 陈昶文."流量逻辑"如何影响内容生产？：基于微信公众号的实证考察[J].新闻春秋，2019（5）：4-13，20.

非物质文化遗产概念的界定经过了一个较长的时期。事实上，联合国教科文组织在对自然遗产与文化遗产的保护过程中，逐步意识到非物质文化遗产在整体保护中的地位与特殊性，从而被关注并计划对其进行界定以及深入研究，对非物质文化遗产展开全球范围的宣传、保护等工作。随着一系列法律的出台，诸如日本《文化财保护法》的出台，"无形文化""有形文化"的出台，美国《人类环境宣言》《人类环境行动计划》等日益规范了行业秩序。联合国教科文组织发布的《保护世界文化和自然遗产公约》（以下统称为《世界遗产公约》）以及《关于国家一级保护文化和自然遗产建议案》，带动了非物质文化遗产在全球的传播，并使得"世界遗产、文化遗产、自然遗产"等概念深入人心。在新中国成立初期，中国已经对部分非遗进行了保护，但并不以非遗命名。我国最初使用"民俗""民间文学"等概念进行界定。直至2004年，我国成为联合国《保护非物质文化遗产公约》的第六个缔约国，将非物质文化遗产的概念使用并沿袭联合国教科文组织的定义。我国对非遗的概念界定始于国务院办公厅在《关于加强我国非物质文化遗产保护的意见》，是指各族人民世代传承下来的，高度贴合群众生活且极具表现力的各种传统文化，如民俗活动、表演艺术、传统艺术、器具、手工制品等，以及文化空间，这是兼具时间性和空间性的民间约定俗成的传统习惯[①]。

三、非物质文化遗产传承与保护进程中的阻断因素

（一）保护层面

在当今时代，非物质文化遗产的保存与保护面临着严峻的挑战。由于保护方法不得当，或是随着时间的流逝，一些珍贵的非遗内容不可避免地出现了退化现象，如书籍中墨迹褪色、录音带录制的失真，这些问题不仅影响了非遗的原貌，更是对其传承造成了障碍。因此，对非物质文化遗产进行有效的保护显得尤为迫切和重要。非遗数据与资料的记录和收藏是确保其传承与发展的基石。如果没有一个系统而完整的记录体系，那么许多非遗项目将难以被后人知晓，甚至可能就此消失。这种情况不仅会让我国丰富的传统文化宝库面临巨大的损失，还可能导致文化多样性的丧失。

（二）传承层面

---

① 黄永林，肖远平.非物质文化遗产学教程［M］.武汉：华中师范大学出版社，2021：14-18

部分掌握非遗技能的非遗传承人年事已高，如果没有合适的非遗传承人学习并传承古老的文化文明，许多非遗项目可能会在未来出现人亡艺失的情况。许多年轻人没有更多渠道去了解并接触非遗，据最新数据统计，在中国庞大的非遗保护体系中，共有3068位国家级非物质文化遗产代表性传承人，其中40岁以下的传承者不足10%。这一调查结果表明，参加非遗传承项目的年轻人所占比重较小，更凸显出非物质文化遗产的传承中面临的阻断问题。这样的状况给非遗的保护和传承带来了很大的隐患。在此社会发展情况下，如何让年轻人了解非遗，热爱非遗，自愿学习非遗内容已然成为非遗传承中不可忽视的问题。

（三）受众层面

简单的非遗知识、技能等已经无法满足人们对其接受的满意程度。近些年通过数据媒体等形式的传播，非遗已然被更多的年轻人了解并喜爱，但非遗的宣传度以及受众对非遗知识程度的接受度仍然不高。非遗只有不断与人民群众的日常生活接轨，与人民群众的审美趣味和时尚风向结合起来，使非遗做到"飞入寻常百姓家""见人见物见生活"才能使非遗保持不断向上的生命力，成为发展和传播中华文化中作为文化基因的重要内容。

四、非遗数字化的保护与传播的创新路径

（一）非遗数字化采集与保存

对非遗进行数字化采集和保存是当前非常重要的一项工作，通过各种数字技术和设备，对非遗资源进行文字再现、数据分析、音视频编辑、三维建模、虚拟再现、图片保存等，通过丰富多样的收集和记录手段，以实现非遗数字化。对数字资源的数字化保护，可采取创建数字清单编制、创建数字库以及创建非遗数字化博物馆等方法，通过输入、扫描、照相、复制等手段，形成数字资源。通过数字技术，真实、系统、全面地记录和保存非物质文化遗产资源，并将其保存起来，包括非遗传承人和当地的原生态文化环境等。非遗数字博物馆以及数字资源库是科学地保护和展示非物质文化遗产的一个重要载体，它通过提供资源检索、在线展览、互动体验等多种服务，将非遗的多样性信息以更为完整、直接的形式展现出来，以此来解决各地区之间的信息隔绝、数据屏障、信息不对称等问题。使公众可以更方便地认

识到非遗的全貌。高质量的数字化重建也是实现非遗数字化的一个重要途径，三维扫描、三维建模、3D打印等方法已经成为非遗数字化采集与记录的重要途径，正朝着高精度、高立体的方向发展。采用数字化建模方法，直观、完整地显示数据，以便于准确地保存。

（二）非遗数字化的创新与传承

随着数字技术的不断发展对非遗的传习和普及产生了深远的影响。首先，数字技术研发了一系列新的教育方案，并通过创新的教育方式，为非物质文化遗产提供了一个展示和传播的平台。例如，非遗云课堂系列课程进校园活动在北京市西城区登莱小学举办，该课程共有包括"北京内画鼻烟壶""曹氏风筝""彩塑京剧脸谱""面塑""抖空竹""八卦掌""北海公园标本菊传统养殖技法""七巧板""内联升千层底布鞋制作技艺""指画""正兴德茉莉花茶制作技艺"在内的11个非物质文化遗产代表性项目的28讲课程。这些课程极大地拉近了非遗与人们之间的距离，使其更易于被公众理解和接受。数字技术的应用打破了时空的限制，让非物质文化遗产能够以更快、更精准的方式得到传承。举例来说，戏曲的水袖功，其动作特点繁多，难以模仿。但通过动作捕捉和数字化分析，演员可以快速掌握其中的规律。这种技术手段不仅帮助演员掌握了技术要领，同时让他们能够通过模拟和体验来快速掌握动作要领。此外，需要为非遗传承人和从业者提供与数字研究机构携手合作的机遇。通过这种合作，我们可以开展专门针对非物质文化遗产的数字文化创意产品的研发。借助这些创新产品，我们可以实现非遗的数字化呈现，并通过多种媒介进行传播，确保非遗项目得以有效地落地实施。

（三）非遗数字化展示与传播

1.新媒体技术的应用

在网络的普及和发展下，人们能够利用新媒介来学习、感知和理解非物质文化遗产。通过互联网进行传播，可以使非物质文化遗产的影响力得到更大的扩展。人们可以通过大众媒体如抖音、微博等诸多渠道接触非遗。非遗的内容丰富多彩、受众覆盖面广、传播手段形式多样，尤其以短视频和直播平台更为凸显。因为短视频和直播相对来说更为方便，也是当前比较受欢迎的一种媒介形式，它可以实现将不同类型的作者与跨越时空的受众进行视觉、听觉、内容上的沟通链接。因此，新媒体已然成为各地区非遗传播的主阵地。2023年，抖音上涌现出了诸如"传统技艺的精致复刻""探访非遗传播人的故事""直播中的非遗随拍出圈"等多种多样的非遗传播形式。同时，"00后""90后"逐渐成为非遗传承的主力军。例如"95后"短视频博主江寻千，为年青一代群体认识了解非遗起到了显著的促进作用。她发布的打铁花视频点赞量超过862万。近年来，她经常走访非遗传承人，学习制作皮影、糖画、苗族服装、头饰等非遗项目，并通过短视频录制了大量的非遗故事，使更多的青少年感受到了非物质文化遗产特有的魅力与丰富的文化内涵。

2. 数字技术的应用和数字场景的构建

以现代科技发展为基础的非遗数字化传承，是对非物质文化遗产进行重构与数字化演绎，数字化技术等软件技术的发展为其提供了一种新的传播载体，而数字化场景的构建则为其营造了一个新的传播空间[①]。将VR、AR、MR以及3D建模技术赋能到非遗的展示与传播中的方式有效提升了非遗传播的体验性。通过这种方式，非物质文化遗产的展示不再局限于静态的文字或图片，而是转化为生动、立体的视听体验，让人们在享受艺术之美的同时，也能够参与其中。例如，故宫博物院的数字多宝阁、端门数字馆等网络平台，运用视听、虚拟现实、人机交互等科技，营造出极具沉浸感的体验，有效提升了非遗展示和传播的便利性和生动性。这种创新的传播方式还有效打破了时间和空间的界限。数字技术的应用和数字场景的构建可以促进非遗产业链和产业体系的完善。还可以利用Maya和3D Max等建模技术将静态的场景动态化，并结合虚拟现实技术建立沉浸式景区从而促进非遗旅游等业态的发展。

3. 数字动画技术的应用

数字动画技术在对非物质文化遗产进行现代化转换的过程中起到了至关重要的作用。通过将一些濒临失传或鲜为人知的非遗产品以生动形象、直观易懂的方式呈现给观众，数字动画不仅能够吸引人们的注意力，还能激发他们对这些文化的兴趣。数字动画的特性使得大众尤其喜欢，受众的黏性更高，与非遗的有效结合可以充分融入群众生活，真正实现非遗与现代文化、与老百姓生活的有效融合。近年来，随着国产动画电影产业的蓬勃发展，多部基于现代视角解读中华优秀传统文化的动画电影相继问世，例如《雄狮少年》等，这些作品以动画为载体，巧妙地展现了中国传统剪纸、狮舞等众多非物质文化遗产，实现了传承这些珍贵文化瑰宝的目标。同时，它们也有效助推了相关产业的转型升级，为传统文化的创新发展提供了

---

① 詹一虹，孙琨. 非物质文化遗产传承的梗阻与"元宇宙"沉浸式场景的运用 [J]. 江西社会科学，2022，42（8）：180-189.

新的思路和方向。

五、结语

本文旨在探索非物质文化遗产在数字经济背景下，如何合理地利用多种数字技术以及数字平台。在非遗的采集与保存中，可以通过建立数字清单编制，建立数字库以及运用数字技术进行非遗项目的重现以及复原。在非遗的展示与传播环节，可以通过建立数字博物馆、对数字媒体的应用、数字动画技术的应用、对非遗数字技术以及数字场景的构建从而达到让非遗"飞入寻常百姓家"，与群众生活紧密贴切，通过运用数字技术实现我国优秀传统文化的创造性转化、创新性发展，并与其他业态相联系。以此完善非遗产业链条，实现非遗产业链的升级。在非遗的数字化传承中，注意对非遗项目技能的传习与培训，旨在培养更多的非遗传承人。在教学、传承、研发方面着力运用好数字技术。利用科技、数字技术等多种有效手段来提升非遗的保存、展示与传播效率，并且将非遗的创新发展与中华民族传统文化融合起来，不断注入文化基因，实现非物质文化遗产的发扬光大。

内蒙古星级乡村旅游接待户分布状况及影响因素研究[*]

刘丽梅　习瑞[**]

（内蒙古财经大学）

摘要：内蒙古星级乡村旅游接待户很大程度上推动了当地乡村旅游的发展，星级乡村旅游接待户的合理布局是实现内蒙古乡村旅游业高质量发展的内在要求。故识别内蒙古星级乡村旅游接待户的分布状况及其影响因素，对内蒙古乡村的旅游发展具有重要现实意义。本文从市域尺度上，运用最邻近指数、不平衡指数、核密度估计等方法揭示内蒙古星级乡村旅游接待户在各盟市的分布状况；运用缓冲区分析、地理联系率方法剖析了影响其分布的主要因素。研究发现：（1）内蒙古星级乡村旅游接待户总体呈现集聚型分布，且呈现出形成一个主核心区、多个点状次核心区的分布格局。（2）内蒙古星级乡村旅游接待户呈集聚不均衡分布态势。（3）内蒙古星级乡村旅游接待户集聚分布受社会经济、旅游发展、自然环境、交通条件等因素的影响。

关键词：星级乡村旅游接待户分布状况；影响因素；内蒙古

---

　　[*]基金项目：内蒙古财经大学自治区五大任务专项研究基金项目（NCXWD2307）；内蒙古自然科学基金项目（2023QN03039）。

　　[**]作者简介：刘丽梅，女，教授，内蒙古财经大学旅游学院院长，内蒙古自治区"草原英才"工程培养高层次人才，研究方向为旅游开发与管理；习瑞，女，内蒙古财经大学旅游学院在读硕士研究生，研究方向为旅游开发与管理。

Astudy on the spatial distribution characteristics and influencing factors of star–rated rural tourism hosts in Inner Mongoli

LIU Li-mei   XI Rui

（Inner Mongolia Finance and Economics University）

Abstract: To a great extent, the star-rated tourism hosts in Inner Mongolia have promoted the development of local rural tourism, and the rational distribution of star-rated tourism hosts is the intrinsic requirement for the high-quality development of tourism in Inner Mongolia Agricultural and pastoral areas. Therefore, it is of great practical significance to identify the spatial distribution characteristics and influencing factors of star-level tourism hosts in Inner Mongolia for the tourism development of agricultural and pastoral areas. Based on the spatial scale of the city, this paper uses the nearest neighbor index, the unbalanced index, the kernel density estimation method to reveal the spatial distribution characteristics of Inner Mongolia Star tourist hosts; This paper analyzes the main factors that affect the spatial distribution of star-rated tourism hosts by using the methods of buffer zone analysis and geographical connection rate. The findings are as follows: (1) the star-rated rural tourism hosts in Inner Mongolia show a cluster-like distribution pattern with a core and multiple clusters. (2) the star-rated rural tourism hosts in Inner Mongolia show the trend of non-equilibrium distribution. (3) the distribution of star-rated rural tourism host households in Inner Mongolia is affected by social economy, tourism development, natural environment and traffic conditions. It is suggested that the development of star-level tourist hosts in Inner Mongolia should play a good role in demonstration of hot spots, increase the density of regional traffic network, and give full play to the driving effect of A-level tourist attractions.

Keywords: Star-rated rural tourism hosts; spatial distribution; influencing factors; Inner Mongolia

一、引言

乡村旅游接待户①，指的是基于乡村的资源和环境，展现出乡村生产、生活特色，为游客提供住宿、餐饮、娱乐、休闲、观光、购物等服务的小型经营单位②。2023年"中央一号文件"明确提出，巩固拓展脱贫攻坚成果，推动乡村产业高质量发展，拓宽农民增收致富渠道，彰显出了国家层面对乡村发展的重视。乡村旅游接待户是推进乡村旅游高质量发展、实现巩固脱贫攻坚成果、拓宽农民增收致富的重要渠道[1-5]。为提高内蒙古乡村旅游服务质量和管理水平，助力乡村振兴，依据国家、自治区有关法律法规，内蒙古连续几年开展了旅游接待户星级评定工作。全区具有一定规模的农牧业经营主体4121家，农牧业从业人数12.96万人，其中农牧民就业人数8.16万人，年接待人数2386.36万人次，营业收入44.34亿元③。这些数据表明，内蒙古旅游接待户的发展已经为全区经济的发展提供了重要发展支持。

作为乡村旅游建设的重要组成部分，对乡村旅游接待户的分布状况及影响因素的探究格外重要[7]。星级乡村旅游接待户的建设对于提高当地乡村旅游市场的竞争力、拓展乡村旅游的创新发展之路，有重要的引导作用[8]。系统、全面地梳理出星级乡村旅游接待户空间分布特征，明确其区域差异化特征，厘清其分布特征与社会经济、交通、旅游发展等诸要素的内在关系，对制定乡村旅游接待户产业发展规划、合理配置资源与乡村旅游接待户的关系具有很强的指导性。

目前，关于乡村旅游接待户研究，主要表现为：研究主题多样化，分别有问题分析及对策建议[9-10]、管理机制及发展模式研究[11-13]、生态环境及可持续发展研究[14-15]、空间分布特征及影响因素研究[16-17]、乡村振兴及社区福祉生计研究[1、18-19]游客体验[22]等方面；研究类型集中化：主要集中在农家乐[5]、民宿[20]、社区居民[18]等；研究区域全面化，涉及西南区域[16]、华东地区[5、21]及西部地区[2、9、20]等；研究方法综合化，采用了空间分析法及地理探测模型[5、16、20]、问卷调查法[22]、扎根理论[19]、实证研究[4]等多种手段对其进行全面研究。这些研究成果对乡村旅游接待户的发展具有重要的借鉴意义，然而，目前针对内蒙古区域的研究还相对不足，涉及内蒙古乡村旅游接待户分布特征及影响因素的研究成果更是缺乏[23]。

内蒙古乡村地区拥有大量的旅游资源：绚丽的民族风情、丰富的自然资源、独

---

① 内蒙古旅游接待户评定分为乡村和牧区两个类型，本文为方便描述，统称为乡村旅游接待户。

② 《内蒙古自治区乡村（牧区）旅游接待户星级评定管理办法》。

③ 《内蒙古自治区休闲农牧业与乡村旅游发展规划（2021—2025年）》。

特的历史文化资源，为其旅游业的发展提供了资源保障。在国家推进实施的乡村振兴战略及内蒙古旅游主管部门推行的乡村旅游接待户扶持政策的推动下，内蒙古出现了一大批乡村旅游接待户，使得乡村旅游接待业市场繁荣[2]。但其乡村旅游的发展，存在地区发展不均衡、资源不配套等问题，不适应现阶段旅游业的发展需求[24-25]。因此，基于内蒙古三星及以上星级乡村旅游接待户数据①，利用 ArcGIS 10.5 软件，运用最邻近指数、不平衡指数、核密度分析等方法，系统揭示内蒙古星级乡村旅游接待户分布特征，从社会经济、旅游发展、自然环境、交通条件等方面选取影响因素，分析各因素与其分布状况之间的内在联系。进而为星级乡村旅游接待户的遴选、优化布局提供参考意见，以期为内蒙古乡村旅游的发展提供一些参考。

二、材料与研究方法

（一）研究区概况

内蒙古地处我国北方边陲，自东北至西南倾斜延伸，地形狭长。2022年，全区年末常住人口2401.17万人，其中，乡村人口753.97万人。内蒙古大力发展旅游业，2022年，全区共接待国内游客9249.1万人次，国内旅游收入达到1053.9亿元②。本文选取内蒙古12个盟市作为研究单元，对星级乡村旅游接待户做空间布局分析。

（二）数据来源及处理

文中星级乡村旅游接待户数据源自内蒙古自治区文化和旅游厅，共651个星级乡村旅游接待户③（见表1）。用91卫图软件进行坐标定位，用ArcGIS 10.5软件建立内蒙古星级乡村旅游接待户基础数据库。社会经济、旅游发展数据源于内蒙古和各盟市统计年鉴。

表 1　星级接待户各盟市分布

地区 region	星级接待户数量 Number of star-rated reception households
呼和浩特市	117

---

① 内蒙古文化旅游厅公布的最新数据是2019年的，往后几年受多种因素影响没有评定。

② 数据来源内蒙古自治区人民政府官网。

③ 651个星级乡村旅游接待户数据源自2019年，截止目前有38家接待户的经营状态异常，因此本文只分析了613个星级乡村旅游接待户。

续　表

地区 region	星级接待户数量 Number of star-rated reception households
鄂尔多斯	92
包头	70
阿拉善	63
乌兰察布	60
巴彦淖尔	52
赤峰	46
锡林郭勒	45
呼伦贝尔	45
兴安盟	35
乌海	15
通辽	11
共计	651

（三）研究方法

1.最邻近指数

最邻近指数是通过计算两点间最近距离的均值，与随机分布条件下最邻近点之间的平均距离的比值，通过这种方法识别星级乡村旅游接待户的分布模式，计算公式如下[26]：

$$R = r_1/r_E \qquad （式1）$$

式中：R为最邻近指数；$r_1 = \dfrac{1}{n}\sum_{i=1}^{n}d_i$代表实际最邻近平均距离；$r_E = \dfrac{\sqrt{n/A}}{2}$代表理论最邻近距离；$A$代表研究区域面积；$n$代表星级乡村旅游接待户样本点总数（个）。当$R>1$时，点呈均匀分布；当$R=1$时，点呈随机分布；当$R<1$时，点呈集聚分布。

2.不平衡指数

运用不平衡指数可以进一步对内蒙古星级乡村旅游接待户在省域层面的分布均衡程度进行衡量[5]。其公式如下：

$$S = \dfrac{\sum_{i=1}^{n}Y_i - 50(n+1)}{100n - 50(n+1)} \qquad （式2）$$

其中，n为内蒙古盟市的数量；Y_i为各盟市内星级乡村旅游接待户在内蒙古内所占比重从大到小排序后第i位的累计百分比。其中S取值范围（0，1），S越趋向为0，表明内蒙古星级乡村旅游接待户的分布越均衡；S越趋向为1，表明内蒙古星级乡村旅游接待户的分布越集中。

3.核密度分析

核密度估计用于测算点要素在不同空间中发生的概率，能够直观反映星级乡村旅游接待户集聚程度和空间集聚地[7]。其公式如下：

$$f(x) = \frac{1}{nh} \sum_{i=1}^{n} k(\frac{x-x_i}{h})$$ （式3）

式中：$f(x)$为星级乡村旅游接待户x所在位置的核密度计算值，n为星级乡村旅游接待户数量，h为带宽，$k(\frac{x-x_i}{h})$为空间权重函数，x为星级乡村旅游接待户位置，x_i为落在以x为圆心的第i个星级乡村旅游接待户。若$f(x)$值越大，则表示核密度值越大，星级乡村旅游接待户分布密度越大，反之则越小。

4.缓冲区分析

缓冲区分析是用于在地图上创建以指定点、线或面为中心的缓冲区域，以研究这些区域内的地理现象和空间关系。在缓冲区分析中，通常会设置缓冲区的半径或宽度，用于确定缓冲区的大小和范围，再与其他元素对象的分布进行叠加分析，以发现相互之间的分布关联[20]。

5.地理联系率

地理联系率反映了两要素在地理分布上的联系情况，本文选择地理联系率L，分析内蒙古地区星级乡村旅游接待户的分布与市域层面上的国内生产总值、第三产业生产总值、人均可支配收入、常住人口数量、国内旅游收入、国内旅游人次和A级旅游景区数量之间的关联程度[27]。其计算公式如下

$$L = 100 - \frac{1}{2} \sum_{i=1}^{n} |S_i - P_i|$$ （式4）

其中，n代表内蒙古的盟市数量，S_i表示i市（盟）的星级乡村旅游接待户数量占比，P_i为i市（盟）国内生产总值、第三产业生产总值、人均可支配收入等在内蒙古地区的占比。L取值范围为[1，100]，L值越大，表明这两要素之间的地理关联程度越强[28]。

三、结果与分析

（一）分布状况分析

1.分布类型

内蒙古十二盟市星级乡村旅游接待户的分布类型（见表2）。其中，乌海市R值最低，星级乡村旅游接待户集聚程度最高，强于其他地区；通辽市R值最高，是十二盟市中唯一一个不小于1的，星级乡村旅游接待户聚集程度最低。最终算得内蒙古总体的R值为0.503879，表明内蒙古星级乡村旅游接待户呈集聚分布。

表2　内蒙古各盟市星级乡村旅游接待户最邻近点指数及分布类型

区域 region	最邻近指数 The nearest index	类型 type
通辽市	1.10865	均匀分布
赤峰市	0.836151	集聚分布
鄂尔多斯市	0.787358	集聚分布
乌兰察布市	0.742632	集聚分布
兴安盟	0.649743	集聚分布
锡林郭勒盟	0.642153	集聚分布
呼伦贝尔市	0.598915	集聚分布
呼和浩特市	0.593877	集聚分布
包头市	0.519801	集聚分布
巴彦淖尔市	0.458742	集聚分布
阿拉善盟	0.328033	集聚分布
乌海市	0.199925	集聚分布
内蒙古	0.503879	聚集分布

2.分布均衡特征

表3　内蒙古星级乡村旅游接待户不平衡指数

区域 region	不均衡指数S Unbalanced index
内蒙古	0.313503701

根据公式算得内蒙古星级乡村旅游接待户的不平衡指数为0.31（见表3），以此生成洛伦兹曲线，可更加直观地看出其均衡分布特征。内蒙古星级乡村旅游接待户

的洛伦兹曲线（见图1）相较于其均匀分布线来看，有明显的向上凸起，故其呈非均衡分布状态。其中，星级乡村旅游接待户集中分布在呼和浩特、鄂尔多斯、包头三市，占全区总量40%以上。

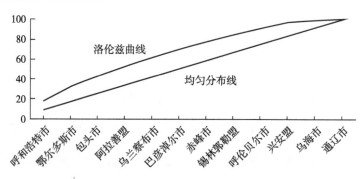

图1　内蒙古星级乡村旅游接待户分布洛伦兹曲线

3.分布密度

运用ArcGIS 10.5对内蒙古星级乡村旅游接待户进行核密度分析。内蒙古的星级乡村旅游接待户形成一个主核心区、多个点状次核心区的分布格局。星级乡村旅游接待户主核心地区围绕呼和浩特形成，可分为两个部分：包头、乌兰察布、鄂尔多斯三市以呼和浩特为核心向外延伸形成第一密度核心区，乌海和阿拉善围绕巴彦淖尔形成第二密度核心区，两个核心密度区之间有连接。其余点状次核心区位于赤峰市、兴安盟、呼伦贝尔市，散落分布。

（二）星级乡村旅游接待户分布影响因素

内蒙古星级乡村旅游接待户的布局是多种因素综合作用的结果。梳理相关文献[21, 29-31]，结合内蒙古星级乡村旅游接待户评定要求和发展现状，依据数据可获取性，从社会经济、旅游发展、自然环境、交通条件4个方面选取9个指标，对其分布影响因素进行分析。考虑到影响的滞后性，本文选取的影响指标为2018年的数据。通过地理联系率L值揭示社会经济与旅游发展维度对星级乡村旅游接待户分布的影响程度（见表4）；对于自然环境和交通维度，采用空间叠加及缓冲区分析法探讨其与内蒙古星级乡村旅游接待户分布的关系。

表4 影响因子地理联系率

维度 dimension	指标 index	编码 code	L值 L price
社会经济	地区国内生产总值	X1	78.29
	第三产业生产总值	X2	77.97
	人均可支配收入	X3	82.62
	常住人口数量	X4	76.20
旅游发展	国内旅游收入	X5	74.31
	国内旅游人次	X6	79.10
	A级旅游景区数量	X7	81.52

1.社会经济因素

作为一种社会、经济活动的形式，星级乡村旅游接待户的构建与管理，必然要受社会经济因素（见表5）的影响。首先，良好的经济基础为星级乡村旅游接待户集聚布局提供了有利且广阔的发展空间，内蒙古星级乡村旅游接待户主要集中于呼和浩特、包头、鄂尔多斯等经济基础良好、第三产业发达的地区，且呈现显著的集聚态势。其次，高人均可支配收入对星级乡村旅游接待户的集聚分布起到了促进作用，人均可支配收入排在前列的包头、乌海、鄂尔多斯、阿拉善和呼和浩特等部分地区，星级乡村旅游接待户的数量较多，并呈现出明显的集群特征。最后，地区常住人口可为乡村旅游接待户提供庞大的客源市场，催生星级乡村旅游接待户的发展，常住人口数量较多的呼和浩特、包头、赤峰、乌兰察布等地，呈现出明显的集群特征，均属于星级乡村旅游接待户的高密度聚集区。

本文选取地区国内生产总值、地区第三产业生产总值、地区人均可支配收入、地区常住人口数量来衡量社会经济发展水平。通过地理联系率L，计算内蒙古星级乡村旅游接待户与社会经济发展在空间上的关联程度。

计算得出，星级乡村旅游接待户分布与地区国民生产总值的L值为78.29，与地区第三产业生产总值的L值为77.97，与地区人均可支配收入的L值为82.62，与地区常住人口数量的L值为76.20，结果表明，星级乡村旅游接待户的发展与当地社会经济发展具有较强的相关关系。

表5　内蒙古各盟市社会经济数据

地区 region	地区国内 生产总值 Regional domestic total output value	第三产业 生产总值 tertiary industry total output value	人均 可支配收入 per capita disposable income	常住人口数量 Number of permanent residents
呼和浩特市	2601.38	1702.31	35682	336.37
包头市	2511.09	1452.44	41755	269.94
呼伦贝尔市	1137.36	550.17	28428	230.64
兴安盟	475.32	212.24	18577	145.81
通辽市	1190.29	555.39	21740	292.49
赤峰市	1592.98	820.01	21016	407.82
锡林郭勒盟	754.21	327.31	30082	109.08
乌兰察布市	748.13	347.54	20501	179.88
鄂尔多斯市	3400.21	1317.03	38521	212.84
巴彦淖尔市	812.8	364.57	24742	156.24
乌海市	493.97	194.16	41551	55.3
阿拉善盟	274.41	112.19	35854	25.75

2.旅游发展因素

星级乡村旅游接待户的建设与发展离不开旅游发展因素的影响。本文选取地区国内旅游人次、地区国内旅游收入与地区A级旅游景区数量三个指标（见表6）来衡量旅游发展水平，根据地理联系率L的值来测算内蒙古星级乡村旅游接待户与旅游发展的空间关联程度。

结果发现，星级乡村旅游接待户分布与国内旅游收入的L值为74.31，与国内旅游人次的L值为79.10，与A级旅游景区数量的L值为81.52，这表明，星级乡村旅游接待户的发展与区域旅游发展存在很强的空间关联性。区域旅游发展与星级乡村旅游接待户的发展呈正相关关系，为其发展起到了促进作用。

表6　内蒙古各盟市旅游发展数据

地区 region	国内旅游收入 Domestic tourism income	国内旅游人次 Domestic tourists	A级景区数量 Number of A-level scenic spots
呼和浩特市	886.93	2236.62	32
包头市	577.02	1596.12	21
呼伦贝尔市	650.03	1792.94	45
兴安盟	70.86	382.21	13
通辽市	197.11	758.32	13

地区 region	国内旅游收入 Domestic tourism income	国内旅游人次 Domestic tourists	A级景区数量 Number of A-level scenic spots
赤峰市	343.72	1320.31	38
锡林郭勒盟	366.5	1500.12	13
乌兰察布市	120.74	755.03	19
鄂尔多斯市	459.44	1412.25	41
巴彦淖尔市	66.78	347.72	24
乌海市	68.84	301.42	12
阿拉善盟	116.04	453.01	26

3. 自然环境因素

自然环境会影响人类的生产生活，星级乡村旅游接待户的建设和经营与人类生产生活分不开[17]。故，自然环境也会对星级乡村旅游接待户的分布造成影响，本文选取高程为因子，探究其对星级乡村旅游接待户的分布的影响。将星级乡村旅游接待户的高程与坐标点要素进行叠加分析。根据叠加结果来看，星级乡村旅游接待户处于海拔85～497m的数量占比为8.5%，497～842m的占比为8.2%，842～1155m的占比为39.3%，1155～1449m的占比为30%，1449～3526m的占比为14%。星级乡村旅游接待户集中分布于842～1449m的海拔区间内。由此可见，海拔过低与过高都不适宜星级乡村旅游接待户的建设发展，适宜的海拔为其发展奠定了基础。

4. 交通条件因素

交通可达性是星级乡村旅游接待户发展的关键因素。交通方式包括陆路、航空和水路等。而星级乡村旅游接待户位于乡村，对陆路交通更为依赖。本文选取内蒙古的高速公路、国道、省道、县道、乡道为主要陆路交通线进行缓冲分析。利用ArcGIS 10.5软件进行接待户与缓冲区叠加处理绘制（见表7），分别以3km、6km、9km、12km为缓冲带，对主要陆路交通线缓冲区分析，并对各缓冲区内星级乡村旅游接待户的数量进行统计。统计结果显示，内蒙古的星级乡村旅游接待户95.4%位于0～12km缓冲区内。71.5%位于0～3km缓冲区内，85.7%位于0～6km内，92.2%位于0～9km内。数据表明，星级乡村旅游接待户的发展依赖交通条件。

表7 星级接待户与陆路交通缓冲分析

陆路交通缓冲带 Land traffic buffer zone	3km	6km	9km	12km
覆盖星级接待户百分比	71.5%	85.7%	92.2%	95.4%

四、结论

本文以内蒙古星级乡村旅游接待户为研究对象，运用ArcGIS 10.5软件应用，揭示了星级乡村旅游接待户分布特征及影响因素，结论如下：

从分布特征上来看，内蒙古星级乡村旅游接待户有集聚特征。形成一个主核心区、多个点状次核心区的分布格局，主核心地区主要围绕呼和浩特市形成，其余核心区位于赤峰市、兴安盟、呼伦贝尔市，呈点状散落分布；整体的分布属于非均衡状态；各盟市间星级接待户的发展水平存在一定的差异，如呼和浩特市星级乡村旅游接待户的发展水平明显高于其他区域。

从影响因素来看，星级乡村旅游接待户的分布受社会经济、旅游发展、自然环境、交通条件等因素的影响。首先，社会经济的发展可以带动星级乡村旅游接待户的增长和发展，星级乡村旅游接待户的发展需要具有一定的经济基础和人口基础，如经济发达区域更有可能吸引星级乡村旅游接待户的投资，有足够数量的居民可以提供劳动力和客源，有助于发展星级乡村旅游接待户。其次，旅游发展也是星级乡村旅游接待户的一个重要影响因素，旅游发展越好的地区越能为其发展提供动力。此外，自然环境因素也是星级旅游接待户发展的限制条件，高程作为影响因子，只有在一定范围内的区域适宜星级旅游接待户的选址。最后，星级旅游接待户的分布与地区陆路交通干线密度之间存在较强的正向影响。

本研究存在以下不足：文中选取的数据为截面数据，缺少从时间维度分析其演化特征；文章是在宏观视角上分析内蒙古星级乡村旅游接待户的分布状况及影响因素，未从微观层面将其细化类型进行分析。

参考文献

[1] 张灿强，闵庆文，张红榛，等.农业文化遗产保护目标下农户生计状况分析[J].中国人口·资源与环境，2017，27（1）：169-176.

[2] 宋河有.西部乡村旅游接待户景区化概念模型与内涵[J].内蒙古民族大学学报

（社会科学版），2022，48（1）：92-98.

[3] 谢双玉，阴姣姣，乔花芳，等.恩施州乡村旅游扶贫模式及其效应差异研究[J].
    人文地理，2021，36（5）：184-192.

[4] 郑硕夫.休闲农业视域下的村民参与和资源再生研究：以川西平原H村为例[J].农
    村经济，2021（7）：112-119.

[5] 耿虹，李彦群，范在予.农家乐发展的地域空间格局及其影响因素：基于浙江、
    湖北、四川的比较研究[J].经济地理，2019，39（11）：183-193.

[6] 贺肖飞，张秀卿，张晓民.基于AHP-FCE方法的内蒙古乡村旅游资源评价[J].干
    旱区资源与环境，2020，34（10）：187-193.

[7] 王秀伟，李晓军.中国乡村旅游重点村的空间特征与影响因素[J].地理学报，
    2022，77（4）：900-917.

[8] 邓纯纯，吴晋峰，吴珊珊，等. 中国A级景区等级结构和空间分布特征［J］. 陕
    西师范大学学报（自然科学版），2020，48（1）：70-79.

[9] 彭宗兰.乡村旅游民居接待服务标准化建设研究：以甘孜州的藏式服务为例[J].农
    业经济，2018（6）：45-47.

[10] 赵增锋，杨海芬，沈月领.农家旅游接待市场存在问题、分析及对策[J].广东农
    业科学，2010，37（8）：262-263，269.

[11] 陈志永，杨桂华.民族贫困地区旅游资源富集区社区主导旅游发展模式的路径选
    择：以云南梅里雪山雨崩藏族社区为个案研究[J].黑龙江民族丛刊，2009（2）：
    52-63.

[12] 叶仕安，杜芳娟，吴克华，等.世界遗产地乡村社区参与旅游发展及其机制研
    究：以施秉喀斯特为例[J].中国农业资源与区划，2022，43（7）：294-302.

[13] 徐凤增，袭威，徐月华.乡村走向共同富裕过程中的治理机制及其作用：一项双
    案例研究[J].管理世界，2021，37（12）：134-151，196，152.

[14] 刘德光，董琳.乡村旅游企业社区参与、环境关心与环境行为[J].科学决策，
    2022（7）：132-141.

[15] 郑硕夫.休闲农业视域下的村民参与和资源再生研究：以川西平原H村为例[J].农
    村经济，2021（7）：112-119.

[16] 王珺颖，谢德体，王三，等.基于POI提取的山地丘陵区乡村旅游空间分布研
    究：以重庆市农家乐为例[J].中国农业资源与区划，2020，41（5）：257-267.

[17] 余瑞林，陈慧媛，陈广平，等.湖北省乡村旅游地空间分布及其影响因素：以高

星级农家乐为例 [J].经济地理，2018，38（6）：210-217.

[18] 卢祥波，邓燕华.乡村振兴背景下集体与个体的互惠共生关系探讨：基于四川省宝村的个案研究 [J].中国农业大学学报（社会科学版），2021，38（3）：30-42.

[19] 全千红，沈苏彦.基于扎根理论的乡村旅游可持续生计分析：以南京高淳大山村为例 [J].世界农业，2020（6）：110-119.

[20] 周伟伟，胡春丽，荣培君.秦岭陕西段乡村民宿旅游空间分布及影响因素研究 [J/OL].中国农业资源与区划：1-12[2023-09-12].

[21] 董之滔，孙凤芝，田菲菲，等.山东省民宿空间分布特征及影响因素研究 [J].干旱区资源与环境，2023，37（2）：112-119.

[22] 赵静，李树民.乡村旅游地农家乐经营者旅游影响感知研究：以陕西省袁家村为例 [J].云南民族大学学报（哲学社会科学版），2018，35（3）：97-106.

[23] 周海涛，张雨惠，宁小莉，等.内蒙古A级旅游景区时空分异特征及影响因素 [J].干旱区资源与环境，2021，35（12）：202-208.

[24] 范梦余，张辉，陈怡宁.内蒙古视觉旅游形象的时空感知研究——基于 DeepSentiBank 的地理标记照片分析 [J].干旱区资源与环境，2020，34（10）：194-200.

[25] 肖鸿燚.关于推动内蒙古农牧区旅游扶贫的探讨 [J].黑龙江民族丛刊，2016（2）：76-80.

[26] 张杰，麻学锋.湖南省乡村旅游地空间分异及影响因素：以五星级乡村旅游区为例 [J].自然资源学报，2021，36（4）：879-892.

[27] 方叶林，黄震方，李经龙，等.中国特色小镇的空间分布及其产业特征 [J].自然资源学报，2019，34（6）：1273-1284.

[28] 罗丽，覃建雄，杨建春.西南地区乡村旅游重点村空间分布及结构分析 [J].中国农业资源与区划，2022，43（12）：260-269.